KURSBUCH
BIOPOLITIK

3. Jahrgang 2006

BIOCOM AG

© BIOCOM AG, Berlin 2006

KURSBUCH BIOPOLITIK Vol. 3

Herausgeber: Andreas Mietzsch
Redaktion und Lektorat: Dr. Renata Ch. Feldmann, Maren Kühr
Gestaltung: Michaela Reblin

Verlag & Produktion:
BIOCOM AG, Stralsunder Str. 58-59, D-13355 Berlin
Tel. +49 (0)30 264921-0, Fax +49 (0)30 264921-11
www.biocom.de, eMail: info@biocom.de

ISBN: 3-928383-24-8

Inhalt

Intro
Kursbuch Biopolitik Vol. 3

von Andreas Mietzsch

Trotz gelegentlichen Aufflackerns vor allem im Bereich der Stammzellforschung ist die biopolitische Diskussion 2005 und im ersten Halbjahr 2006 von der breiten Öffentlichkeit eher nur am Rande geführt worden. Ständig zunehmende Erkenntnisse in den modernen biologischen Wissenschaften werden den Druck auf Politik und Gesellschaft jedoch mittelfristig weiter ansteigen lassen, sich mit den aus ihnen ergebenden Fragen zu beschäftigen. Daß es dabei eine Vielfalt an hochaktuellen und brisanten Themen gibt, belegt dieses nunmehr dritte KURSBUCH BIOPOLITIK eindrucksvoll.

Nach Redaktionsschluß ergaben sich in Deutschland bzw. Europa zwei Entwicklungen, die in direktem Bezug zu Beiträgen dieses Kursbuches stehen. Aus diesem Grunde seien diese hier kurz aktuell dargestellt:

Regierung beschließt Schaffung eines „Deutschen Ethikrates"

Mitte Juli 2006 hat die deutsche Bundesregierung einen Gesetzentwurf verabschiedet, demzufolge künftig ein „Deutscher Ethikrat" den Deutschen Bundestag und die Bundesregierung in den bioethischen Fragen der Lebenswissenschaften – also vor allem in der Bio- und Gentechnologie, der Genom- und Hirnforschung sowie der Reproduktionsmedizin – beraten soll. Gleichzeitig soll er als ein nationales Forum des Dialogs in diesen Fragen dienen. Die Ergebnisse seiner Arbeit werden in Stellungnahmen, Empfehlungen und Berichten veröffentlicht. Das neue Gremium übernimmt diese Aufgabe von dem im Jahr 2001 durch Kabinettsbeschluß eingesetzten Nationalen Ethikrat, dessen Amtszeit am 30. Juni 2007 endet, und wird wohl auch die Funktion entsprechender früherer Enquête-Kommissionen des Bundestages ersetzen. Anders als das unmittelbare Vorgängergremium arbeitet der neue Rat auf gesetzlicher Grundlage. Die künftig 24 ehrenamtlich tätigen Mitglieder werden durch den Präsidenten des Deutschen Bundestages je zur Hälfte auf Vorschlag des Bundestages und der Bundesregierung ernannt. Im Deutschen Ethikrat soll naturwissenschaftlicher, medizinischer, ethischer, theologischer, sozialer, ökonomischer und juristischer Sachverstand versammelt werden. Vor allem sollen anerkannte Persönlichkeiten der Gesellschaft mit besonderen Erfahrungen berufen werden. Organisatorisch und inhaltlich werden die Mitglieder durch eine Geschäftsstelle unterstützt, die beim Deutschen Bundestag angesiedelt ist. Die Kosten des Rats und der Geschäftsstelle in Höhe von voraussichtlich 2 Millionen Euro jährlich trägt der Bund.

Europäischer Kompromiß in der Stammzellforschung

Nach heftigen Diskussionen haben sich die Forschungsminister der Europäischen Union Ende Juli 2006 auf einen Kompromiß in Sachen Stammzellforschung geeinigt, der den Weg für das milliardenschwere „7. Forschungsrahmenprogramm" freimacht. Auch Deutschland stimmte zu, daß Wissenschaftler im Rahmen EU-geförderter Projekte weiterhin auf sämtliche weltweit verfügbaren embryonalen Stammzellen zurückgreifen dürfen, obwohl das deutsche Embryonenschutzgesetz Arbeiten mit Zellinien, die nach dem Stichtag 1.1.2002 entstanden sind, mit Strafe bedroht. Diese Stichtagsregelung soll eine „verbrauchende Embryonenforschung" verhindern. Auf EU-Ebene gab sich die zuständige Ministerin Annette Schavan nun mit einer „bindenden Zusatzerklärung" zufrieden, nach der die EU den ersten Schritt der Stammzellforschung – die mit dem Absterben von Embryonen verbundene Gewinnung neuer Zellinien – nicht fördert.

Auch wenn es nach Bekundungen der Bundesregierung keinerlei Absichten gibt, das strenge deutsche Emryonenschutzrecht aufzulockern, wird die offensichtliche Diskrepanz zwischen EU-Praxis und nationaler Strafandrohung nach der Sommerpause zu einer heftigen Diskussion über das Gesetz aus dem Jahr 2002 führen. Angesichts der internationalen Verflechtung in der Spitzenforschung dürfte sich die bioethische Sonderrolle Deutschlands langfristig kaum aufrechterhalten lassen.

Neues Konzept

Abschließend noch ein Hinweis auf das neue Konzept des KURSBUCHES BIOPOLITIK: Während die ersten beiden Jahrgänge vor allem Zeitschriften-Nachdrucke enthielten, sind die meisten Beiträge dieser Ausgabe Erstveröffentlichungen. Damit soll die Rolle des Kursbuches als jährlicher Spiegel der biopolitischen Diskussion im deutschsprachigen Raum aufgewertet werden. Doch selbst die große inhaltliche Bandbreite dieser dritten Ausgabe – von Vogelgrippe über Gendiagnostik bis Gottebenbildlichkeit – zeigt nur einen Ausschnitt aus der Vielfalt der Themen, die sich aus den Auswirkungen zumeist molekularbiologischer Erkenntnisse auf gesellschaftliche Prozesse ergibt. Die Zukunft bleibt spannend.

Die schöne schwere Kommunikation mit der Öffentlichkeit

Vom Verstehen zum Verständnis

von Roger J. Busch

„Tue Gutes und rede darüber." – Schön wär's, werden diejenigen sagen, die von Berufs wegen mit der Öffentlichkeitskommunikation zu tun haben und sich darum bemühen müssen, der Gesellschaft die Gentechnik verständlich zu machen. Doch es scheint, daß „die Gesellschaft" das, was die Gentechniker tun, so gut nicht findet. Entsprechend ist das Reden darüber zu einem verdeckten geworden – beschränkt auf den Bereich des politischen Lobbying: „Low profile" in der Öffentlichkeit, politisches Taktieren zur Abmilderung unangenehmer Spitzen von gesetzlichen Regelungen in Berlin. Das ist verwunderlich. Denn wenn es Gutes ist, das in den Labors und Unternehmen entwickelt wurde, so fragt sich der freundliche Beobachter doch, warum so wenige offensiv öffentlich dafür eintreten und weshalb es nicht zu einer bundesweiten und die allgemeine Öffentlichkeit ansprechenden Kampagne kommt. Derzeit verlegt man sich auf Image-Kampagnen (z. B. „der nette Arzneimittelforscher von nebenan") und zieht ansonsten den Kopf ein: lieber nicht auffallen! Das mag für die multinationalen Unternehmen ja noch nachvollziehbar sein. Für die kleineren Unternehmen der Branche, die auf Deutschland konzentriert sind, ist es ein Problem. Die aktuelle Situation hat eine Geschichte und tiefere Gründe. Diese haben in besonderer Weise mit Verstehen und mit Verständnis zu tun – und dies sind zwei Paar Stiefel!

1. Gepflegter Streit

Die gute Nachricht zuerst: Die gesellschaftlichen Kontroversen um die Zulässigkeit der Gentechnik in der Medizin scheinen – im allgemeinen – der Vergangenheit anzugehören. Sind die heftigen Streitigkeiten um die gentechnische Herstellung von Humaninsulin auch noch in lebhafter Erinnerung, so ist es um den Einsatz gentechnischer Verfahren in der Pharmazie doch eher still geworden. Zwischenzeitlich sind diese Verfahren in Forschung und Entwicklung etabliert, und es dürfte auch weithin anerkannt sein, daß sie selbst aus ethischer Perspektive keinen Anlaß zur Kritik bieten – sofern Eingriffe in die Keimbahn des Menschen ausgeschlossen werden können [1, Winnacker et.al. 2002].

Bioethische Konfliktfelder haben sich im Bereich der Humanmedizin an den „Rändern" des Lebens aufgetan. Stichworte hierbei sind die Stammzelldebatte [2, vgl. dazu: Döring/Nerlich 2004], Forschungsklonen oder auch – ganz ohne Gentechnik – die Debatte über die Sterbehilfe.

Und nun ein Blick auf das Leid einer Branche: Mit unverminderter Heftigkeit wird seit über einem Jahrzehnt in der bundesdeutschen Gesellschaft über einen anderen Teilbereich der Biotechnologie gestritten: über die gentechnische Veränderung von Kulturpflanzen. Dabei handelt es sich um einen Streit besonderer Prägung. Denn in der Regel sind es zunächst nicht Mehrheiten der Bürgerinnen und Bürger selbst, die sich engagiert zu Wort melden, sondern profilierte Befürworter oder Kritiker der immer noch neuen Technologie.

Die öffentliche Kontroverse stellt einen tatsächlich interessanten Teilbereich der biopolitischen Diskussion in Deutschland dar. Denn diese ist geprägt durch relativ feste „weltanschauliche Lager", die einander gegenseitig unter Ideologie-Verdacht stellen. Im Unterschied zu anderen europäischen Regionen (z.B. Skandinavien, Spanien) läßt sich bei vielen Akteuren in der deutschen Debatte erheblich weniger Bereitschaft erkennen, auf die Argumente der jeweils anderen zu hören oder zumindest spielerisch alternative Perspektiven einzunehmen.

Nichtregierungsorganisationen (NGOs), Umweltschutzverbänden, gelegentlich auch den Kirchen – verstanden als am Gemeinwohl orientierte „Sachwalter öffentlicher Moral" –, die mit dem Habitus auftreten, keine eigenen wirtschaftlichen Interessen bei der Bewertung der sogenannten Grünen Gentechnik zu verfolgen, wird dabei von einer signifikanten Mehrheit der Bevölkerung zugebilligt, wichtige Aufgaben im Streit um die umstrittene Technologie wahrzunehmen: über Risiken zu informieren, auf entsprechende rechtliche Regulierungen zu drängen, Mißstände zu entlarven. Dies gewinnt angesichts des Umstandes an Bedeutung, daß ein großer Teil der Bevölkerung von sich selbst behauptet, nicht über ein hinreichendes naturwissenschaftliches Verständnis zu verfügen, um die Technologie beurteilen zu können [3, EUROBAROMETER 2002]. Dies ist der Boden, auf dem Befürchtungen gedeihen und Widerstand genährt wird [4, vgl. Busch 1997]. Eine verläßliche Darstellung von Risiken, die mit der Grünen Gentechnik verbunden sein können, wird von den o.g. „Sachwaltern öffentlicher Moral" eher erwartet als von der Grundlagen- oder gar der Industrieforschung. Hinzu kommt, daß das Vertrauen der Bevölkerung in staatliche Kontroll- bzw. Regulierungsbehörden im allgemeinen deutlich geringer zu sein scheint als etwa in den Vereinigten Staaten [5, Gaskell et. al. 1999].

Der gesellschaftliche Streit führte bislang nicht dazu, daß Befürworter oder Gegner der Gentechnik (im allgemeinen) zu einer identifizierbaren gesellschaftlichen

Mehrheit wurden. Die Gruppe der Unsicheren und Verunsicherten aber wuchs. Trotz unterschiedlicher Bemühungen zur allgemeinen Erweiterung des naturwissenschaftlichen, für die Grüne Gentechnik relevanten Basiswissens der Bevölkerung – häufig auf die Zielgruppe junger Menschen gerichtet und nicht selten im Modus „Frage / Antwort" – wurde der gesellschaftliche Streit nicht entschärft.

2. Diffuses Meinungsbild

Augenscheinlich handelt es sich um einen „Überzeugungs-Konflikt", in dem gestalterische Kompromisse der Akteure kaum denkbar sind und statt dessen von den Beteiligten bipolar ausgerichtete Lösungsstrategien verfolgt werden, die entweder ein klares gesellschaftliches „Ja" beziehungsweise ein ebensolches „Nein" zur Anwendung zum Ziel haben [6, vgl. Korff 1992]. In einer derartigen Situation ist es hilfreich, individuelle und kollektive Wertmuster – als wesentliche Faktoren für das Entstehen von Ablehnung bzw. Zustimmung – in der Bevölkerung zu identifizieren. Ferner ist von Interesse, welche Rolle für Nicht-Experten Vertrauen in Experten mit ihren unterschiedlichen angebotenen Deutungen der Grünen Gentechnik spielt. Denn Technikentwicklung ist nur vordergründig eine Binnenangelegenheit technischer Rationalität. Technik zielt auf Anwendung und damit tritt sie schnell in den Raum des Sozialen, in dem moralische Werte präsent, wenn auch selten ausdrücklich sind. Zu meinen, der vorgebliche Vorteil einer technischen Innovation sei in sich selbst evident und die heutigen Kritiker würden schon schnell genug merken, daß ihr Widerspruch unberechtigt sei, ist naiv. Die wesentliche Frage ist nämlich nicht, ob ein technisches Artefakt – und sei es eine gentechnisch modifizierte Kulturpflanze – funktioniert, sondern ob es in seiner (potentiellen) Anwendung zur Selbstdeutung des Menschen in seiner Gesellschaft „paßt" [7, vgl. Busch 1999].

Gegenwärtig ist – nach einer längeren Zeit weitgehender Nicht-Thematisierung in der öffentlichen Diskussion, die sich mutmaßlich dem sogenannten De-facto-Moratorium der Zulassung gentechnisch veränderter Kulturpflanzen seit 1998 verdankte – die Grüne Gentechnik wieder zu einem exponierten Streitthema in der bzw. für die Öffentlichkeit geworden. So stieß schon der Entwurf für ein überarbeitetes Gentechnik-Gesetz, für den das Bundesministerium für Verbraucherschutz, Ernährung und Landwirtschaft verantwortlich zeichnet und der – mittlerweile als Gesetz verabschiedet – eine „Koexistenz" von gentechnikfreier und Gentechnik nutzender Landwirtschaft über ein neuartiges Haftungskonzept zu regeln beansprucht, auf allerdings unterschiedlich heftigen Widerspruch bei der politischen Opposition, der Biotechnologie-Industrie, in der Grundlagenforschung und bei der berufsständischen Vertretung der Landwirte.

Die Umweltschutzorganisation Greenpeace intensivierte zugleich ihre Kampagne gegen die Gentechnik in Lebensmitteln und übt derzeit starken Druck auf den Lebensmitteleinzelhandel und die vorausgehende Verarbeitungskette aus, eine gentechnikfreie Produktion zu gewährleisten – mit dem erklärten Ziel, die Gentechnik gänzlich aus der Lebensmittelproduktion zu verbannen. Hier ist eine Veränderung der Schwerpunkte der gesellschaftlichen Diskussion zu beobachten. Standen in den vergangenen Jahren Risikodiskussionen zu den gesundheitlichen und/oder ökologischen Folgewirkungen der Anwendung von gentechnisch veränderten Organismen (GMO) als solche im Zentrum des Interesses, so scheinen es jetzt verstärkt die ökonomischen Auswirkungen einer potentiell intensivierten Anwendung der Technologie zu sein (Stichwort: wirtschaftliche Koexistenz). Die Novelle des bundesdeutschen Gentechnikgesetzes dient ausdrücklich der Absicht, flächendeckend eine Gentechnik-Freiheit in den, verglichen mit anderen europäischen Ländern, eher kleinräumigen Strukturen der Landwirtschaft in Deutschland zu ermöglichen [8, BMVEL 2004].

Die Frage ist noch ungeklärt, ob mit der Forderung nach Transparenz der Erzeugungskette von Lebensmitteln, deren Ermöglichungsbedingung eine entsprechende Kennzeichnung von GMO oder solchen Lebensmitteln ist, die mit Hilfe gentechnischer Verfahren erzeugt wurden, eine neue argumentative Basis bezogen wird. Man scheint zunächst hinzunehmen, daß die Anwendung der Grünen Gentechnik rechtlich grundsätzlich unabwendbar ist – ein Faktum, daß angesichts behaupteter ökologischer und/oder gesundheitlicher Risiken, sofern substantiierbar, objektiv und unter dem Eindruck des Vorsorgeprinzips (selbst im Verständnis der EU-Kommission; vgl. EU 20009) nicht nachvollziehbar wäre. Neuer Bezugspunkt der Argumentation scheint nunmehr der Schutz konventioneller Produktion ohne den Einsatz von GMO zu sein. Dies adressiert spezifische Wertvorstellungen in der Bevölkerung. Hier geht es zwar noch immer um die Wahrnehmung und Deutung potentieller ökologischer und/oder gesundheitlicher Risiken, doch ebenso um die mit der Forderung nach Transparenz verbundene Vorstellung der Autonomie des Konsumenten, sowie – allgemein – um individuelle Intuitionen dessen, was und wie Landwirtschaft und Lebensmittelerzeugung sein sollen. Hier spielen jetzt schon zum einen die grundsätzliche Vereinbarkeit des Neuen mit den jeweils für maßgeblich gehaltenen Wertvorstellungen und zum anderen – im Vollzug der Bildung einer eigenen Entscheidung – das Vorhandensein von Vertrauen in diejenigen, die Orientierung stiftende Informationen anbieten, eine wichtige Rolle. Wissenschaftliche Daten werden erst durch Deutungen zu Informationen. Insofern gewinnen der Aspekt der Deutungen und die Vertrauenswürdigkeit derer, die Deutungen anbieten, für die Gestaltung der gesellschaftlichen Diskussion der Grünen Gentechnik an Gewicht.

Ende 2005 hatte das Münchener Institut Technik, Theologie, Naturwissenschaften (TTN) die Gelegenheit, gefördert durch das Bundesforschungsministerium, etwa 20 junge Wissenschaftlerinnen und Wissenschaftler zehn Tage lang interdisziplinär zur Wissenschaftskommunikation arbeiten zu lassen. Die Herausforderung bestand auch darin, diejenigen Aspekte und Themen zu identifizieren, die für die öffentliche Kommunikation des Themas Grüne Gentechnik von herausragender Bedeutung sind. So entstand die nachfolgende „Landkarte" von Einflußfaktoren (einschließlich mancher normativer Orientierungsmuster) auf die Meinungs- und

Urteilsbildung (auch) von Nicht-Fachleuten. Sie visualisiert zumindest grob, worauf der öffentliche Diskurs einzugehen hat und in welcher Weise bestimmte Faktoren miteinander in Wechselwirkung stehen.

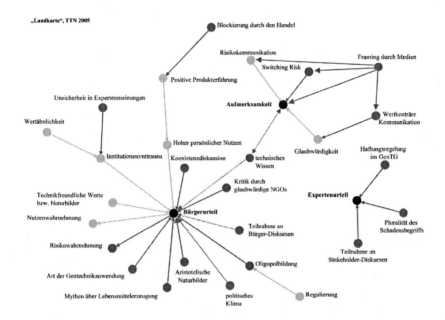

Einflußfaktoren auf die Meinungs- und Urteilsbildung (schwarz = kritikfördernd; hellgrau = akzeptanzfördernd; grau = allgemeiner Einfluß

Ausgehend von Umfragen (z.B. Eurobarometer 2002; Risikosurvey Baden-Württemberg 2001) zeigte sich, daß das Experten-Urteil allenfalls eine mittelbaren Einfluß auf das Bürger-Urteil hat und technisches Wissen vorhanden sein muß, damit die Aufmerksamkeit des Bürgers auf medial aufbereitete Aussagen von Experten gelenkt wird. Deutlich wurde auch, daß es spezifische Orientierungsmuster sind, die für die Bildung des Bürger-Urteils besonders relevant sind – in akzeptanzfördernder oder akzeptanzblockierender Weise: Naturbilder, Mythen der Lebensmittelerzeugung, technikfreundliche bzw. technikkritische Werte und – allgemein – die „Wertähnlichkeit" der Positionen von Experten (zur Vermeidung kognitiver Dissonanzen) als Grundlage des Entstehens von Vertrauen.

Auf der Basis der Ergebnisse der wissenschaftlichen Klausurwochen 2005 [10] soll am TTN noch in diesem Jahr die Grundlage eines Diskursmodells entstehen, das ermöglicht, die Orientierungsmuster und Wertvorstellungen der Bürger stärker und vor allem strukturiert in den Diskurs aufzunehmen. Gegenwärtig ist man jedoch in der öffentlichen Diskussion weit entfernt davon. Die aktuelle Koexistenz-Debatte in Deutschland und Österreich zeigt, daß Geltungsansprüche der Akteure unvermittelt aufeinanderprallen. Und auch die Diskussion in der Öffentlichkeit wird nach wie vor beeinflußt von naturwissenschaftlich-technisch „Eingeweihten" – auf Seiten der Befürworter wie der Kritiker. Dem entspricht der etablierte Veranstaltungsmodus „Fachleute erklären – Laien dürfen (nach)fragen". Anknüpfungspunkt ist hierbei in der Regel jeweils das Thema „an sich" mit seinen vielfältigen Verästelungen. Die jeweils eigenen Lebenswelten und Orientierungsmuster der „Laien" kommen nur mittelbar in den Blick. Nicht-Fachleute, also die Mehrheit der Bürgerinnen und Bürger, sind und fühlen sich überfordert. Auch in den Industrieländern ist das naturwissenschaftliche Wissen der breiten Bevölkerung nach wie vor sehr beschränkt. Dies zeigten Befragungen in den USA und Europa [11, Miller 1998]. Es fehlen Kompetenz, Zeit und Interesse, sich so in die Materie einzuarbeiten, daß Risiken und Nutzen neuer, umstrittener Technologien sachgemäß gegeneinander abgewogen werden können.

Weil konkrete Entscheidungen alltäglich kontext- bzw. projektbezogen fallen, sollte auch eine sachorientierte Bewertung der Grünen Gentechnik fallbezogen erfolgen. Pauschalurteile sind angesichts des Spektrums potentieller Anwendungen unangemessen, weil nicht erkennbar ist, daß die Technologie als prinzipiell schädlich für Mensch, Tier und Umwelt zu qualifizieren wäre. Andererseits könnte es jedoch sein, daß die Technologie als solche mit spezifischen Wertvorstellungen in der Gesellschaft grundsätzlich nicht vereinbar ist. Eben darüber wird gestritten – im Modus von Behauptungen und Gegenbehauptungen.

Bewertende Voten von Nicht-Fachleuten zum gezielten Einsatz der Gentechnik in der Lebensmittelproduktion fallen trotz mangelnder Kenntnisse profiliert aus. Zur Frage des Einsatzes in der Landwirtschaft – und hier bezogen auf agronomische, die Arbeit des Landwirts vorgeblich optimierende gentechnische Veränderungen der Kulturpflanzen – zeigen diverse Meinungsumfragen [vgl. EUROBAROMETER 2002; EMNID 2003; POLIS 2004] auch unterschiedliche Ergebnisse – hier wirken sich entsprechende Frageformulierungen augenscheinlich gestaltend aus.

Eine repräsentative Allensbach-Umfrage aus dem Jahr 2001 bietet hingegen ein mehrdeutiges Bild. So wurde die Immunisierung von Pflanzen gegen Schädlinge und Krankheiten – die selbst potentiell ertragssteigernd wirkt – überwiegend positiv bewertet (46%; bei 31% negativen Voten), während der Einsatz der Gentechnik mit dem ausdrücklichen Ziel einer Steigerung von Ernteerträgen überwiegend abgelehnt wurde (37% dagegen, 31% dafür). Auffällig war jeweils der Anteil der Unentschiedenen, der regelmäßig bei etwa einem Viertel der Befragten lag. Eine repräsentative Umfrage im Auftrag von Greenpeace bei 1031 Landwirten im Jahr 2002, bezogen auf deren Bereitschaft, Gentechnik anzuwenden, ergab einen ablehnenden Anteil von 70%.

Zum Einsatz der Gentechnik bei der Veränderung von Kulturpflanzen, um sie als „Bioreaktoren" zur Gewinnung von industriell bedeutsamen Rohstoffen zu nutzen, finden sich bislang nur vereinzelt einschlägige und nicht repräsentative Umfrageergebnisse. Offen muß daher bleiben, ob sich angesichts solcher neuer Ziele andere Zustimmungs- bzw. Ablehnungswerte ergeben würden.

3. Vom gepflegten, aber ungedeihlichen Streit zu gemeinsamem Gestalten?

Die Entwickler und Anwender der Grünen Gentechnik werden sich wohl kaum darauf beschränken können, den Streit auszusitzen und zu warten, daß die Öffentlichkeit sich anderen Fragen zuwendet und sich damit ein Raum freundlicher Nicht-Beachtung für die Technologie öffnet. Es sind nämlich Akteure mit im Spiel, die durchaus kein Interesse daran haben (können), daß der Streit abflaut. Deren Motive müssen nicht unehrenhaft sein. Sie haben hingegen Aspekte identifiziert, die seitens der Industrie und der Forschung in der Vergangenheit nicht oder zu wenig klar angesprochen und bearbeitet wurden. Dabei geht es nicht allein um potentielle Nutzen der Technologie. Es geht, wie skizziert, in besonderer Weise um die Vereinbarkeit der Technologie mit spezifischen Wertvorstellungen in einer durch den schnellen technologischen Wandel verunsicherten Bevölkerung. Die Risiko-Debatte ist durchaus nicht beendet. Sie hat sich jedoch verändert.

Zur Überwindung des gesellschaftlichen Konflikts erscheint der Beitrag einer wissenschaftlichen Ethik unverzichtbar. Die Ethik – verstanden als systematische Reflexion auf die Moral(en) innerhalb eines definierten sozialen Rahmens – beschreibt den Kontext, in dem ein Konflikt entsteht und führt in der Folge den identifizierten Konflikt einer Bewertung nach verallgemeinerbar tragfähigen Kriterien zu. Versteht man die Aufgabe der Ethik damit zunächst einmal als Analyse der Kommunikation der am Konflikt beteiligten Parteien, so kommt dem bereits genannten Aspekt erhebliche Bedeutung zu: der Unterscheidung wissenschaftlicher Daten von den Deutungen derselben. Die Vermischung beider – ob strategisch oder schlicht unabsichtlich – scheint den gesellschaftlichen Streit um die Anwendung der Grünen Gentechnik zu prägen. Was die eine Seite als vermeintlich unbestreitbare „Fakten" betrachtet, wird von der anderen Seite durchaus bestritten – obgleich sich die Kontrahenten nicht selten auf dieselben Zahlenreihen berufen. Es ist eben auch hier entscheidend, wie man die Daten liest.

Interessant wird die Unterscheidung von Daten und ihren Deutungen auch dadurch, daß in die Deutungen die bereits angesprochenen individuellen Moralvorstellungen, Konzepte eines gemeinsamen guten Lebens, aber auch politische Vorlieben einfließen. Aus ihnen erwächst die argumentative Schwungkraft der Kontrahenten. Ist diese Schwungkraft erst einmal erzeugt und trägt die Deutung das Gewicht der Argumentation, so wird der Dialog nicht leichter. Jetzt nämlich stünde eine mühsame Klärung an: Die Relevanz meiner Deutung für andere müßte dargelegt werden. Voraussetzen kann ich sie nicht. Ich kann auch nicht fordern, daß alle anderen meine Deutung akzeptieren müssen. Würde ich das tun, wäre ich schlicht ein Fundamentalist, der sein Regelsystem des Guten, Wahren und Schönen für absolut erklärte.

Wie also lassen sich Deutungen transparent machen? Provozieren lassen sie sich durch profilierte Statements. Klären lassen sie sich durch offene Fragen. „Wie lebt man, wenn man glaubt, was ihr sagt?" – die Frage Bert Brechts (einst gerichtet an die Christen) läßt sich in der Tat im Dialog der Kontrahenten anwenden. Sie würde dazu führen, daß Befürworter wie Kritiker der Grünen Gentechnik nicht allein die Intention ihrer aktuellen Argumentation beschreiben müßten, sondern – weit ausgreifend – ihre Vorstellungen von einem gemeinsamen guten Leben. Gelänge es, im Konsens – in gegenseitiger Anerkennung des moralisch grundsätzlich integren Willens der Beteiligten, Gutes zu tun – einen Raum künftigen Miteinander-Lebens zu beschreiben, so müßte „nur noch" der Weg dorthin erstritten werden. Wo jedoch schon in der Beschreibung des Zielraumes keine Übereinstimmung herbeigeführt werden kann, erübrigt sich die weitere Diskussion.

Auf den Streit um die Grüne Gentechnik angewendet, würde dies bedeuten: Wenn zwischen den Beteiligten Übereinstimmung darin besteht, daß durch verantwortungsbewußten Einsatz moderner Technologien die Ernährung gegenwärtig lebender und kommender Generationen sichergestellt werden soll, dann ist anhand sachlich allgemein nachvollziehbarer Gründe zu klären, ob (auch) die Grüne Gentechnik ein geeignetes Mittel ist, dieses Ziel zu erreichen. Daran mag sich dann die Klärung der Frage anschließen, ob diese Technologie weltweit und überall in derselben Weise zur Anwendung kommen soll.

Um diese Diskussion geeigneter Mittel zur Erreichung eines Zieles sachgemäß führen zu können, muß also das, was dem einzelnen Akteur selbstverständlich erscheint – seine Deutung –, anderen überhaupt erst einmal verständlich gemacht werden. Gleiches gilt für technische und wirtschaftliche Sachverhalte. Gelingt diese grundlegende Bemühung zur Verständigung, so wird die Klärung gemeinsam gangbarer Wege erheblich leichter. Denn nun können die umstrittenen Deutungen in eine geordnete Abwägung eingebracht werden.

Auch eine solche Abwägung der Deutungen von potentiellem Nutzen und damit verbundener Risiken geschieht nun aber nicht voraussetzungsfrei. Es kommt eben immer darauf an, welche Prämisse man setzt. Wer beispielsweise Pflanzen ein Recht auf Unversehrtheit zuschreibt, wird grundsätzlich anders, nämlich ablehnend, über die Grüne Gentechnik und die mit ihr verbundenen Veränderungen von Kulturpflanzen urteilen als der, der vom umfassenden Recht des Menschen ausgeht, sich die Natur dienstbar zu machen und entsprechend gestaltend eingreifen zu dürfen. Wer mit worst-case-Szenarien operiert und daraus seine Entscheidungen entwickelt, wird anders über die Grüne Gentechnik urteilen als der, der pragmatisch fallweise beurteilt. Um nun als Interessierter zu einem eigenen Urteil zu kommen, ist es unverzichtbar, sich über die Plausibilität der angebotenen ethischen Ansätze zu orientieren und sich den eigenen (meist kaum zur Konzeptform entwickelten) Ansatz kritisch bewußt zu machen.

Das Institut TTN [12] an der Universität München hat vorgeschlagen, die ethische Bewertung der Grünen Gentechnik mit einem „vertragstheoretisch orientierten, personzentrierten Ansatz" zu vollziehen. Hinter diesem Ansatz verbirgt sich die Prämisse, daß Personen die Adressaten ethischer Impulse sind. Personen aber sind ausgezeichnet durch ihre grundsätzliche Freiheit gegenüber Instinkten, ihre Fähigkeit zu Strategie und Planung und die Fähigkeit, „Verträge" mit anderen zu leben. Den Verträgen – verstanden in einem weiten Sinne – kommt in dem Modell erhebliche Bedeutung zu. Denn sie binden das Handeln bzw. Handeln-Wollen des Einzelnen reflexiv an den sozialen Kontext, in dem er sich bewegt. Erst in diesem Kontext entsteht das Erfordernis, sich zu rechtfertigen.

Der von TTN zugrunde gelegte „Vertrag" ist die politische Verpflichtung zu nachhaltiger Entwicklung, wie sie in Rio 1992 definiert wurde. Als „nachhaltig" kann betrachtet werden, was gegenüber einem angenommenen Status quo eine meßbare Verbesserung darstellte. Eine solche nachhaltige Entwicklung wäre gegeben, wenn in einer der drei Nachhaltigkeitsdimensionen (ökonomischer Wohlstand, ökologische Stabilisierung und soziale Sicherheit – letztere ist untergliedert in die Teilaspekte Abwehrrechte bzw. Teilhaberechte des Einzelnen) eine Verbesserung erzielt würde, ohne die beiden anderen Dimensionen zu beeinträchtigen. Solche Fälle lassen sich nicht leicht und vor allem nicht in großer Zahl identifizieren. Die meisten der diskutierten Anwendungen der Grünen Gentechnik sind eben nicht „nachhaltig" in eindeutigem Sinne. Gleichwohl können sie anhand des Systems häufig als ethisch vertretbar bewertet werden. Denn es kann gezeigt werden, daß sie nicht unmittelbar mit grundlegenden Wertvorstellungen der Gesellschaft kollidieren.

Der gesellschaftliche Streit wird – sofern man das System anwendet – auf Faktendarstellungen bezogen und damit gleichsam „geerdet". Es wird nicht mehr pauschal und wolkig über eine ganze Technologie gestritten, sondern über ihre Wirkungen, fallweise und konkret anhand belegbarer Daten.

4. Eine andere Form des Diskurses

Eine publizierte Studie jedoch ist ein Buch – und damit steht es zwar in vielen Regalen, aber ihr Inhalt lebt durchaus noch nicht in den Köpfen. So kommt es darauf an, Wissen aus den Buchdeckeln zu befreien und ins Leben zu bringen.

Aufklärungsdiskurse nach dem oben kritisierten Muster sind hierbei wenig hilfreich. Die Beobachtungen der letzten Jahre haben gezeigt, daß wir gesellschaftlich eine andere Form des Diskurses benötigen – nicht allein im Blick auf die Grüne Gentechnik, sondern auch für die Bearbeitung eines eher neuen Technologiebereiches, der aktuell noch kaum gesellschaftliche Beachtung gefunden hat: die Nanotechnologie. Man stelle sich vor, es käme zu einer Verbindung der momentan eher auf die Materialforschung konzentrierten Nanoforschung mit der Biotechnologie. Und man lese den Roman von Michael Crichton [13]. Sodann stelle man sich vor, welchen Prozeß die anstehende Verfilmung des Romans in der öffentlichen Diskussion auslösen wird. Es ist gewiß nicht zu weit gegriffen zu vermuten, daß der erweiterten Nanotechnologie ein ähnliches Schicksal widerfahren wird wie der Grünen Gentechnik, wenn die gesellschaftliche Kommunikation nicht von Anfang an deutlich anders gestaltet wird.

Wir brauchen – wie oben bereits beschrieben – eine andere Form des Diskurses. Dieser Diskurs bezieht sich auf ausdrücklich gemachte Wertvorstellungen, auf Verantwortung und Verantwortbarkeiten. Diese Diskursform muß die negativen

Begleiterscheinungen des Informationsgefälles der Beteiligten kompensieren – oder dies zumindest redlich und erkennbar versuchen.

Bedingung hierfür ist das Ermöglichen von sozialem Vertrauen, das Verständnis füreinander voraussetzt. Vertrauen schafft man nicht durch semantische Tricks und Euphemismen, die Verstehen manipulieren.

Es konnte bereits gezeigt werden, daß sich das Vorhandensein von Vertrauen in Experten negativ auf wahrgenommene Risiken und positiv auf wahrgenommenen Nutzen auswirkt. Damit es zu einem solchen Vertrauen kommt, ist es wesentlich, daß an gemeinsame Wertüberzeugungen angeknüpft wird [14, Siegrist/Earle/ Gutscher 2003]. Zwischen Experten und „Laien" besteht in dieser Hinsicht eine prinzipielle Gleichheit: Keine Partei kann hier die jeweils eigenen Geltungsansprüche als verbindlich für die andere Partei erklären. Vorgängige Wertüberzeugungen müssen aber, wenn sie diskursrelevant werden sollen, inhaltlich geklärt und strukturiert kommuniziert werden. Die gesellschaftliche Auseinandersetzung wird damit nicht einfach „versachlicht". Emotionen und Intuitionen werden auch weiterhin eine eminente Rolle spielen. Es gilt jedoch, sie überhaupt erst einmal kommunikationsfähig zu machen.

Noch haben wir solch ein neues Diskursmodell nicht. Doch es muß im Zusammenwirken vieler so schnell wie möglich entwickelt und erprobt werden.

5. Perspektive für die Biotechnologie in Deutschland

Ein Ausblick verbindet sich mit einer erheblichen Zumutung an Forschung und Entwicklung und die an ihnen Beteiligten. Sie treten an, der Gesellschaft Neues zu bringen. Und deshalb müssen sie nachweisen oder zumindest plausibel machen, daß dieses Neue die Gesellschaft nicht bedroht. So ergibt sich, daß sie transparent machen müssen, was sie tun. Sie müssen ehrlich kommunizieren – was angesichts mancher „Ankündigungslyrik" zur Einwerbung von Forschungskapital vielleicht nicht selbstverständlich ist. Sie müssen auch auf solche Nicht-Fachleute zugehen und sie beteiligen, die ohne direkten politischen Einfluß sind. Das alles ist gewiß eine Aufgabe der verschiedenen Branchen- und Forschungsverbände. Es ist aber auch eine Aufgabe der einzelnen Unternehmen und Forschenden selbst. Die Delegierung dieser Aufgabe an Organisationen wird nicht reichen. Es gibt eben nichts Gutes, außer man tut es.

Quellen

[1] Winnacker, E.-L./Rendtorff, T./Hepp, H./Hofschneider, P.H./Korff, W. (4. Aufl. 2002): Gentechnik: Eingriff am Menschen. Ein Eskalationsmodell zur ethischen Bewertung. In der Reihe TTN-Akzente Bd.7.

[2] Döring, M./Nerlich, B.: Die metaphorisch-mediale Modellierung von ‚Stammzellen-Kulturen' in der deutschen und britischen Presseberichterstattung, in: ZEITSCHRIFT FÜR BIOPOLITIK, Nr. 2/2004, S. 17-29.

[3] Eurobarometer (2002): Europeans and Biotechnology (2nd Edition March 21st 2003).

[4] Busch, R. J. (1997): Technik-Kritik als Phänomen der Krise. Zum Zusammenhang von apokalyptischem Lebensgefühl und Widerstand gegen die Technisierung unserer Gesellschaft. In: Wolfgang Sommer (Hrsg.), Zeitenwende – Zeitenende. Beiträge zur Apokalyptik und Eschatologie. Stuttgart, Berlin, Köln, S. 177-188.

[5] Gaskell, G./Bauer, M./Durant, J./Allum, N. C.: Worlds Apart? The Reception of Genetically Modified Foods in Europe and the U.S. In: Science (16 July 1999), Vol. 285, S. 384-387.

[6] Korff, W. (1992): Die Energiefrage. Entdeckung ihrer ethischen Dimension. Trier. S. 232 ff.

[7] Busch, R. J. (1999): Technologieentwicklung und gesellschaftliche Akzeptanz. In: F. Steinkohl/N. Knoepffler/S. Bujnoch (Hrsg.): Automobilität als gesellschaftliche Herausforderung. München, S. 85-89.

[8] BMVEL (2004): Pressemitteilung Nr. 148 vom 18. Juni 2004.

[9] EU (2000): Communications from the Commission on the precautionary principle. *http://europa. eu.int/comm/dgs/health_consumer/library/pub/pub07_en.pdf.*

[10] Erscheint Ende 2006 in der Reihe TTN-Akzente im Utz-Verlag München.

[11] Miller, J. D. (1998). The measurement of civic scientific literacy. In: Public Understanding of Science, 7, S. 203-223.

[12] Busch, R.J./Haniel, A./Knoepffler, N./Wenzel, G. (2002): Grüne Gentechnik. Ein Bewertungsmodell. München. Vgl. auch: *www.gentechnik-und-ethik.de.*

[13] Crichton, M. (2004): Beute (Prey). Goldmann.

[14] Siegrist, M./Earle, T.C./Gutscher, H. (2003): Test of a Trust and Confidence Model in the Applied Context of Electromagnetic Field (EMF) Risks. In: Risk Analysis 23, No. 4, 2003, S. 705-716.

Von der Enquêtekommission zum Bundes-Ethikrat

Die Arbeit der Enquêtekommissionen des Bundestages – ein Plädoyer für eine Ethikdebatte mit parlamentarischer Beteiligung

von René Röspel

Die moderne Medizin eröffnet Möglichkeiten, die noch vor wenigen Jahrzehnten undenkbar gewesen wären. Sie vermag Leben in einem Maße zu retten und Linderung bei vielen Leiden zu schaffen, wie es in der Geschichte der Menschheit einmalig ist. Zugleich berühren Fragen der modernen Medizin fast immer Grenzen, häufig die Grenzen menschlicher Existenz. Wann beginnt der Mensch? Schon mit der befruchteten Eizelle, so daß von diesem Zeitpunkt an der werdende Embryo Schutz beanspruchen kann und verbrauchende Forschung oder Selektion nach genetischer Beschaffenheit ein Tabu bleiben muß? Dürfen genetische Daten eines Individuums von oder gegenüber Dritten benutzt werden – etwa bei Einstellungsuntersuchungen oder beim Abschluß einer Lebensversicherung? Was ist Fortschritt in der Medizin? Sind neue Medikamente akzeptabel, die nur entwickelt werden können, wenn sie zunächst an Menschen getestet werden, die die Tragweite dieser Forschung selbst gar nicht einschätzen können – zum Beispiel Kinder oder Demenzkranke? Nach welchen (ethischen) Kriterien sollen in Zeiten knapper Kassen medizinische Leistungen verteilt werden? Dürfen Organe von Lebenden gegen Geld gespendet werden oder soll das Spenden beschränkt bleiben auf Verwandte und nahe Angehörige? Was bedeutet Selbstbestimmung am Lebensende? Ist sie nur gewährleistet, wenn jeder einzelne lebenserhaltende medizinische Angebote ausschließen kann, um über den Zeitpunkt des eigenen Todes entscheiden zu können, oder geht es darum, optimal gepflegt den Tod zu erwarten?

Einige der angesprochenen Fragen lassen sich naturwissenschaftlich klären (oder wenigstens einer Mehrheitsthese zuordnen), sind in Teilen über laufende

Rechtsprechung oder sogar Gesetze geregelt und werden in Philosophie und Theologie diskutiert. Gemeinsam ist fast allen, daß sie Bestandteil einer gesellschaftlichen Diskussion sind und früher oder später im Deutschen Bundestag debattiert werden müssen, um die Frage zu klären, ob oder wie sie gesetzlich geregelt werden müssen, oder ob bestehende Gesetze vor dem Hintergrund einer sich weiterentwickelnden Medizin oder sich verändernder gesellschaftlicher Moralvorstellungen angepaßt werden müssen.

Es liegt in der Natur des parlamentarischen Systems, daß die Mehrzahl der Abgeordneten keinen detaillierten Überblick über die rechtlichen, naturwissenschaftlichen und ethischen Hintergründe etwa der Präimplantationsdiagnostik, der Forschung mit embryonalen Stammzellen oder des Umgangs mit Patientenverfügungen haben kann. Zur Vorbereitung komplexer Fragen verfügt der Deutsche Bundestag über ein bewährtes Instrument: die Enquêtekommission. Dabei handelt es sich um einen besonderen, in der Regel nur für eine Dauer von einer oder zwei Legislaturperioden eingesetzten Ausschuß. Dabei arbeiten Bundestagsabgeordnete zusammen mit einer gleichen Anzahl von durch die Fraktionen berufenen externen Sachverständigen mit gleichem Rede- und Stimmrecht. Der Bundestag kann sich damit eines Instruments bedienen, das interfraktionelle und themenbezogene Sacharbeit verrichten kann. [1]

Die Enquêtekommission
„Recht und Ethik der modernen Medizin" (2000-2002)

Es war daher im Kontext der bereits laufenden oder sich anbahnenden gesellschaftlichen Diskussionen im Bereich der Biomedizin nur folgerichtig, daß der Deutsche Bundestag am 24. März 2000 [2] die Enquêtekommission „Recht und Ethik der modernen Medizin" unter dem Vorsitz der SPD-Abgeordneten Margot von Renesse einsetzte, um, wie es im Einsetzungsbeschluß heißt, „Empfehlungen für die ethische Bewertung, für Möglichkeiten des gesellschaftlichen Umgangs sowie für gesetzgeberisches und administratives Handeln in bezug auf medizinische Zukunftsfragen" [3] zu erarbeiten.

Im einzelnen gehörte es zum Auftrag der Kommission:
- „den Sachstand über wichtige derzeitige und zukünftige Entwicklungen und daraus resultierende Probleme in der modernen medizinischen Forschung, Diagnostik und Therapie unter Einbeziehung ethischer, verfassungsrechtlicher, sozialer, gesetzgeberischer und politischer Aspekte darzustellen;
- die zugehörige Forschungspraxis zu untersuchen und insbesondere auf gesetzlich nur unvollständig geregelte Bereiche hinzuweisen;
- Kriterien für die Grenzen der medizinischen Forschung, Diagnostik und Therapie sowie ihrer Anwendungen zu entwickeln, die das unbedingte Gebot zur Wahrung der Menschenwürde beinhalten." [4]
- Stellungnahme zur Biopatentrichtlinie [5]

Wenngleich die Kommission sich zu Beginn ihrer Arbeit ein mittelfristiges Arbeitsprogramm gab, reagierte sie schnell auf die von der EU-Kommission zum Sommer 2000 geforderte Umsetzung der sogenannten Biopatentrichtlinie (98/44/EG) in nationales Recht. Mit ihrer öffentlichen Anhörung am 3. Juli 2000 hob sie die Frage, ob und wieweit Gene patentierbar sein können, auf eine breitere gesellschaftliche und parlamentarische Ebene und trug mit ihrem eine 1:1-Umsetzung mehrheitlich ablehnenden Teilbericht dazu bei, daß die Richtlinie erst 2004 in gegenüber dem Ursprungsentwurf modifizierter Form durch den Bundestag beschlossen wurde.

Teilbericht Stammzellforschung

Ursprünglich als Teil des Abschlußberichtes vorgesehen, wurde im November 2001 der Teilbericht „Stammzellforschung" [6] dem Bundestag übergeben, nachdem das Parlament am 5. Juli 2001 beschlossen hatte, sich noch im laufenden Jahr „mit der Frage der Forschung an importierten, humanen und pluripotenten embryonalen Stammzellen unter der Berücksichtigung einer Stellungnahme der Enquêtekommission zu befassen" [7].

Der Bericht erläutert den wissenschaftlichen Stand wie auch die erwarteten zukünftigen Entwicklungen embryonaler Stammzellen, embryonaler Keimzellen, Nabelschnurblutstammzellen sowie adulter Stammzellen und geht auf medizinisch-technische Alternativen ein.

Neben der Darstellung der nationalen und internationalen rechtlichen Regelung und einer Übersicht über rechtliche Regelungen in ausgewählten Staaten behandelt der Teilbericht im Schwerpunkt allgemeine ethische und rechtliche Probleme der Stammzellforschung einschließlich einer Diskussion zweier unterschiedlicher Positionen zum moralischen Status des menschlichen Embryos (Konzept der Menschenwürde von Anfang an vs. Konzept der abgestuften Schutzwürdigkeit des menschlichen Embryos).

Im Empfehlungsteil bestand Einigkeit darin, die Gewinnung von Stammzellen aus Embryonen für nicht verantwortbar zu halten. Für die klärungsbedürftige Frage des Umgangs mit importierten humanen embryonalen Stammzellen konnte sich die Kommission – wie zu erwarten war – nicht auf eine gemeinsame Empfehlung einigen und wählte daher den Weg eines Gabelvotums: Eine Mehrheit der Kommission schloß sich der Argumentation A an, nach der der Import von menschlichen embryonalen Stammzellen verhindert werden solle, eine Minderheit stützte die Argumentation B, nach der der Import menschlicher embryonaler Stammzellen unter engen Voraussetzungen zu tolerieren sei.

Im nicht koordinierten Wechselspiel mit der Fachberichterstattung führte die Arbeit der Enquêtekommission zu einer breiten, über die einschlägigen Fachjournale hinausgehenden und das Feuilleton erreichenden öffentlichen Diskussion über Sinn und Zweck, Notwendigkeit und ethischer Bewertung embryonaler Stammzellforschung.

In seiner 214. Sitzung am 30. Januar 2002 debattierte der Deutsche Bundestag in einer mehr als fünfstündigen Sitzung den Teilbericht der Enquêtekommission und drei Anträge, die die unterschiedliche Regelung des Imports embryonaler Stammzellen zum Inhalt hatten. 40 Abgeordnete aus allen Fraktionen beteiligten sich mit Redebeiträgen. [8] Interessanterweise wurde während der Debatte nicht nur die Bedeutung der inhaltlichen Vorarbeiten der Enquêtekommission deutlich (auch wenn sie nicht einmal die Kommissionsvorsitzende explizit erwähnte). Interessant – aber letztlich nicht verwunderlich – war, daß die wesentlichen „Motoren" aller drei die unterschiedlichen Positionen vertretenden Anträge ebenfalls aus den Reihen der Enquête-Mitglieder stammten. [9]

Die Annahme des Antrages 14/8102 in der zweiten Abstimmung führte dann zur Erarbeitung des am 25. April 2002 verabschiedeten Stammzellgesetzes, das den Import von Stammzellinien unter bestimmten Bedingungen erlaubt, sofern diese vor dem 1. Januar 2002 hergestellt worden sind.

Schlußbericht der 14. Legislaturperiode

Am 14. Mai 2002 – etwas über zwei Jahre nach der Einsetzung und rechtzeitig vor Ende der Legislaturperiode – legte die Kommission ihren umfangreichen Schlußbericht dem Bundestagspräsidenten vor. [10]

Während sich die Kommission in ihrem Schlußbericht auch ausführlich mit der Begründung der Menschenwürde befaßt, sind die ebenfalls behandelten Themenfelder „Präimplantationsdiagnostik" und „Genetische Daten" stärker in die Öffentlichkeit gerückt.

Präimplantationsdiagnostik (PID)

Diese Untersuchungsmethode ermöglicht es, Embryonen, die außerhalb des Mutterleibes erzeugt wurden, auf genetische Merkmale (i.d.R. den bekannten genetischen Defekt, den eines der Elternteile trägt) zu untersuchen. Da diese Methode in Deutschland nicht erlaubt, aber in einer Reihe von europäischen Ländern zulässig ist, gibt es regelmäßig Initiativen, die PID auch in Deutschland zuzulassen. Vor diesem Hintergrund hat die Kommission einen sehr ausführlichen Berichtsteil zu den wissenschaftlich-medizinischen Grundlagen, der nationalen und internationalen rechtlichen Regelung und der ethischen Bewertung der PID (aber auch der Pränataldiagnostik) verfaßt. Ähnlich dem Verfahren beim Stammzellbericht gabelt die Kommission ihren Empfehlungsteil in ein nur von einer Minderheit getragenes Votum A, das die PID für Hilfe suchende Paare mit einem nachweisbar hohen genetischen Risiko auf Grundlage der (im Bericht beschriebenen) Beschränkungen zulassen will, und dem von einer deutlichen

Mehrheit getragenen Votum B, das dem Deutschen Bundestag empfiehlt, die PID nicht zuzulassen. Beiden Voten gemeinsam ist die Empfehlung einer gesetzlichen Regelung. Zu einer Veränderung der gesetzlichen Regelung ist es bisher aber noch nicht gekommen.

Genetische Daten

Mit diesem Berichtsteil griff die Kommission die gerade von Datenschützern häufig geäußerte Forderung auf, den Umgang mit genetischen Daten z.b. im Bereich der Einstellungsuntersuchungen von Arbeitnehmern und im Versicherungswesen vor dem Hintergrund einer rasanten Entwicklung der Möglichkeiten von Gentests zu regeln.

Die Kommission gibt dazu eine Reihe von Empfehlungen, die auf einen sehr restriktiven Umgang mit Gentests hinauslaufen und den Diskriminierungsschutz des Menschen herausstellen. [11]

Die Enquêtekommission
„Ethik und Recht der modernen Medizin" (2003-2005)

Da die Enquêtekommission der 14. Legislaturperiode in ihrem Schlußbericht eine ganze Reihe von Desideraten, also Fragestellungen, die nicht mehr abschließend beraten werden konnten, formulierte (und weil offenbar die Arbeit der Kommission allgemeine Wertschätzung und weniger Skepsis als zu Beginn der vorangegangenen Legislaturperiode erfahren hatte), wurde schon am 20. Februar 2003 die Enquêtekommission „Ethik und Recht der modernen Medizin" [12] eingesetzt, die sich am 5. Mai 2003 mit ihrer ersten Sitzung konstituierte und ein halbes Jahr vor Ablauf der Legislaturperiode einen Abschlußbericht vorlegen sollte. Der Kommission gehörten insgesamt 26 ordentliche Mitglieder an: sechs Abgeordnete und fünf von der SPD-Fraktion berufene Sachverständige [13], CDU/CSU: fünf Abgeordnete und fünf Sachverständige, Bündnis 90/Die Grünen: ein Abgeordneter und zwei Sachverständige, FDP: ein Abgeordneter und ein Sachverständiger.

Im Einsetzungsbeschluß [14] heißt es: „In Gesellschaft und Parlament besteht weiterhin ein großer Erkenntnis- und Diskussionsbedarf zu Fragen der modernen Medizin und der damit zusammenhängenden Biowissenschaften. Zur Fortsetzung und Vertiefung der öffentlichen Diskussion und zur Vorbereitung politischer Entscheidungen hat die Kommission die Aufgabe, unter angemessener Berücksichtigung aller betroffenen gesellschaftlichen Gruppen, Institutionen und Verbände sowie der Kirchen, Religions- und Weltanschauungsgemeinschaften, Empfehlungen für gesetzgeberisches und administratives Handeln in bezug auf

R. RÖSPEL

wissenschaftliche Zukunftsfragen und für deren ethische Bewertung zu erarbeiten. Hierzu soll sie die Arbeit der Enquêtekommission fortsetzen, die in der 14. Wahlperiode wichtige Erkenntnisse auf den Feldern der modernen Medizin und Ethik gesammelt und gebündelt hat, weitere Aspekte aber aus Zeitgründen nicht mehr in befriedigender Weise untersuchen und für die parlamentarische Arbeit aufbereiten konnte; sie soll darüber hinaus neu auftauchende Fragestellungen im Bereich der modernen Medizin aufgreifen."

Die Enquêtekommission bildete zu Beginn ihrer Arbeit zunächst sogenannte Themengruppen zu den folgenden Arbeitsbereichen:
- Allokation
- Biowissenschaften
- Ethik in der Forschung
- Menschenwürdig leben bis zuletzt
- Transplantationsmedizin

Während die Enquêtekommission der 14. Legislaturperiode also eher mit dem Beginn der menschlichen Existenz befaßte, lag der Schwerpunkt dieser Kommission beim Ende des menschlichen Lebens.

Die Tatsache, daß das Bundesministerium der Justiz eine Arbeitsgruppe zum Thema „Patientenverfügung" eingesetzt hatte [15], führte innerhalb der Enquêtekommission zu der regen Diskussion, inwieweit die Frage der Verbindlichkeit von Patientenverfügungen aus dem eigentlich als Einheit gesehenen Thema des Lebensendes herausgelöst werden müsse, um einen eigenen, zeitnahen Beitrag zur gesellschaftlichen Diskussion liefern zu können. Die Kommission faßte aus dieser Erwägung heraus den Beschluß, noch im Jahr 2004 einen Zwischenbericht zu erarbeiten.

Zwischenbericht Patientenverfügungen

Allgemein wird unter einer Patientenverfügung eine individuelle schriftliche oder auch mündliche Willensäußerung eines entscheidungsfähigen Menschen zur zukünftigen Behandlung im Falle der eigenen Äußerungsunfähigkeit verstanden. Eine gesetzliche Regelung existiert nicht, und die durch Gerichtsurteile entstandene Rechtslage zu Patientenverfügungen wird als zum Teil widersprüchlich angesehen.

Nach einer sehr intensiven Debatte sprach sich die Kommission mit dem Zwischenbericht [16] mehrheitlich für eine grundsätzliche Verbindlichkeit von Patientenverfügungen und eine Stärkung aus, schränkte aber die Reichweite in einem Fall ein: Sie empfahl, „...die Gültigkeit von Patientenverfügungen, die einen Behandlungsabbruch oder -verzicht vorsehen, der zum Tode führen würde, auf Fallkonstellationen zu beschränken, in denen das Grundleiden irreversibel ist und trotz medizinischer Behandlung nach ärztlicher Erkenntnis zum Tode führen wird. Maßnahmen der Basisversorgung können durch

Patientenverfügung nicht ausgeschlossen werden." Demenz und Wachkoma liegen – ohne zusätzliche lebensbedrohende Komplikationen, die zum Tod des Patienten führen – „außerhalb der Möglichkeiten einer Patientenverfügung".

Demgegenüber sprechen sich die Unterzeichner einiger Sondervoten dafür aus, Patientenverfügungen generell (bei Vorliegen einiger formaler Kriterien) und unabhängig vom Krankheitsverlauf als gültig anzusehen. Die Schriftlichkeit wird von einer Mehrheit als einzige Wirksamkeitsvoraussetzung gesehen. Mit der Empfehlung, den Betreuer durch ein Konsil, bestehend aus behandelndem Arzt, einem Mitglied des Pflegeteams und einem Angehörigen, beraten zu lassen, brachte die Enquêtekommission einen neuen Aspekt in die öffentliche Diskussion.

Insgesamt kann festgestellt werden, daß die Kommission mit diesem Zwischenbericht einen wichtigen Impuls für die öffentliche Diskussion gesetzt hat und es dem Parlament gelungen ist, dem Bericht der Arbeitsgruppe des Bundesjustizministeriums einen deutlich differenzierteren Beitrag gegenüberzustellen. Auf Basis nunmehr beider Stellungnahmen werden in nicht allzu ferner Zukunft interfraktionelle Gruppen von Parlamentsmitgliedern mit der Erarbeitung von Anträgen beziehungsweise Gesetzentwürfen zum Umgang mit Patientenverfügungen beginnen.

Zwischenbericht Organlebendspende

Auch beschleunigt durch Erkenntnisse des Europarates über Organhandel in Europa gliederte die Kommission einen Zwischenbericht zum Thema Organlebendspende aus. [17]

Dabei wurde von der Kommission mehrheitlich empfohlen, es bei der eng gefaßten Regelung des Transplantationsmedizingesetzes zu belassen, gemäß der Organe oder Organteile, die sich nicht wieder bilden können, nur an Angehörige und besonders nahe stehende Menschen gespendet werden dürfen. Darüber hinaus empfahl die Kommission eine bessere medizinische und finanzielle Absicherung der Spender und lehnte Organhandel weiterhin ab.

Zwischenbericht zu Palliativmedizin und Hospizarbeit

Die Entscheidung, den Themenbereich Palliativmedizin und Hospizarbeit aus dem Schlußbericht herauszunehmen und als Zwischenbericht [18] vorab zu veröffentlichen, erwies sich als Glücksfall, da die am Abend des 22. Mai 2005 von Bundeskanzler Schröder bekanntgegebene Absicht, die Vertrauensfrage zu stellen und eine alsbaldige Neuwahl anzustreben, die noch zur Verfügung stehende Arbeitszeit der Enquêtekommission deutlich reduzierte. Mit diesem Zwischenbericht relativierte die Kommission viele der in der öffentlichen Diskussion um aktive Sterbehilfe benutzten Argumente und fokussierte auf notwendige Verbesserungen für die ambulante und stationäre Palliativmedizin und für Hospize. Diese Vorschläge haben bereits eine breite Beachtung und Unterstützung erfahren. So hat die Veröffentlichung des Zwischenberichtes auf parteipolitischer Seite sicher dazu geführt, sich intensiver mit diesem Thema zu befassen und auch Eingang in den Koalitionsvertrag zwischen CDU/CSU und SPD gefunden.

Bericht „Über den Stand der Arbeit"

Die Ankündigung der Vertrauensfrage im Mai 2005 und letztlich die vorgezogenen Neuwahlen stellten die Enquêtekommission vor eine besondere Situation. Der auf Mai 2006 abgestimmte Arbeits- und Zeitplan war Makulatur. Die noch nicht publizierten Themen waren zwar über den Stand der ausführlichen Materialsammlung weit hinaus, und es hatten sowohl in der Kommission wie auch in den Themengruppen eine Reihe von Anhörungen, Expertengesprächen und Gutachtensichtungen stattgefunden, eine bewertende Diskussion in der gewohnten und notwendigen Tiefe war allerdings nicht mehr möglich.

So entschied die Kommission, den sich in der Endphase befindenden Zwischenbericht zu Palliativmedizin und Hospizarbeit mit Priorität fertigzustellen und darüber hinaus dem Bundestagspräsidenten einen Sachstandsbericht zu übergeben, der über den Stand der Arbeit in den Themengruppen und der Kommission informiert und so sicherstellt, daß die bis zu diesem Zeitpunkt verrichtete Arbeit nicht verloren geht. [19] Bewertungen seitens der Kommission oder gar Empfehlungen waren nicht mehr möglich und auch nicht vorgesehen.

So bekamen auch die durch Aktualität anderer Themen im Zeitplan posteriorisierten Themengruppen „Ethik in der biowissenschaftlichen und medizinischen Forschung" und „Allokation" die Möglichkeit, ihren Daten- und Diskussionsstand zu beschreiben.

Während sich die Themengruppe „Forschung" mit ethischen Grundproblemen medizinischer Wissenschaft, der rechtlichen Lage der medizinischen Forschung am Menschen, dem Patienten- und Probandenschutz, der Arbeitsweise von Ethikkommissionen und der Frage nach der Schaffung eines allgemeinen Humanforschungsgesetzes befasste, drehte sich die Arbeit der Themengruppe „Allokation" im wesentlichen um die Frage, nach welchen ethischen Kriterien medizinische Leistungen (unter der Bedingung knapper werdender Mittel) verteilt werden sollten.

Spätestens der Fall der gefälschten Forschungsergebnisse des südkoreanischen Klonforschers Hwang zeigt, daß die Themengruppe „Forschung" die richtigen Fragen thematisiert hat.

Und die von der Themengruppe „Allokation" aufgeworfenen Diskussionen, die die Grundfragen unseres Sozialsystems berühren (Wer entscheidet auf welcher Grundlage nach welchen Kriterien, wem welche Ressourcen des Gesundheitswesens in welcher Quantität und Qualität zugeteilt werden?), werden sehr bald Bestandteil der Diskussion in Politik und Gesellschaft sein. Der Deutsche Bundestag könnte die Aufarbeitung dieses Themas im Rahmen einer Enquête-kommission gebrauchen.

Die Ethikdebatte braucht Parlamentarier – und die Parlamentarier brauchen die Ethikdebatte

Der von Bundeskanzler Schröder als sein Beratungsgremium eingesetzte Nationale Ethikrat hat es nicht geschafft, in breiterem Umfang ethische Debatten in Öffentlichkeit und Parlament zu tragen. [20] Die Enquêtekommissionen des Bundestages hingegen sind nicht auf dauerhafte Existenz angelegt. Insofern ist die zum Zeitpunkt des Verfassens entbrannte Diskussion um eine Neustrukturierung eines Ethikgremiums auf Bundesebene zu begrüßen. [21]

Der Verfasser hielte es für einen eklatanten Fehler, wenn Parlamentarier nicht in einem solchen Gremium beteiligt wären, wie dies von einigen Diskussionsteilnehmern gefordert wird. Unverständlich ist insbesondere das Argument, Abgeordnete seien nicht unabhängig (genug), um in einem solchen Beratungsgremium mitzuarbeiten. Wenn es schon nicht gelingen kann, daß die Mitglieder eines solchen Gremiums objektiv oder gar neutral sein können (dazu bringt ja jeder die ihn sogar qualifizierende individuelle Werthaltung oder Erfahrung mit), so gibt es kaum unabhängigere und demokratisch besser legitimierte Mitglieder für ein bioethisches Politikberatungsgremium als Abgeordnete. Aus der Erfahrung der Arbeit der beiden Enquêtekommissionen wird zudem deutlich, wie wichtig die Mitarbeit von Abgeordneten und der unmittelbare Austausch zwischen Sachverständigen und Mitgliedern des Bundestages sowohl für die parlamentarische wie auch für die öffentliche Diskussion ist.

Die Debatte um embryonale Stammzellforschung wäre niemals so fundiert und engagiert geführt worden, wenn sich nicht Parlamentarier, Monate bevor die Stammzelldebatte in Deutschland losbrach, bereits mit Fragen der Stammzellforschung und bioethischen Grundsatzfragen in der Enquêtekommission befaßt hätten. Auch kommende Gesetzesverfahren wie zum Beispiel bei der Patientenverfügung werden davon profitieren, daß Abgeordnete als Kristallisationskerne parlamentarischer Initiativen bereits mit Sachverständigen eine Vielzahl der Problemkomplexe analysiert und sich mit verschiedenen Argumenten und Positionen auseinandergesetzt haben.

Wenn aus der Diskussion um die Wiedereinsetzung einer Medizin-Enquête und die Abschaffung des Nationalen Ethikrates die Idee eines Gremiums erwächst, das demokratisch (durch einen Beschluß des Bundestages) legitimiert ist, kontinuierlich arbeiten kann und an dem Parlamentarier mit ihrer Einbindung in das Gesetz gebende Organ unseres Landes mitarbeiten, ist viel gewonnen. [22]

Quellen

[1] Für eine umfassende Darstellung der Arbeit von Enquêtekommissionen des Deutschen Bundestages siehe: Ralf Altenhof 2003: Die Enquêtekommissionen des Deutschen Bundestages, Wiesbaden: VS Verlag.

[2] Daß dies allerdings erst fast 1 ½ Jahre nach Beginn der 14. Legislaturperiode erfolgte, hat sicher auch seinen Grund in einer über Fraktionsgrenzen hinweg geführten Kontroverse um die Unterzeichnung der sog. Bioethik-Konvention des Europarates und der Überlegung, inwieweit die Enquêtekommission zu einem einseitigen Instrument der Gegner einer Unterzeichung werden und Gesetzesvorhaben verzögert werden könnten. Diese Befürchtung hat sich im Nachhinein als haltlos erwiesen.

[3] Bundestagsdrucksache 14/3011

[4] ebda.

[5] „Teilbericht zu dem Thema Schutz des geistigen Eigentums in der Biotechnologie", Bundestagsdrucksache 14/5157

[6] Bundestagsdrucksache 14/7546

[7] Bundestagsdrucksache 14/6551. Beschleunigt wurde das Interesse an einer parlamentarischen Befassung durch den bei der Deutschen Forschungsgemeinschaft anhängigen Antrag des Bonner Neurowissenschaftlers Dr. Oliver Brüstle, die Arbeit mit embryonalen Stammzellen finanziell zu fördern

[8] Inhalt, Ernsthaftigkeit, Respekt und auch die hohe Anzahl der während der gesamten Dauer anwesenden Parlamentarier führten dazu, daß diese Debatte auch heute noch als (eine) „Sternstunde" des Parlaments bezeichnet wird

[9] Bundestagsdrucksache 14/8101 „Schutz der Menschenwürde angesichts der biomedizinischen Möglichkeiten – Kein Import embryonaler Stammzellen" von Abg. Dr. Wolfgang Wodarg, Dr. Hermann Kues u.a. lehnte den Import ab. Der Antrag erhielt in der ersten Abstimmung 263, in der zweiten Abstimmung 266 Stimmen.

Bundestagsdrucksache 14/8102 „Keine verbrauchende Embryonenforschung: Import humaner embryonaler Stammzellen grundsätzlich verbieten und nur unter engen Voraussetzungen zulassen" von Abg, Dr. Maria Böhmer, Margot von Renesse u.a. sprach sich für einen begrenzten Import aus und erhielt in der ersten Abstimmung 225, in der zweiten 339 Stimmen (damit angenommen).

Bundestagsdrucksache 14/8103 „Verantwortungsbewusste Forschung an embryonalen Stammzellen für eine ethisch hochwertige Medizin" von Abg. Ulrike Flach, Katherina Reiche u.a. sah eine Möglichkeit des Imports und eine Prüfung des Embryonenschutzgesetzes vor. Der Antrag erhielt in der 1. Abstimmung 106 Stimmen und schied für die zweite Abstimmung aus.

[10] Bundestagsdrucksache 14/9020

[11] Diese Vorarbeiten fanden – wenn auch nicht unbedingt in jedem Punkt inhaltlich – Niederschlag in den Beratungen der rot-grünen Regierungskoalition zu einem Entwurf eines Gendiagnostikgesetzes, die allerdings wegen der Auflösung des Bundestages im Sommer 2005 ein vorzeitiges Ende fanden.

[12] Mit der Umstellung des Namens sollte deutlich gemacht werden, daß der Schwerpunkt jetzt auf der ethischen Bewertung von Fragestellungen liegt.

[13]   Die SPD-Fraktion trat das Berufungsrecht für eine/n Sachverständige/n an den Koalitionspartner Bündnis 90/Die Grünen ab.

[14]   Bundestagsdrucksache 15/464

[15]   Der Bericht der Arbeitsgruppe „Patientenautonomie am Lebensende" des BMJ unter dem Vorsitz des ehemaligen Richters am BGH Klaus Kutzer wurde am 10. Juni 2004 veröffentlicht.

[16]   Bundestagsdrucksache 15/3700 vom 13. September 2004

[17]   Bundestagsdrucksache 15/5050

[18]   Zwischenbericht „Verbesserung der Versorgung Schwerstkranke und Sterbender in Deutschland durch Palliativmedizin und Hospizarbeit" vom 22.06.2005, Bundestagsdrucksache 15/5858

[19]   Bericht „Über den Stand der Arbeit" vom 06. September 2005, Bundestagsdrucksache 15/5980

[20]   Interessanterweise war der Nationale Ethikrat in allen die Öffentlichkeit und das Parlament interessierenden wesentlichen Fragen nicht in der Lage, einigermaßen zeitnah zu agieren. Bei der Stammzellforschung, Präimplantationsdiagnostik oder der Patientenverfügung erschienen deutlich weniger fundierte und differenzierte Stellungnahmen erst einige Monate nach denen der Enquêtekommission.

[21]   Für eine Analyse von Optionen für die Institutionalisierung bioethischer Beratung siehe: Falko Brede 2005: Ethikrat, Enquête, oder...? Perspektiven der bioethischen Politikberatung, in: ZEITSCHRIFT FÜR BIOPOLITIK 4.Jg. (2005), Nr.1, S.29-36.

[22]   Für wünschenswert hielte der Verfasser, endlich auch von der Firmierung des „National" wegzukommen. Damit wird ein Vertretungsanspruch suggeriert, der nicht haltbar, sondern anmaßend ist. Ein wie auch immer zusammengesetztes und bestätigtes Gremium kann nicht die „nationale" Ethik postulieren, sondern sich im Auftrag (des Bundestages) mit ethischen Fragen befassen, Debatten organisieren oder initiieren oder Empfehlungen und Bewertungen als Gremium abgeben. Der Respekt vor der Individualität und Nichtstaatlichkeit von Wertehaltungen und -entscheidungen sollte auch durch die Firmierung zum Ausdruck kommen.

Die Allgemeine Erklärung über Bioethik und Menschenrechte der UNESCO

Schritte zur internationalen Verständigung über bioethische Prinzipien

von Regine Kollek

Moderne Entwicklungen in Biotechnik und Medizin haben die Möglichkeiten zu Eingriffen in den menschlichen Körper vervielfältigt und deren Reichweite enorm gesteigert. Den sich dadurch eröffnenden Chancen für den Erkenntnisgewinn sowie zur Entwicklung innovativer Medikamente und Therapien stehen ethische Fragen und soziale Risiken gegenüber, die zwar häufig auf spezifische historische und kulturelle Gegebenheiten bezogen sind, grundsätzlich aber nicht vor nationalen Grenzen haltmachen und deshalb weltweit diskutiert werden. So wichtig nationale Regelungen im Umgang mit diesen Entwicklungen sind, so unverzichtbar ist es darum auch, sich international über die grundlegenden Prinzipien zu verständigen, die ihre Anwendung leiten sollen. Aufgrund der Reichweite der sich in den Lebenswissenschaften abzeichnenden Handlungsmöglichkeiten wäre es darüber hinaus wünschbar, letztlich zu einer völkerrechtlich verbindlichen Vereinbarung zu kommen, die die Rechte aller an diesen Entwicklungen Beteiligten und davon Betroffenen weltweit zuverlässig schützt.

Von dieser Vision schien die Völkergemeinschaft zu Beginn des 21. Jahrhunderts noch weit entfernt zu sein. Dennoch war vielen der an der Diskussion beteiligten Akteure die Notwendigkeit internationaler Normsetzung bewußt. Klar war auch, daß die ersten Schritte in einem solchen komplexen Einigungsprozeß bald unternommen werden sollten. Strebt man eine internationale Vereinbarung über kontroverse Inhalte an, liegt es nahe, diesen Prozeß im Kontext der Vereinten Nationen zu initiieren. Innerhalb der Vereinten Nationen ist die UNESCO [1] für Fragen der Wissenschaft, Forschung und Ausbildung zuständig. In diesem Zusammenhang befaßt sie sich seit einigen Jahren auch mit den durch die Lebenswissenschaften aufgeworfenen ethischen Fragen. Angesichts der rasanten Entwicklungen in diesem Bereich forderte die Generalkonferenz der UNESCO auf ihrer 31. Sitzung im Herbst 2001 den Generaldirektor dazu auf, die Möglichkeit der Erarbeitung universeller bioethischer Normen untersuchen zu lassen. Eine vergleichbare Aufforderung an die UNESCO erging auch von den Teilnehmern am Runden Tisch der Wissenschaftsminister zum Thema „Bioethics: International Implications" am 22. und 23. Oktober 2001 in Paris. Daraufhin erteilte der Generaldirektor der UNESCO dem Internationalen Ausschuß für Bioethik der UNESCO den Auftrag, eine solche Studie anzufertigen.

Der Internationale Ausschuß für Bioethik der UNESCO

Der Internationale Ausschuß für Bioethik (International Committee of Bioethics, IBC) der UNESCO wurde 1993 ins Leben gerufen, als sich die praktische Anwendung biomedizinischer Entwicklungen und die damit verbundenen ethischen Herausforderungen deutlicher abzuzeichnen begannen. Seither ist er das einzige globale Forum für die bioethische Reflexion der durch die Lebenswissenschaften aufgeworfenen Fragen. Institutionell angesiedelt ist der IBC bei der Division of Ethics of Sciences and Technology der UNESCO, von der er auch organisatorisch unterstützt wird.

Das Gremium besteht aus bis zu 36 unabhängigen Experten aus ebenso vielen Ländern. Sie werden auf Vorschlag der Mitgliedstaaten vom Generaldirektor der UNESCO für vier, maximal acht Jahre berufen und arbeiten in eigener Verantwortung. Bei ihrer Auswahl wird angestrebt, daß kulturelle Vielfalt, verschiedene geographische Regionen und unterschiedliche, für die bioethische Diskussion wichtige Disziplinen – wie zum Beispiel das Recht, die Ethik, die Philosophie und die Erziehungs- und Sozialwissenschaften – angemessen repräsentiert sind [2]. Der IBC wählt alle zwei Jahre einen Vorsitzenden bzw. eine Vorsitzende und vier Stellvertreter bzw. Stellvertreterinnen. Von Ende 2003 bis Ende 2005 hatte Michèle Jean aus Kanada den Vorsitz inne. Auf der 12. ordentlichen Sitzung im Dezember 2005 in Tokio wurde Nouzha Guessus-Idrissi aus Marokko zur Vorsitzenden gewählt.

Der IBC hat die Aufgabe, die UNESCO in ethischen Fragen, die die Entwicklung von Wissenschaft und Technik betreffen, zu beraten. Dabei geht es nicht um wertende Urteile über verschiedene Positionen. Vielmehr obliegt es den Mitgliedsländern und deren gesetzgebenden Körperschaften, die in den jeweiligen Gesellschaften vertretenen Auffassungen zu reflektieren und in die nationale Gesetzgebung umzusetzen. Das IBC soll jedoch unter anderem das Nachdenken über die durch die Lebenswissenschaften aufgeworfenen ethischen und rechtlichen Fragen fördern, Aktivitäten und Maßnahmen initiieren und unterstützen, die zur

Bewußtseinsbildung in Fragen von bioethischer Relevanz beitragen, mit internationalen Regierungs- und Nichtregierungsorganisationen sowie mit nationalen und regionalen Bioethik-Kommissionen zusammenarbeiten und zur Verbreitung der von der UNESCO verabschiedeten Erklärungen zur Bioethik beitragen.

Innerhalb der UNESCO werden Fragen der Bioethik weiterhin im Zwischenstaatlichen Ausschuß für Bioethik (Intergovernmental Bioethics Committee, IGBC) beraten. Dem 1998 gegründeten IGBC gehören Regierungsvertreter von 36 Mitgliedstaaten (unter anderem aus Deutschland) an, die sich mindestens alle zwei Jahre einmal treffen, um die Berichte und Empfehlungen des IBC zur Kenntnis zu nehmen und deren Umsetzbarkeit zu prüfen. Darüber hinaus gibt es im Bereich der Bioethik die Weltkommission für Ethik in Wissenschaft und Technologie (World Commission on the Ethics of Scientific Knowledge and Technology, COMEST) und seit 2001 auch den interinstitutionellen Ausschuß der Vereinten Nationen zur Bioethik (UN Inter-Agency Committee on Bioethics), der die Kommunikation zwischen den verschiedenen UN-Organisationen in Fragen der Bioethik koordiniert.

Prüfung der Machbarkeit

Nachdem der Generaldirektor der UNESCO dem IBC den Auftrag erteilt hatte, die Möglichkeit der Erarbeitung eines Internationalen Instruments zur Bioethik zu prüfen, setzte der IBC auf seiner 8. Sitzung in Paris im September 2001 eine Arbeitsgruppe zur Untersuchung dieser Möglichkeit ein. Der im Sommer 2003 vorgelegte Bericht [3] macht Aussagen zur grundsätzlichen Möglichkeit der Erarbeitung eines solchen Instruments, zu seinem Themenspektrum, seinem möglichen Beitrag zur internationalen Bioethik-Diskussion sowie zu seinen möglichen Formen und seinem Geltungsbereich. Der vom IBC verabschiedete Bericht empfahl der UNESCO, die Herausforderung eines solchen Unterfangens anzunehmen. Bevorzugt wurde dabei die Form einer Erklärung (Declaration), weil sie am ehesten international konsensfähig erschien. Das Dokument selber könne sich deshalb auf grundlegende Prinzipien konzentrieren, ohne sich dabei der Möglichkeit zu begeben, in weiteren Schritten spezifischere Empfehlungen oder Normen zu formulieren. Diese Option wurde später auch von den Regierungsvertretern als einzig realisierbare Vorgehensweise angesehen. Empfohlen wurde auch, daß die UNESCO die Führungsrolle bei der Vorbereitung und bei den Verhandlungen über ein solches Instrument übernimmt. Zu diesem Zweck und auch, um Abstimmungsprobleme mit und Doppelarbeit bei anderen UN-Organisationen zu vermeiden, wurde es als sinnvoll erachtet, wenn sie ein klares Mandat von der Generalkonferenz erhält.

Im Herbst 2003 beschloß die Generalkonferenz der UNESCO, den IBC mit der Erarbeitung eines Entwurfs für eine Erklärung über allgemeine Normen in der Bioethik (Declaration on Universal Norms on Bioethics, Arbeitstitel) zu beauftragen. Der Entwurf sollte der Generalkonferenz im Herbst 2005 vorgelegt werden. Das bedeutete, daß der IBC bis zum Januar 2005 einen Vorentwurf vorlegen mußte, damit noch genügend Zeit für den politischen Abstimmungs- und Aushandlungsprozeß zwischen den Mitgliedstaaten zur Verfügung stand. Um die Möglichkeiten für eine Einigung auf der Ebene der Mitgliedstaaten zu optimieren, wurde die Arbeit des IBC frühzeitig mit der des IGBC gekoppelt.

Die Erarbeitung des Entwurfs

Für die Erarbeitung eines Erklärungsentwurfes stand dem IBC unter dem Vorsitz von Michèle Jean also nur eine relativ kurze Zeit zur Verfügung. Der bald nach dem Beschluß der Generalkonferenz einsetzende Arbeitsprozeß läßt sich in drei Phasen unterteilen:

Erstens die Vorbereitungsphase, die sich von Januar bis April 2004 erstreckte. In dieser Phase fanden umfangreiche schriftliche Konsultationen der Mitgliedstaaten der UNESCO über die mögliche Reichweite und Struktur sowie über den Inhalt der zukünftigen Erklärung statt. Gefragt wurde unter anderem, ob sich die Erklärung auf die Anwendungen der Lebenswissenschaften auf den Menschen konzentrieren sollte oder ob auch nicht-menschliche Lebewesen und die Umwelt behandelt werden sollten. Welche grundlegenden Prinzipien sollten aufgenommen werden? Sollten auch spezifische biotechnische beziehungsweise medizinische Anwendungsfelder behandelt werden? Wenn ja, welche?

Über die schriftlichen Konsultationen hinaus wurden Fragen, die den Inhalt und die Struktur der zukünftigen Erklärung betreffen, auch auf einer außerordentlichen Sitzung des IBC diskutiert, die Ende April 2004 in Paris stattfand. Daran nahmen neben den Mitgliedern des IBC auch Repräsentanten von zwischenstaatlichen Organisationen, Nichtregierungsorganisationen (NRO), nationalen Bioethik-Komitees und von akademischen Organisationen teil. Im Anschluß an die öffentliche Sitzung des IBC und die Anhörung der unterschiedlichen Akteure wurden in einer internen IBC-Sitzung die Mitglieder der drafting group, also der Redaktionsgruppe für die Erarbeitung des Textentwurfs, nach den in der UNESCO üblichen Kriterien benannt, die Gruppe aber gleichzeitig für andere interessierte IBC-Mitglieder geöffnet. Zum Vorsitzenden wurde der Richter Michael Kirby (Australien) gewählt.

Damit wurde die zweite Arbeitsphase eingeleitet, die der Formulierung des Vor-Entwurfs diente. Zu den zentralen Diskussionspunkten im IBC und in der Redaktionsgruppe gehörte vor allem die thematische Breite der Erklärung, also zum einen die Frage, ob sie sich nur mit den Konsequenzen der Lebenswissenschaften für Menschen oder auch für nicht-menschliche Lebewesen und die Umwelt auseinandersetzen sollte, und zum zweiten, ob neben allgemeinen Prinzipien auch spezifische biotechnische Anwendungsfelder behandelt werden sollten. Weiterhin wurde diskutiert, ob in der Erklärung nur allgemeine Normen oder auch spezifische Empfehlungen formuliert werden sollten. Auf welcher Abstraktionsebene sollten solche Empfehlungen angesiedelt sein? Thematisiert wurden auch der Titel der Erklärung und natürlich die Einhaltbarkeit des – für eine inhaltlich und organisatorisch so anspruchsvolle Aufgabe – sehr knappen Zeitplans. Diese und weitere Fragen begleiteten die Redaktionsgruppe und den IBC während des gesamten nun folgenden Arbeitsprozesses. Zwischen April 2004 und Januar 2005 fanden insgesamt sechs Treffen der Arbeitsgruppe und im August 2004 die 11. reguläre Sitzung des IBC in Paris statt. Auf dieser Sitzung wurden Repräsentanten verschiedener religiöser und spiritueller Perspektiven (Konfuzianismus, Islam, Judentum, Buddhismus, Hinduismus, Katholizismus) angehört. Die Redaktionsgruppe versuchte, die im Rahmen der schriftlichen Befragungen und mündlichen Konsultationen vorgebrachten Vorschläge und Bedenken zu berücksichtigen und in ein kohärentes Konzept umzuformen. Im Dezember 2004 wurde nach der sechsten Sitzung der Redaktionsgruppe die dritte Fassung des Vorentwurfs an die IBC-Mitglieder und das IGBC versandt. Diese Fassung bildete die Grundlage für die abschließenden Diskussionen des IBC, in die auch die Stellungnahme der IGBC einfloß. Im Rahmen seiner außerordentlichen Sitzung Ende Januar 2005 wurde dann die endgültige Fassung des Vorentwurfs durch den IBC verabschiedet.

Mit der offiziellen Weitersendung dieses Vorentwurfs (preliminary draft) an die Vertreter die UNESCO-Mitgliedstaaten im Februar 2005 wurde die dritte und letzte Phase der Entwicklung der Erklärung eingeleitet, die vom Februar bis zum September 2005 dauerte. Anfang April 2005 fand dazu das erste Treffen von Regierungsexperten aller Mitgliedstaaten der UNESCO statt, im Juni das zweite. Auf beiden Treffen wurde der vom IBC erstellte Vorentwurf der Erklärung überarbeitet, das gedankliche Konzept der Erklärung in Form und Inhalt stringenter herausgearbeitet und teilweise auch verändert. Einige dieser Veränderungen betreffen an anderer Stelle exemplarisch diskutierte inhaltliche, aber auch sprachliche Aspekte. Gerade Formulierungen wurden an vielen Stellen intensiv diskutiert, da in der Bioethikerklärung als rechtsunverbindlichem Dokument statt Vertragssprache zumeist Formulierungen mit empfehlendem Charakter gewählt werden mußten (zum Beispiel „should" statt „shall"). Insgesamt führte die Arbeit der Regierungsexperten dazu, daß das Dokument schlanker und lesbarer wurde.

Zusammenfassend zeichnete sich der Prozeß der Ausarbeitung des Entwurfs durch vier Besonderheiten aus, die der Direktor der Abteilung für die Ethik von Wissenschaft und Technik der UNESCO, Henk ten Have, folgendermaßen zusammengefaßt hat [4]: a) Das schrittweise Vorgehen, das es erlaubte, die Bandbreite der in den Mitgliedstaaten der UNESCO und verschiedenen zwischenstaatlichen Organisationen vorhandenen Positionen im Rahmen verschiedener Konsultationen und Treffen sukzessive abzufragen. b) Die umfangreichen Beratungen, die es ermöglichten, die Inhalte der zukünftigen Erklärung schon im Vorfeld mit sehr vielen unterschiedlichen Fachleuten und Organisationen zu diskutieren und das Vorhaben durch Veranstaltungen in diversen Mitgliedsländern international bekannt zu machen. c) Die Transparenz, die dadurch erzeugt wurde, daß die Arbeit des IBC möglichst öffentlich ausgeführt und die verschiedenen Versionen des Entwurfs auf der Internetseite der UNESCO veröffentlicht wurden. d) Die Einbeziehung vielfältiger Expertise. Da internationale normative Instrumente zum einen den aktuellen Entwicklungsstand der beteiligten und betroffenen Disziplinen und Bereiche widerspiegeln sollen, und zum anderen von den Regierungen der UNESCO-Mitgliedstaaten akzeptiert werden müssen, ist eine Kopplung zwischen wissenschaftlicher Erarbeitung und politischem Prozeß essentiell für die internationale Akzeptanz solcher Dokumente. Diese Kopplung wurde durch die frühzeitige Einbeziehung von und Abstimmung mit dem zwischenstaatlichen Ausschuß für Bioethik (IGBC) und mit Regierungsexperten aus (prinzipiell) allen UNESCO-Mitgliedstaaten erreicht.

Im Sommer 2005 wurde die unter den Regierungsexperten abgestimmte Fassung als endgültiger Entwurf dem Generaldirektor zugesandt und am 19. Oktober 2005 von der 33. Generalkonferenz der UNESCO im Konsens angenommen. Die Allgemeine Erklärung über Bioethik und Menschenrechte (Universal Declaration on Bioethics and Human Rights, „Bioethik-Erklärung") ist nach der Allgemeinen Erklärung über das menschliche Genom und Menschenrechte [5] und der Internationalen Erklärung über menschliche Gendaten [6] der dritte vom IBC entwickelte und von der Generalkonferenz der UNESCO angenommene Text, der bioethische Standards setzt. Auch wenn es sich dabei um ein völkerrechtlich nicht verbindliches Dokument handelt, liegen damit doch erstmals international akzeptierte Leitlinien für das Handeln im Bereich der biomedizinischen Forschung und der Lebenswissenschaften in ihrer Anwendung auf Menschen vor.

Konzeptionelle Herausforderungen

Bei der Ausarbeitung des Vorentwurfs der Erklärung waren die Redaktionsgruppe und der IBC mit einer Fülle von konzeptionellen und strukturellen Problemen konfrontiert, die sich folgendermaßen zusammenfassen lassen.

Geltungsbereich

In den schriftlichen und mündlichen Anhörungen hatten vor allem viele Entwicklungsländer das Interesse an einer breit angelegten Erklärung geäußert, die nicht nur die Anwendung der Lebenswissenschaften auf Menschen, sondern auch auf nicht-menschliche Lebewesen und die Umwelt einbezieht, und die neben allgemeinen Prinzipien auch spezifische Anwendungsfelder der Lebenswissenschaften behandelt. Vor dem Hintergrund, daß in vielen dieser Länder keine einschlägigen Regelungen existieren, ist dieses Interesse berechtigt und nachvollziehbar. Im IBC wurde dieses Thema jedoch aus verschiedenen Gründen kontrovers diskutiert. Obwohl grundsätzlich ein großes Interesse daran bestand, eine umfassende Erklärung zu entwerfen, war die Mehrheit der IBC-Mitglieder letztlich jedoch skeptisch, ob sich ein so anspruchsvolles und umfangreiches Unterfangen in der Kürze der zur Verfügung stehenden Zeit bewältigen ließe. Vor diesem Hintergrund wurde die Möglichkeit eines zweistufigen Vorgehens diskutiert. Der erste Teil der Erklärung könnte sich den auf den Menschen bezogenen bioethischen Fragen widmen und termingerecht zum Januar 2005 fertiggestellt werden. Ein zweiter Teil, nichtmenschliche Organismen und die Umwelt betreffend, sollte später erarbeitet werden. Obwohl dieses zweistufige Vorgehen zunächst einige Unterstützung fand, stellte es sich aufgrund der damit verbundenen konzeptionellen Probleme als unrealisierbar heraus.

Eine weitere Frage in diesem Zusammenhang war, ob in die zukünftige Erklärung nur grundlegende Prinzipien aufgenommen werden, oder auch spezifische Anwendungen beziehungsweise Anwendungsbereiche behandelt werden sollten. Während einige Mitglieder des IBC sich dafür aussprachen, alle wichtigen Anwendungsbereiche und die dafür relevanten Normen explizit zu benennen, plädierten andere dafür, nur die grundlegenden Prinzipien niederzulegen und höchstens einige Anwendungsfälle beispielhaft zu diskutieren. Wieder andere wiesen darauf hin, daß auch die strukturellen Probleme moderner wissenschaftlicher Entwicklung explizit gemacht werden müßten. Heute habe nur ein kleiner Teil der Menschheit Zugang zu wissenschaftlichen Ressourcen; von daher würde auch die Wissenschaft selber zur Verstärkung der Ungleichheit in der Welt beitragen. Dieser Gesichtspunkt konnte nicht vertiefend diskutiert werden; implizit ging er jedoch in die Formulierungen des späteren Artikels 15: Gemeinsame Teilhabe am Nutzen (Sharing of benefits) mit ein.

Nach langen Diskussionen entschieden sich die Redaktionsgruppe und der IBC dafür, die Anwendungen der Lebenswissenschaften auf den Menschen in den Mittelpunkt der Erklärung zu stellen, dabei aber zum Ausdruck zu bringen, daß der Mensch nicht-menschlichen Lebewesen und der Umwelt gegenüber eine Verantwortung trägt. Dieser Gesichtspunkt, der allen IBC-Mitgliedern sehr wichtig war, kommt vor allem in Artikel 17: „Protection of the environment, the biosphere and biodiversity" zum Ausdruck.

Konzept

Auch in konzeptioneller Hinsicht stellte es sich als schwierig und – zumindest unter den gegebenen Bedingungen – als letztlich nicht realisierbar heraus, die Lebenswissenschaften in ihrer Anwendung auf Menschen einerseits und die Umwelt andererseits in einem Dokument zu behandeln. Zwar will die Bioethik zum gesamten Bereich des Lebendigen Aussagen machen. Historisch gesehen hat jedoch die Medizinethik andere Wurzeln und eine völlig andere Diskursgeschichte als die Umwelt- beziehungsweise die Tierethik. Auch sind hinsichtlich der ethischen Bewertung von Handlungsvoraussetzungen und -folgen signifikante Unterschiede auszumachen, die sich kaum unter für beide Bereiche gültigen Prinzipien subsumieren lassen. Darüber hinaus existieren mit dem Übereinkommen über biologische Vielfalt bereits völkerrechtlich verbindliche Standards für den Umgang mit der Umwelt und der biologischen Vielfalt. Für die Anwendung der Lebenswissenschaften auf den Menschen wurden bislang jedoch noch keine international allgemein akzeptierten Instrumente erarbeitet.

Parallel zu den Diskussionen über die Konzeptualisierung der zu entwickelnden Normen und Prinzipien stellte sich im IBC die Frage, welche Prinzipien formuliert werden sollten und in welchem eventuell auch hierarchischem Verhältnis sie zueinander stehen. Auf der Grundlage verschiedener disziplinärer, ethischer und rechtlicher Perspektiven und Traditionen wurden unterschiedliche Systematiken und Konzeptionen vorgeschlagen. Während die einen sehr stark aus der Menschenrechtsperspektive heraus argumentierten, stand für andere die ethische Stringenz und logische Kohärenz, und für wieder andere die Einfachheit, leichte Verständlichkeit und Vermittelbarkeit an einen heterogenen Adressatenkreis im Vordergrund. Zunächst kristallisierte sich dabei eine Struktur heraus, die in der dritten Entwurfsskizze ihren Niederschlag fand. Hier wurde zwischen General Principles, Derived Principles, Procedural Principles und Procedures unterschieden – eine Unterscheidung, die später als zu komplex verworfen wurde. Im Entwurf bzw. der verabschiedeten Fassung der Erklärung ist dann nur noch von Grundsätzen (Principles) und Anwendung der Grundsätze (Application of Principles) die Rede.

Prinzipien

Die von der Generalkonferenz angenommene Erklärung enthält 15 Prinzipien, die die Anwendung der Lebenswissenschaften auf Menschen unter Berücksichtigung ihrer sozialen, rechtlichen und natürlichen Lebensbedingungen leiten sollen. Im Folgenden soll auf drei Fragestellungen kurz eingegangen werden, die in den Diskussionen des IBC eine besondere Rolle spielten.

Das erste Problem ergab sich hinsichtlich des Umgangs mit dem Prinzip der freiwilligen und informierten Einwilligung zu medizinischer Forschung mit nicht einwilligungsfähigen Personen (Artikel 7 der Erklärung). Trotz längerer Diskussionen stellte sich heraus, daß es im IBC nicht möglich sein würde, an diesem Punkt eine Einigung über die gruppennützige [7] Forschung mit nicht einwilligungsfähigen Personen zu erzielen, die international sehr unterschiedlich gehandhabt wird. Deshalb enthielt der Vorentwurf des IBC – anders als die angenommene Erklärung – keinen eigenen Artikel zur gruppennützigen Forschung an dieser Personengruppe. Vielmehr findet sich im Artikel zu Informed Consent des IBC-Entwurfs (dort Artikel 10) folgender Absatz: „In any decision or practice involving persons who do not have the capacity to consent, special protection shall be given to such persons. Such protection shall be based on ethical and legal standards adopted by states, consistent with the principles set out in this declaration." Da es jedoch in vielen Staaten keine einschlägigen Richtlinien oder Gesetze gibt, die die biomedizinische Forschung regeln, stellt der letztlich von der Generalkonferenz angenommene und von den deutschen Regierungsvertretern maßgeblich mitgestaltete Artikel 7 eine Verschärfung der Schutzbestimmungen gegenüber der Formel des IBC dar, die die (Nicht-)Regulierung dieser Frage und auch die Bestimmung des Schutzniveaus den Mitgliedstaaten anheimgestellt hätte. Während der Vorentwurf konkrete Schutzbestimmungen nur für einwilligungsfähige Personen vorsah, sind in der

Erklärung nunmehr auch konkrete Schutzbestimmungen für nicht einwilligungs-fähige Personen niedergelegt.

Da die gruppennützige Forschung mit nicht einwilligungsfähigen Personen in Deutschland äußerst kontrovers diskutiert wird, haben die deutschen Regierungs-vertreter ihr Verständnis dieses Artikels in einer Positionserklärung, der sogenann-ten explanation of vote, niedergelegt. Hierin betont Deutschland die besondere Schutzbedürftigkeit dieser Gruppe, die international eine strikte Auslegung der Anforderungen an gruppennützige Forschung nach sich ziehen müsse. In einer Stimmerklärung drückt Deutschland darüber hinaus das aus, was sich in den Ver-handlungen als allgemeines Verständnis hinsichtlich einzelner Artikel, auch des Art. 7, herausgebildet hat. Der Artikel stellt damit vergleichbare Anforderungen an die gruppennützige Forschung mit nichteinwilligungsfähigen Personen wie das Menschenrechtsübereinkommen zur Biomedizin [8]. Diesem ist Deutschland bislang jedoch unter anderem wegen des gesellschaftlichen Dissenses in dieser Frage nicht beigetreten, obwohl mittlerweile (2004) auch im deutschen Arzneimit-telrecht eine Öffnung dahingehend erfolgt ist, daß die gruppennützige klinische Prüfung von Arzneimitteln an minderjährigen kranken Kindern unter strikten Voraussetzungen zulässig ist. Die gleiche Kritik, die sich im Zusammenhang mit dem Menschrechtsübereinkommen zur Biomedizin artikuliert hat, richtet sich auch gegen die UNESCO-Erklärung. Eine ausführliche Diskussion dieser Kontroverse würde den Rahmen dieser Ausführungen sprengen. Hervorzuheben ist jedoch, daß die in der Erklärung jetzt festgeschriebenen Anforderungen an eine solche Forschung teilweise über diejenigen hinausgehen, die in verschiedenen UNESCO-Mitgliedstaaten gelten. Dabei muß allerdings berücksichtigt werden, daß eine der Biomedizinkonvention des Europarats für die ratifizierenden Staaten vergleichbare völkerrechtliche Verbindlichkeit nicht gegeben ist und auch keine – zumindest noch nicht – der Allgemeinen Erklärung der Menschenrechte vergleichbare, die fast in Gänze völkergewohnheitsrechtlich Verbindlichkeit erreicht hat.

Besonders viel Aufmerksamkeit widmete der IBC dem jetzigen Artikel 14: Gesellschaftliche Verantwortung und Gesundheit (Social responsibility and health). Einhellig wurde die Auffassung vertreten, daß die Erklärung über die klassischen medizinethischen Prinzipien hinausgehen und auch Leitlinien für das Gesundheitswesen und gesundheitspolitische Entscheidungen formulieren müsse. Damit wurde in dem Entwurf und auch in dem später verabschiedeten Dokument neueren Entwicklungen des bioethischen Diskurses Rechnung getragen, in denen die Engführung der bioethischen Diskussion auf die individualethische Perspektive bemängelt und eine Ausweitung der ethischen Reflexion der Lebenswissenschaften auf sozialethische Fragen angemahnt wird.

Ausführlich diskutiert wurde auch der Inhalt von Artikel 20, der in der Er-klärung den Titel Risikoabschätzung und -management (Risk assessment and management) trägt. Ursprünglich war dieser Artikel als „Vorsorgeprinzip" kon-zipiert worden. Einige Mitglieder des IBC sprachen sich jedoch explizit gegen die Formulierung eines solchen Prinzips aus. Andere wiederum fürchteten, seine Aufnahme in die Erklärung würde international nicht akzeptiert werden. Deshalb entschloß sich der IBC, im Artikel zu Risk assessment, management and prevention einen zweiten Absatz zu formulieren, in dem das Vorsorgeprinzip indirekt und in sehr zurückhaltender Form eingeführt wird. Im Verlauf der Verhandlungen der UNESCO-Mitgliedstaaten über die endgültige Form des Entwurfs wurde dieser Passus jedoch wieder gestrichen. Artikel 20 fordert jetzt also – anders als der IBC-Entwurf – keine Risikovorsorge mehr, sondern nur noch die Förderung einer angemessen Risikobewertung und das Management von Risiken, die durch die Anwendung der Lebenswissenschaften und damit zusammenhängender Technologien entstehen können.

Titel

Der Auftrag der Generalkonferenz an den IBC lautete, eine Declaration on Universal Norms on Bioethics zu entwickeln. Der Titel wurde jedoch vor allem wegen des Begriffs der „Norm" als unglücklich empfunden. Zum einen sei er mißverständlich bzw. würde in verschiedenen Sprachen und Kulturen unterschiedliche Bedeutung haben. Zum andere ginge es möglicherweise nicht oder nicht nur um Normen, sondern auch um unterschiedliche Sichtweisen, die sich nicht unter dem Begriff der Norm subsumieren ließen. Das „universal" im Titel einer solchen Erklärung sollte sich deshalb darauf beziehen, daß die Erklärung von den UNESCO-Mitgliedstaaten allgemein anerkannt wird, nicht aber darauf, daß damit universelle Normen postuliert würden. Nachdem sich im Laufe der Erarbeitung der Erklärung die Verbindung zwischen den Diskussionen um bioethische Normen und um Menschenrechte immer deutlicher heraus kristallisiert hatte, einigte man sich auf den dann auch von der Generalkonferenz akzeptierten Titel Universal Declaration on Bioethics and Human Rights.

Fazit und Ausblick

Die Allgemeine Erklärung über Bioethik und Menschenrechte der UNESCO stellt das Ergebnis eines intensiven und kooperativen Prozesses dar, der in für internationale Verhandlungen ungewöhnlich kurzer Zeit zum Abschluß gebracht werden konnte. Damit liegt nunmehr ein von allen UNESCO-Mitgliedstaaten akzeptiertes Dokument in einem Bereich menschlichen Handelns vor, dessen globale Auswirkungen dringend internationaler Vereinbarungen bedürfen.

Die internationalen Reaktionen auf die Verabschiedung der Erklärung waren teilweise sehr positiv, aber es mangelte auch nicht an Kritik. Überwiegend positiv bewertet wurde, daß die Erklärung – anders als beispielsweise die Erklärung des Weltärztebundes von Helsinki – sich nicht nur auf die Forschung am Menschen beschränkt, sondern den Bogen weiterspannt und das Gesundheitswesen und die Verantwortung des Menschen für die Umwelt mit einbezieht. Als Stärke wurde weiterhin wahrgenommen, daß das Dokument relativ kurz ist, aber dennoch hinreichend viele konkrete und instruktive Details für die Formulierung nationaler Regelungen enthält. Darüber hinaus bezieht es die Inhalte vorhergehender Dokumente nicht nur ein, sondern geht über sie hinaus und verweist auf aktuelle Tendenzen in der bioethischen Debatte.

Kritische Stimmen verweisen darauf, daß die Erklärung den existierenden Dokumenten des Weltärztebundes und der Weltgesundheitsorganisation nicht viel hinzuzufügen habe. Auch wurden manche Formulierungen als zu restriktiv empfunden. Andere wiederum bemängeln, daß der Text nicht auf Fragen der Embryonenforschung oder des Klonens eingeht, obwohl der Report of the IBC on the Possibility of Elaborating a Universal Instrument on Bioethics von 2003 mehrfach auf die Bedeutung dieser Fragen hingewiesen habe. In Deutschland konzentrierte sich die Kritik auf den Artikel 7 und die Frage der fremd- beziehungsweise gruppennützigen Forschung an nicht einwilligungsfähigen Menschen. Dabei erkennen aber auch diejenigen, die die Formulierungen der Erklärung an diesem Punkt ablehnen, das Bemühen der UNESCO an, Ziele und Prinzipien ethischer Mindeststandards für die Forschung am Menschen und vor allem ein Diskriminierungsverbot festzuschreiben. Große Einigkeit besteht darin, daß die UNESCO-Erklärung ein wichtiges politisches Signal an die internationale Staatengemeinschaft aussendet, strenge ethische Rahmenbedingungen im Bereich der Biomedizin und der Forschung zu schaffen [9].

Sicher ist es zu früh, die Bedeutung dieses Dokuments für die internationale Diskussion um ethische Standards in den Lebenswissenschaften zu bewerten. Wichtig ist jedoch, was der Direktor der Division of Ethics of Science and Technology der UNESCO, Henk ten Have, in seinem Artikel in dieser Publikation erklärt, nämlich daß die Verabschiedung der Erklärung eher den Anfang als den Abschluß des Prozesses der Internationalisierung der Bioethik und der bioethischen Debatte darstellt [10]. Wenn man sich vor Augen führt, daß die Prinzipien der Erklärung zwar allgemein akzeptiert sind, dabei aber keineswegs klar ist, wie sie in unterschiedlichen Rechtssystemen und kulturellen Kontexten interpretiert und angewendet werden können, ist dies ein ungemein wichtiger Hinweis auf die Arbeit, die in Zukunft noch geleistet werden muß. Auf seiner 12. Sitzung in Tokio im Dezember 2005 hat der IBC deshalb auch beschlossen, sich in seiner nächsten Arbeitsphase intensiver mit der Interpretation und Anwendung einzelner Prinzipien zu befassen. Als erstes sollen deshalb Arbeitsgruppen zu den Fragen und interkulturellen Aspekten des Artikels 6: Einwilligung (Informed Consent) und zu Artikel 14: Gesellschaftliche Verantwortung und Gesundheit (Social responsibility and health) gebildet werden. Mit der Erarbeitung und Verabschiedung der Bioethik-Erklärung hat die internationale Staatengemeinschaft in der UNESCO einen ersten wichtigen Schritt auf dem Weg zur internationalen Verständigung über bioethische Prinzipien getan. Das längere Stück des Weges – die Interpretation der Bedeutung dieser Prinzipien für unterschiedliche Gesellschaften und ihre praktische Umsetzung in allen UNESCO-Mitgliedstaaten – will allerdings erst noch bewältigt werden.

Anmerkungen

[1]   UNESCO – United Nations Educational Scientific and Cultural Organization

[2]   Die zur Zeit der Erarbeitung der Deklaration gültige Mitgliederliste des IBC verzeichnete 35 Mitglieder (darunter 7 Frauen), die folgenden Disziplinen angehörten: Recht (8), Medizin (7), Biologie/Molekularbiologie (6), Philosophie/Ethik (6), Genetik (4), Geschichte/Sozialwissenschaften (2), Mathematik (1), Ökonomie (1). Viele der Mitglieder, die nicht aus der Philosophie beziehungsweise Ethik kommen, arbeiten im Bereich der Bioethik oder haben eine entsprechende Zusatzqualifikation.

[3]   Report of the IBC on the Possibility of Elaborating a Universal Instrument on Bioethics (13. Juni 2003). http:// portal.unesco.org/shs/en/file_download.php/3880b5df8e0530134614da8d65c39d6aFinrep_UIB_en.pdf

[4]   Ten Have, H.: UNESCO's Universal Declaration on Bioethics and Human Rights – Process of development and Impact. In: Deutsche UNESCO-Kommission (Hrg.): Allgemeine Erklärung über Bioethik und Menschenrechte. Wegweiser für die Internationalisierung der Bioethik. Bonn 2006, S. 27-36.

[5]   Universal Declaration on the Human Genome and Human Rights. Angenommen auf der 29. Generalkonferenz der UNESCO, 11. November 1997.

[6]   International Declaration on Human Genetic Data. Angenommen auf der 32. Generalkonferenz der UNESCO, 16. Oktober 2003.

[7]   Denklogisch handelt es sich dabei um „fremdnützige" Forschung, die aber im weiten Sinne des Begriffs in bezug auf diesen Personenkreis nirgendwo als zulässige Option erörtert wurde.

[8]   Übereinkommen zum Schutz der Menschenrechte und der Menschenwürde im Hinblick auf die Anwendung von Biologie und Medizin: Übereinkommen über Menschenrechte und Biomedizin vom 4. April 1997 („Bioethik-Konvention").

[9]   Vgl. u.a. die Stellungnahme der Vertreter der großen Interessenverbände behinderter und chronisch kranker Menschen (u.a. der Lebenshilfe) zur „Universal Draft Declaration on Bioethics and Human Rights" vom 29. August 2005 (http://www.imew.de/imew.php/cat/125/title/Stellungnahmen) und die Pressemitteilung der Bundestagsfraktion Bündnis90/Die Grünen vom 11. Oktober 2005.

[10]   Siehe Anmerkung 4, S. 34.

Biopolitische Notwendigkeiten 2006

von Karl-Friedrich Sewing

Die Geschwindigkeit, mit der in den Naturwissenschaften, und insbesondere in den Biowissenschaften die Informationsdichte (ich vermeide im Moment das Wort „Wissen") zunimmt, ist atemberaubend. Wenn wir einmal von in den Medien immer wieder auftauchenden Sensationsmeldungen abstrahieren, dann bleibt genügend Informationsmaterial, um von einem echten Wissenszuwachs sprechen zu können. Zu den Bereichen, in denen die Forschung besonders aktiv ist und deutliche Fortschritte gemacht hat, gehört die Fortpflanzungsbiologie und -medizin. Dazu haben nicht unwesentlich die allgemeinen und speziellen Kenntnisse der Zell- und Molekularbiologie beigetragen. Diese Kenntnisse der Fortpflanzungsmedizin zu nutzen und für die Patienten und Patientinnen praktisch umzusetzen, bleibt hierzulande den Ärzten verwehrt, da die gesetzlichen Rahmenbedingungen das nicht zulassen.

Seit dem 1.1.1991 ist in Deutschland das Embryonenschutzgesetz [1] in Kraft. Dieses Gesetz sieht obligat vor, daß im Rahmen einer *in vitro*-Fertilisation pro Zyklus nicht mehr als drei Eizellen befruchtet werden dürfen und daß alle drei befruchteten Eizellen transferiert werden müssen (§1(1)3 und 5 ESchG). Ziel dieser gesetzlichen Regelung ist es, zu vermeiden, daß überzählige befruchtete Eizellen (= Embryonen) entstehen. Die Kehrseite der Medaille ist allerdings zum einen, daß ungewollt überproportional viele Mehrlingsschwangerschaften entstehen. Zum anderen erlaubt sie den fortpflanzungsmedizinisch tätigen Ärzten nicht, einen nach mikroskopischer Prüfung aller Voraussicht nach nicht entwicklungsfähigen Embryo nicht zu transferieren. Mehrlingsschwangerschaften sind nach aller ärztlicher Erfahrung und einschlägigen Statistiken mit einem deutlich erhöhten Geburtsrisiko für die Mutter und die Kinder verbunden. Des weiteren dürfte es einleuchtend sein, daß der Transfer eines aller Voraussicht nach nicht entwicklungsfähigen Embryos wenig Sinn hat.

Seit dem 28.6.2002 ist das Stammzellgesetz [2] in Kraft. Dieses nach längeren Geburtswehen entstandene Gesetz enthält unter anderem die Regelung, daß nur solche Embryonen importiert und zu hochrangigen wissenschaftlichen Zwecken verwendet werden dürfen, die vor dem 1.1.2002 bereits „gewonnen und in Kultur gehalten werden oder im Anschluß daran kryokonserviert gelagert werden (embryonale Stammzellinie)". Dahinter steht die Befürchtung, daß ohne diese Stichtagsregelung speziell für Forschungszwecke Eizellen befruchtet und die so entstandenen Embryonen für solche Zwecke bereitgestellt werden. Damit – so die Konsequenz – würden zwei Rechtsnormen miteinander kollidieren. Zwischenzeitlich sind die wissenschaftlichen Fortschritte auf dem Gebiet der embryonalen Stammzellen unübersehbar. Unterm Strich ist es mittlerweile gelungen, mit Hilfe eines Kerntransfers Konstrukte zu generieren, aus denen sich embryonale Stammzellinien entwickeln lassen. Ungeklärt ist bislang noch, ob so entstandene Konstrukte Eigenschaften und Qualitäten besitzen, die sie befähigen, therapeutisch genutzt zu werden.

Alles in allem herrscht an dieser Front eine unbefriedigende Situation, die es aufzubrechen gilt. Bereits im Jahre 2003 wurde auf die Notwendigkeit einschlägiger Gesetzesnovellierungen hingewiesen [3]. Wenngleich auf der politischen Bühne keine Bewegung zu erkennen ist, so gibt es doch aus verschiedenen Richtungen mehrere Hinweise und Initiativen, die mehr oder weniger deutlich auf die Notwendigkeit einer politischen Initiative hinweisen, die auf eine dem Stand der Wissenschaft entsprechende Gesetzgebung abzielt.

1. Tätigkeitsbericht der Zentralen Ethik-Kommission für Stammzellenforschung (ZES). Dritter Bericht nach Inkrafttreten des Stammzellgesetzes (StZG) für den Zeitraum vom 1.12.2004 bis 30.11.2005 [4].
2. Fortpflanzungsmedizin und Embryonenschutz. Medizinische, ethische und rechtliche Gesichtspunkte zum Revisionsbedarf von Embryonenschutz- und Stammzellgesetz. Bericht der Bioethik-Kommission des Landes Rheinland-Pfalz vom 12. Dezember 2005. [5]
3. Forschungsklonen mit dem Ziel therapeutischer Anwendungen. Stellungnahme der Zentralen Kommission zur Wahrung ethischer Grundsätze in der Medizin und ihren Grenzgebieten (Zentrale Ethikkommission) bei der Bundesärztekammer zum Forschungsklonen mit dem Ziel therapeutischer Anwendungen vom 1.2.2006. [6]

Zu 1. Zwei Gesichtspunkte sind es, die die Kommission im Blick auf die derzeitigen Regelungen im Stammzellgesetz kritisch anmerkt. Zum einen – und das scheint für die Sinnhaftigkeit einer Forschung an und mit embryonalen Stammzellen einer der entscheidenden Gesichtspunkte zu sein – dürfte bei Beibehaltung der jetzigen Gesetzeslage eine therapieorientierte Forschung unmöglich sein („Die Stichtagsregelung des StZG wird von Forschern und in der öffentlichen Diskussion unter Hinweis auf verschiedene wissenschaftlich nachvollziehbare Gründe als ein Hindernis für eine breitere Entfaltung der Forschung an humanen ES-Zellen in Deutschland problematisiert. ... Für stärker therapieorientierte Projekte im Bereich der regenerativen Medizin wäre die Stichtagsregelung sicher problematisch."). Der zweite – nicht minder wichtige Aspekt – betrifft die internationale Kooperationsfähigkeit deutscher Wissenschaftler, die angesichts liberalerer Regelungen in anderen westlichen Industrienationen praktisch nicht oder nur auf unbedeutenden Randgebieten möglich ist, ja sogar unter Strafe gestellt ist („In der internationalen Forschung an humanen ES-Zellen und den sie begleitenden wissenschaftlichen Debatten zeichnen sich weitere Gründe ab, die in anderen Ländern voraussichtlich zu einer verstärkten Nutzung von ES-Zellinien führen werden, die nach dem Stichtag des StZG gewonnen wurden. Eine Debatte über die möglichen Hindernisse für die Erforschung und Verwendung humaner ES-Zellen in Deutschland muß im Hinblick auf die internationale Entwicklung, aber auch auf die ethischen und rechtlichen Argumente geführt werden, die der deutschen Gesetzgebung zugrunde liegen.").

Diese Einschätzung der Sachlage und damit der verhinderten Möglichkeiten einer zukunftsorientierten Forschung deckt sich ohne Einschränkung mit früheren Darstellungen der biopolitischen Problemfelder [7].

Zu 2. Unter Einbeziehung kompetenter Sachverständiger in den Bereichen Recht, Ethik und Medizin ist die Kommission bei zwei ablehnenden Sondervoten zu 37 Thesen (13 zum Recht), (15 zur Ethik), (9 zur Medizin) gekommen. Diese Thesen zugrunde legend, wurden dann Empfehlungen an den Gesetzgeber zu einer sachgerechten Umsetzung der vorhandenen Problemfelder in Handlungsoptionen erarbeitet. Diese lauten (verkürzt) wie folgt:

1. Durch ein umfassendes Fortpflanzungsmedizin- und Stammzellgesetz sollten alle einschlägigen Grundrechtspositionen in Einklang gebracht werden.
2. Die Begrenzung auf drei zu befruchtende Eizellen innerhalb eines Zyklus sollte durch eine dem Stand der Wissenschaft entsprechende Regelung ersetzt werden.
3. Der Patientenautonomie sollte dadurch Rechnung getragen werden, daß es der Entscheidung der Frau zukommt, wie viele *in vitro* erzeugte Embryonen transferiert werden.
4. Durch klare Regelungen zu morphologischen und genetischen Untersuchungen des Embryos vor dessen Transfer sollte Rechtssicherheit geschaffen werden.
5. Es sollten Möglichkeiten zur Adoption von Embryonen geschaffen werden.
6. Das Verbot der Forschung an und mit humanen embryonalen Stammzellen mit einer Stichtagsregelung sollte aufgehoben werden.
7. Für das Klonen zum Zwecke der Forschung mit hochrangigem therapeutischem Ziel sollten unter Berücksichtigung der Grundrechte die gesetzlichen Voraussetzungen geschaffen werden.
8. Der Gesetzgeber sollte eine regelmäßige Folgenabschätzung der gesetzlichen Regelungen vornehmen.

Mit seltener Klarheit und Offenheit hat hier eine Kommission alle wesentlichen biopolitischen Dringlichkeiten auf den Tisch gelegt und dem Gesetzgeber Wege des Handelns gewiesen.

Zu 3. Mit zwei ablehnenden Voten und einer Enthaltung hat die Zentrale Ethikkommission (ZEKO) bei der Bundesärztekammer auf der Basis unterschiedlicher Gewinnungsverfahren menschlicher embryonaler Strukturen ein Modell abgestufter Schutzwürdigkeit entworfen, um damit der Diskussion um die Nutzung menschlicher embryonaler Stammzellen neue Impulse zu geben. Diese Abstufung erfolgt nach folgenden Kriterien und Voraussetzungen: „Unter den Verfahren zur Gewinnung embryonaler Stammzellen erscheint am problematischsten die ausdrückliche Herstellung von Blastozysten, die durch Befruchtung einer Eizelle entstanden sind und daher prinzipiell voll entwicklungsfähig sind, mit dem Ziel, sie für die Forschung zu verbrauchen. Weniger problematisch erscheint die Stammzellentnahme aus Embryonen, die zu reproduktiven Zwecken erzeugt worden sind, aber faktisch für diese Zwecke nicht mehr genutzt werden können und daher vernichtet werden sollen. Nochmals weniger problematisch erscheint ein Verfahren, von dem höchst unwahrscheinlich ist, ob dadurch überhaupt Blastozysten hergestellt werden können, die die Fähigkeit besitzen, sich zu einem ganzen menschlichen Organismus zu entwickeln. Die moralische Problematik ist nochmals geringer, falls es sich als möglich erweist, Blastozysten oder blastozystenähnliche Strukturen zu erzeugen, von denen zwar Stammzelllinien abgeleitet werden können, die jedoch mit Sicherheit unfähig sind, sich zu einem ganzen menschlichen Organismus zu entwickeln."

Wenngleich dieses Modell aus verschiedenen Gründen (s.u.) Anlaß zu Kritik gibt, so zeigt die Initiative der ZEKO doch, daß auch in den der organisierten Ärzteschaft nahestehenden Kreisen die Notwendigkeit gesehen wird, auf dem Gebiet der Stammzellforschung die lähmende Stagnation aufzubrechen und durch eine offene und vorurteilsfreie Diskussion zu ersetzen.

Während der Tätigkeitsbericht der Zentralen Ethik-Kommission für Stammzellforschung (ZES) in der Öffentlichkeit weitgehend unbeachtet geblieben ist, hat der Bericht der Bioethik-Kommission des Landes Rheinland-Pfalz heftige Reaktionen ausgelöst. Insbesondere die FAZ [8] und Hubert Hüppe (MdB, für Bioethik zuständiger Berichterstatter der Arbeitsgruppe Gesundheit der CDU/CSU-Bundestagsfraktion) [9] haben sich zu kritischen, fast sogar polemisch zu nennenden Stellungnahmen veranlaßt gesehen. Mit äußerst fragwürdigen Argumenten unterstellt Hefty in der FAZ der Bioethik-Kommission des Landes Rheinland-Pfalz Irreführung und die Verbrämung politischer Ziele durch ethische Reflexionen ("Die Ethik in den Vordergrund zu stellen, wenn es lediglich um politische Ziele geht, kommt einer Irreführung gleich."). Bereits die Tatsache, daß der Kommission der Justizminister – noch dazu FDP-Mitglied – vorsitzt, gilt als Makel. Hier wird wieder einmal die Furcht vor einem „slippery slope" herangezogen, um ein Fundamental-Verbot zu begründen („Von dem vorgeblichen Bestimmungsrecht der Frau, ..., ist es nur noch ein Schritt zum vorgeblichen Anspruch der heutigen und ‚künftigen Patienten' darauf, daß versucht wird, ihre Krankheiten auf Kosten des Lebens anderer zu heilen."). Das Ergebnis der Kommissionsarbeit dann auch noch in die Nähe nationalsozialistischer Verbrechen zu rücken, sie möglicherweise sogar damit gleichzusetzen, grenzt schon an bewußte Verunglimpfung, um nicht zu sagen Beleidigung („Solches Denken gab es in Deutschland schon einmal und seine Folgen werden bis in alle Ewigkeit beklagt werden."). Was kann man eigentlich Besseres tun als für die zur Diskussion stehenden schwierigen Fragen (so geschehen) eine möglichst breite Plattform aller – wie es immer so schön heißt – gesellschaftlicher Kräfte an einen Tisch zu bringen? Es kommt einer völligen Unterschätzung einer so heterogen zusammengesetzten Kommission und deren Berater gleich, zu unterstellen, ein Minister und seine Staatssekretärin könnten ein solches Gremium manipulieren und für ihre politischen

Zwecke instrumentalisieren. Daß einzelne Mitglieder ein Sondervotum vorlegen, spricht nicht gegen die ethische Seriosität des Inhalts des Kommissionsberichts, sondern vielmehr für den Pluralismus unserer Gesellschaft. Es ist auch eine irrige Annahme, Ethik-kommissionen seien ein Privileg und Monopol von Parlamenten („Sowohl in Mainz als auch in Berlin wäre der angemessene Ort für eine Ethikkommission das jeweilige Parlament."). In Berlin haben sich zahlreiche Abgeordnete, insbesondere der SPD, diesen Gedankengang zu eigen gemacht und sogar gefordert, daß „Abgeordnete selbst im bioethischen Beratungsgremium vertreten sein sollen", wie die FAZ berichtete. [10] Wie wäre wohl Heftys Leitartikel ausgefallen, wenn sich die Kommission ohne Wenn und Aber für ein striktes Verbot jeglicher Forschung an und mit menschlichen Embryonen ausgesprochen hätte?

Der CDU-Bundestagsabgeordnete Hubert Hüppe folgt in seiner Pressemitteilung im Prinzip der Argumentation Heftys: „Ihre (Bioethik-Kommission des Landes Rheinland-Pfalz, Verf.) Empfehlung, die Herstellung menschlicher Embryonen durch Klonen zur Stammzellforschung in Deutschland zuzulassen, ist bizarr. ... Die Bioethik-Kommisssion Rheinland-Pfalz erweist sich als PR-Instrument eines umtriebigen FDP-Landesministers, deren Empfehlungen der Bundestag als zuständiger Gesetzgeber nicht umsetzen wird."

Es kann nur richtig sein, wenn die politischen Entscheidungsträger von sachkundigen Gruppen immer wieder darauf aufmerksam gemacht werden, wenn und wo ein sachgerechter Regelungsbedarf besteht. Nichts anderes hat die Bioethik-Kommission des Landes Rheinland-Pfalz unter Berücksichtigung der zweifellos zu bedenkenden ethischen Problemfelder getan. In einem ausführlichen Aufsatz hat Hartmut Kreß noch einmal die Grundlagen der verschiedenen Thesen und der sich daraus ergebenden Empfehlungen dargestellt und erläutert. [11]

Hans-Bernhard Wuermeling hat sich mit der Stellungnahme der ZEKO auseinandergesetzt. [12] Er beanstandet, daß zwar der Umgang mit frühestem menschlichem Leben gradualisiert wird, „die fundamentalen Differenzen zum ontologischen, moralischen und rechtlichen Status des ... frühesten menschlichen Lebens" ausgeblendet bleiben" (..., man entwirft eine Stufenleiter von Szenarios im Umgang mit menschlichen Blastozysten, auf der eine Deeskalation von sehr problematisch, problematisch, weniger problematisch bis kaum problematisch beschrieben wird. Auf dieser Leiter ,verortet' man einfach das Forschungsklonen ..."). In der Tat sind seine Einwände nicht von der Hand zu weisen, wenn er argumentiert, daß zwar Verfahren der Generierung menschlicher embryonaler Strukturen ethisch bewertet werden, eine ethische Auseinandersetzung mit dem zu nutzenden Objekt unterbleibt („Wie aber soll eine Handlung bewertet werden, deren Objekt außer Betracht bleibt?"). Selbst wenn es schwerfällt, sollte bei der Diskussion über den Umgang mit frühem menschlichem Leben ein ethischer Diskurs über das Objekt des Handelns nicht fehlen.

Als Fazit bleibt ein ceterum censeo, wobei es wiederum um die Notwendigkeit geht, politisch zu handeln. Derzeit haben wir es sowohl in der Reproduktionsmedizin als auch in der Forschung an und mit embryonalen Stammzellen mit einer Rechtslage zu tun, die dem Stand ethischer Reflexionen und dem Stand der Wissenschaft an verschiedenen Stellen nicht gerecht wird. Keiner der drei Gruppierungen, die – neben anderen – jüngst wieder auf diese Defizite hingewiesen haben, ist an einem schrankenlosen Umgang mit menschlichen Embryonen gelegen. Dafür garantiert die Zusammensetzung der tätig gewordenen Gremien. Sowohl das EschG als auch das StZG ist auch an den revisionsbedürftigen Stellen durch Verbote gekennzeichnet. Dabei ist man geneigt, dem Gesetzgeber ins Gedächtnis zu rufen, daß Verbote, nicht dagegen die Erlaubnis einer Begründung bedürfen. Für den derzeitigen Inhalt beider Gesetze hat der Stand der Wissenschaft an verschiedenen Stellen einer Begründung für die Verbote den Boden entzogen.

Fußnoten

[1] Gesetz zum Schutz von Embryonen (Embryonenschutzgesetz – EschG) vom 13. Dezember 1990. BGBl. I, 2748 ff.

[2] Gesetz zur Sicherstellung des Embryonenschutzes im Zusammenhang mit Einfuhr und Verwendung menschlicher embryonaler Stammzellen (Stammzellgesetz – StZG) vom 28. Juni 2002. Bgbl. 2002 Teil I Nr. 42, S. 2277 – 2280.

[3] Sonderheft „Reproduktionsmedizin" in der Reihe „Gesundheitspolitische Kommentare". Gemeinsame Stellungnahme der Deutschen Gesellschaft für Geburtshilfe und Gynäkologie und der Deutschen Gesellschaft für Gynäkologische Endokrinologie und Fortpflanzungsmedizin November 2003

[4] Tätigkeitsbericht der Zentralen Ethik-Kommission für Stammzellenforschung (ZES). Dritter Bericht nach Inkrafttreten des Stammzellgesetzes (StZG) für den Zeitraum vom 01.12.2004 bis 30.11.2005

[5] Fortpflanzungsmedizin und Embryonenschutz. Medizinische, ethische und rechtliche Gesichtspunkte zum Revisionsbedarf von Embryonenschutz- und Stammzellgesetz. Bericht der Bioethik-Kommission des Landes Rheinland-Pfalz vom 12. Dezember 2005.

[6] Forschungsklonen mit dem Ziel therapeutischer Anwendungen. Stellungnahme der Zentralen Kommission zur Wahrung ethischer Grundsätze in der Medizin und ihren Grenzgebieten (Zentrale Ethikkommission) bei der Bundesärztekammer zum Forschungsklonen mit dem Ziel therapeutischer Anwendungen vom 01.02.2006

[7] Sewing, K.-Fr.: Die biopolitischen Aufgaben für 2003. ZEITSCHRIFT FÜR BIOPOLITIK 2003; 2, 3 - 7

[8] Hefty, G.P.: Hausgemachte Ethik. FRANKFURTER ALLGEMEINE ZEITUNG vom 23.01.2006

[9] http://www.huberthueppe.de/bio05/060118.shtml

[10] Abgeordnete wollen im Ethikrat vertreten sein. FAZ 10.04.2006

[11] Kreß, H.: Gesundheitsschutz und Embryonenschutz in ethisch-rechtlicher Abwägung. Bericht der Bioethik-Kommission Rheinland-Pfalz zum Revisionsbedarf von Embryonenschutz- und Stammzellgesetz. ETHIK IN DER MEDIZIN 2006; 18: 92-99

[12] Wuermeling, H.-B.: Über ethische Stolperstufen. Bloß nicht blindlings ins Klonabenteuer. FAZ vom 05.04.2006

Gendiagnostik im 21. Jahrhundert – Sind wir auf dem Weg zu einem Jahrmarkt der Gene?

von Herbert Mertin

Kaum eine andere moderne wissenschaftliche Errungenschaft steht heute so im Kreuzfeuer der Meinungen wie die Genforschung. Klonen von Tier und Mensch, Einsatz von Stammzellen, „rote" Gentechnik in der Medizin, „grüne" Gentechnik bei der Produktion von Lebensmitteln – der Fortschritt von Wissenschaft und Technik erreicht Dimensionen, die bis vor kurzem unvorstellbar waren. Im Jahr 2000 gelang den Genforschern der Durchbruch bei der Entzifferung des menschlichen Genoms. Diese Dimensionen eröffnen faszinierende Perspektiven, bereiten vielen Menschen gleichzeitig aber auch Sorgen: Überschreiten wir Grenzen, die wir nicht überschreiten sollten? Die Jagd nach dem „Goldenen Gral der Biologie", wie der amerikanische Nobelpreisträger Walter Gilbert formuliert, ist entbrannt. Noch immer ist das Wissen von Forschung und Wissenschaft über die Vorgänge des Lebens auf molekularer Ebene nicht vollständig, doch die Analysemöglichkeiten werden immer effizienter. Die Möglichkeiten, die die Genforschung bisher zu vermitteln im Stande ist, läßt das Ausmaß der ethischen und auch rechtlichen Fragestellungen deutlich erkennen, die es zu lösen gilt – heute und in Zukunft! In vielen, die Genforschung berührenden Bereichen existieren nach wie vor rechtliche Grauzonen, in denen es sich deshalb sowohl ethisch als auch rechtlich als besonders heikel darstellt, Entscheidungen zu treffen. Dabei gewinnt man bisweilen in der Diskussion um das Für und Wider von Gentests den Eindruck, daß die Naturwissenschaften die geltende Rechtsordnung längst überholt haben. Während das menschliche Erbgut längst entziffert ist, treten wir bei der Lösung der damit verbundenen rechtlichen Probleme vielfach auf der Stelle. Am Ende fehlt auf politischer Ebene meist der Mut, um klare Regeln für den Umgang mit der Genforschung und ihren Anwendungsgebieten zu schaffen.

Die rheinland-pfälzische Bioethik-Kommission hat schon vor 17 Jahren Thesen zur sozialen, wirtschaftlichen und rechtlichen Problematik der Genomanalyse verabschiedet, die sich mit den wichtigsten Bereichen der Genforschung befassen, d.h. genetische Beratung und pränatale Diagnostik, Genomanalyse an Arbeitnehmern, im Versicherungswesen, im gerichtlichen Verfahren und Gentherapie. Damals wurde ein kritischer Abschlußbericht erarbeitet. Aufgrund der weiteren Entwicklung in der Genforschung hat die Kommission dann 1992 erneut gesetzliche Regelungen gefordert. Auf Antrag von Rheinland-Pfalz hat der Bundesrat im Jahr 2000 die Bundesregierung noch einmal aufgefordert, für den Bereich der Privatwirtschaft einen Gesetzentwurf vorzulegen. Dieser Gesetzentwurf sollte den Schutz des einzelnen vor der Ausforschung seiner genetischen Daten sicherstellen. Im Herbst 2002 von den Ländern erarbeitete Eckpunkte für ein Gendiagnostik-Gesetz wurden von der damaligen Bundesregierung nicht erfolgreich aufgegriffen. Der Koalitionsvertrag der Großen Koalition vom November 2005 findet nur vage Worte zu den rechtlichen Herausforderungen auf dem Gebiet der Genforschung. Dennoch hoffe ich, daß trotz der nur nebulösen Absichtserklärungen der Regierungsparteien das Thema „Gendiagnostik-Gesetz" nun endlich angegangen wird.

Ich möchte im folgenden zwei Bereiche beleuchten, in denen sich der Fortschritt der Genforschung und damit einhergehend das Bedürfnis nach rechtlicher Flankierung besonders manifestiert, nämlich die DNA-Analyse zu Zwecken der Strafverfolgung (I.) und die genetische Untersuchung zur Klärung der Abstammung (II.).

I. DNA-Analyse zu Zwecken der Strafverfolgung

Soll jeder prophylaktisch seinen „genetischen" Fingerabdruck dem Staat zur Verfügung stellen müssen oder trifft diese Pflicht nur den Schwerverbrecher? Wie stark wird die Freiheit des einzelnen durch solche Maßnahmen beeinträchtigt?

Die DNA-Analyse ist ein unentbehrliches Instrument der Strafverfolgung. Die Strafprozeßordnung erlaubt bereits heute bei allen Straftaten im Ermittlungsverfahren eine Untersuchung, um die DNA eines Beschuldigten mit etwa am Tatort aufgefundenem Spurenmaterial vergleichen zu können. Außerdem darf seit 1998 von einem Beschuldigten, der einer Straftat von erheblicher Bedeutung, insbesondere eines Verbrechens, einer gefährlichen Körperverletzung, eines Diebstahls im besonders schweren Fall oder einer Erpressung oder einer Straftat gegen die sexuelle Selbstbestimmung verdächtig ist, eine DNA-Probe auch für mögliche künftige Strafverfahren entnommen und gespeichert werden. [1] Ebenfalls seit 1998 dürfen auch DNA-Proben von bereits Verurteilten nachträglich erfaßt und gespeichert werden, wenn sie eine dieser Straftaten begangen haben. [2]

Aufgrund dieser Neuregelung im Jahr 1998, die DNA-Analysen für künftige Straftaten ermöglicht hat, mußte sich das Bundesverfassungsgericht mehrfach mit der Problematik befassen. [3] Insbesondere in dem Beschluß vom 15. März 2001 hat es sich intensiv mit der DNA-Analyse auseinandergesetzt und ausgesprochen, die Feststellung, Speicherung und künftige Verwendung der DNA greife in das Grundrecht auf informationelle Selbstbestimmung ein. [4] Dieses Recht gewährleiste grundsätzlich das Recht jedes Einzelnen, selbst über die Preisgabe und Verwendung seiner persönlichen Daten zu bestimmen.

Ausdrücklich hat das Bundesverfassungsgericht entschieden, die Anordnung einer Maßnahme für zukünftige Strafverfahren setze eine Straftat von erheblicher Bedeutung voraus. Es hat sogar – noch weitergehend – formuliert, es sei immer zusätzlich eine Einzelfallprüfung erforderlich. Wenn also eine Straftat von erheblicher Bedeutung vorliegt, darf nicht automatisch eine DNA-Analyse erfolgen, sondern es muß nach dem Grundsatz der Verhältnismäßigkeit dargelegt werden, warum eine Analyse und Speicherung erforderlich ist.

Das Bundesverfassungsgericht hat in dem Beschluß aus dem Jahre 2001 zudem klargestellt, die DNA-Analyse sei mit dem herkömmlichen Fingerabdruck nicht vergleichbar. Die DNA-Analyse ermöglicht im Gegensatz zum herkömmlichen Fingerabdruck schon heute die Bestimmung des Geschlechts, des Alters und enthält Hinweise auf bestimmte Krankheiten und die ethnische Herkunft. Es wird, von Verkehrsstraftaten einmal abgesehen, einer Abnahme eines Fingerabdrucks in einem Ermittlungsverfahren regelmäßig nichts entgegenstehen. Bei der DNA-Analyse hingegen muß nach Ansicht des höchsten Gerichts die erhebliche Bedeutung der Straftat und die Geeignetheit der Analyse zu deren Aufklärung von einem Richter festgestellt werden.

Spätestens an dieser Stelle sollten die Politikerinnen und Politiker, die jeweils aus Anlaß tagesaktueller Ereignisse vehement eine intensive Ausweitung der DNA-Analyse fordern, nachdenklich werden. Ist es richtig, von den Bürgerinnen und Bürgern die Beachtung der Gesetze zu erwarten und diese Beachtung notfalls exekutiv oder gerichtlich zu erzwingen und auf der anderen Seite die Vorgaben unserer Verfassung und des Bundesverfassungsgerichts unbeachtet zu lassen? Eine Politik der Schnellschüsse verbietet sich bei einem so heiklen Thema. Es dürfte nach der Rechtsprechung des Bundesverfassungsgerichts kaum möglich sein, bei jeder Straftat eine DNA-Probe für künftige Strafverfahren zu entnehmen. Dieser Problemkreis bedarf daher besonders sorgfältiger Prüfung.

Ein weiterer strittiger Punkt im Zusammenhang mit einer DNA-Analyse zum Zwecke der Strafverfolgung ist die Frage des Richtervorbehaltes. Teilweise wird gefordert, auf eine richterliche Anordnung zu verzichten, wenn der Beschuldigte die DNA-Probe freiwillig abgibt. Fest steht, daß die Entnahme von Körperzellen zur Feststellung des DNA-Identifizierungsmusters, ob freiwillig oder nicht, an eine Anlaßtat von bestimmter Schwere geknüpft sein muß. Es erscheint problematisch, durch eine Vereinbarung zwischen Betroffenem und Polizeibeamten unter Umgehung gesetzlicher Voraussetzungen eine Entscheidung darüber zustandekommen zu lassen, ob Informationen über DNA-Material gespeichert werden oder nicht. Die Daten desjenigen, der eine Anlaßtat bestimmter Schwere begangen hat, müssen *de lege lata* erfaßt werden, ob dies nun aufgrund einer freiwilligen DNA-Probe geschieht oder diese gerichtlich angeordnet wird. Kurz gesagt: Formelle Freiwilligkeit kann genügen, wenn die materiellen Voraussetzungen gegeben sind. Käme es zu einer freiwilligen DNA-Probe, müßte die Freiwilligkeit selbstverständlich dokumentiert werden. Sie dürfte unter keinen Umständen mit unzulässigen Versprechungen, Vorteilsgewährungen oder Druckausübungen verbunden werden. Auch in der Belehrung über die Folgen einer Speicherung der DNA-Daten dürfte es keinen Unterschied zwischen Freiwilligkeit und richterlicher Anordnung geben. Wer die Daten freiwillig hergibt, muß wissen, daß ein „Treffer" für ihn die gleichen negativen Folgen hätte wie bei einer richterlich angeordneten Entnahme. Stellte sich später heraus, daß die Voraussetzungen bei freiwilliger oder angeordneter DNA-Probe nicht gegeben waren, müßten die Folgen rückgängig gemacht, die Daten also gelöscht werden.

Dies leitet über zu der allgemein gegenwärtigen Problematik, daß im Laufe der Jahre die Speicherungsdichte in der DNA-Datei ständig zunehmen wird. Die Anzahl der Treffer wird absolut, aber auch prozentual zunehmen. Durch einen Zufall in ein Treffergeschehen zu geraten, wird immer wahrscheinlicher. Deshalb muß man grundsätzlich darüber nachdenken, wie man diesem Szenario entgegenwirken kann. Welche Möglichkeiten stehen dem Betroffenen zur Verfügung, der mit hoher Wahrscheinlichkeit als Spurenleger in Betracht kommt, mit dem kriminellen Geschehen im engeren Sinne aber nichts zu tun hat? Was ist etwa, wenn jemand ein Taschentuch in einem Bus zurückläßt, in dem am nächsten Tag ein Mord geschieht? Der Betroffene befand sich im Bus, das kann er nicht bestreiten, er wird nur behaupten, den Getöteten nicht zu kennen.

In die gleiche Richtung zielt auch meine Forderung, darüber nachzudenken, wie lange DNA-Daten gespeichert werden sollen. Soll es Höchstfristen geben, soll die Verweildauer von der Schwere des Deliktes abhängig sein, soll ein gesetzliches Verfahren vorgesehen werden, mit dem die Streichung von Eintragungen verlangt werden kann?

Ebenfalls diskutiert wird eine gesetzliche Grundlage für Massengentests. Wenn mehrere tausend Personen, unter Umständen die Bewohner eines gesamten Landkreises, zum Gentest geladen werden sollen, erscheint es sinnvoll, daß ein Richter aufgrund einer gesetzlichen Grundlage die Kautelen feststellt und die Freiwilligkeit der Durchführung überwacht. Rheinland-Pfalz hat daher schon Anfang 2002 einen Gesetzentwurf erarbeitet, durch den eine eindeutige Rechtsgrundlage für Massengentests geschaffen werden soll. Für wichtig halte ich insbesondere folgende Punkte: Ein Massengentest sollte durch richterlichen Beschluß und nur dann angeordnet werden, wenn andere Ermittlungsansätze ausgeschöpft sind. Die Teilnahme an einem Massengentest muß freiwillig sein. Wer nicht teilnimmt, darf nicht alleine deshalb Beschuldigter sein.

Bei aller unbestrittenen Bedeutung der DNA-Analyse im Rahmen der Strafverfolgung darf man das Recht der Bürgerinnen und Bürger auf informationelle Selbstbestimmung nicht aus den Augen verlieren. Es darf nicht dazu kommen, daß alle 60.000 Menschen, die in den letzten fünf Jahren wegen Vergehen im Straßenverkehr verurteilt worden sind, eine DNA-Probe abgeben müssen, weil sie deshalb als potentielle Sexualstraftäter oder Mörder in Betracht kommen. Auch den Forderungen, jeden Säugling schon bei der Geburt einer DNA-Probe unterziehen, die für immer gespeichert wird, stehe ich sehr ablehnend gegenüber. Im Bereich der Strafverfolgung gilt gerade für den Einsatz der Gentechnik, daß der Gesetzgeber neben dem technisch Machbaren sehr sorgfältig das verfassungsrechtlich Mögliche im Auge behalten muß.

II. Genetische Untersuchung zur Klärung der Abstammung

Die Ankündigung von Bundesjustizministerin Zypries Ende des Jahres 2004, in ein (bis heute nicht erlassenes) Gendiagnostikgesetz das Verbot heimlicher Vaterschaftstests aufzunehmen und Verstöße mit Freiheitsstrafe bis zu einem Jahr zu ahnden, löste förmlich eine Protestwelle in Deutschland aus. Das Thema beherrschte in der Folgezeit die Medien. Ein zufälliges zeitliches Zusammentreffen mit einer Grundsatzentscheidung des Bundesgerichtshofs verstärkte noch die Brisanz. [5] Der Bundesgerichtshof urteilte im Januar 2005, daß das Ergebnis heimlicher Vaterschaftstests in gerichtlichen Vaterschaftsanfechtungsverfahren keine Berücksichtigung finden darf. Daran hat auch die aktuelle Entscheidung des Bundesgerichtshof vom März 2006 nichts geändert. [6] Denn in dieser Entscheidung hatte der Bundesgerichtshof über einen Fall zu entscheiden, in dem das Oberlandesgericht Dresden im Jahre 2004 – also vor der Grundsatzentscheidung vom Januar 2005 – die gegenteilige Auffassung vertreten und aufgrund eines heimlich durchgeführten Vaterschaftstests ein Blutgruppengutachten eines Sachverständigen eingeholt hatte, demzufolge die Vaterschaft des Klägers ausgeschlossen war. Das beklagte Kind machte nun geltend, das Sachverständigen-Gutachten dürfe nicht verwertet werden, weil es in prozeßordnungswidriger Weise erhoben worden sei. Da die Beweisanordnung auf dem Verstoß gegen das Verbot der Berücksichtigung des „heimlichen" DNA-Vaterschaftstests beruhe, setze sich das Verwertungsverbot, dem dieses Privatgutachten unterliege, an dem vom Gericht eingeholten Gutachten fort. Dem ist der Bundesgerichtshof nicht gefolgt und gelangt zu dem Ergebnis, daß die Rechte des Kindes hier – anders als bei der Verwertung des „heimlichen" Vaterschaftstests – hinter dem Recht des Klägers auf Kenntnis seiner Vaterschaft und auf Berücksichtigung des in einem rechtsförmigen Verfahren eingeholten Abstammungsgutachtens nicht zurückstehen müssen.

Für mich stellt die Grundsatzentscheidung des Bundesgerichtshofs vom Januar 2005 keine Überraschung dar. Ich vertrete schon seit jeher den Standpunkt, daß ein heimlicher, d. h. ohne Zustimmung der sorgeberechtigten Personen durchgeführter Vaterschaftstest ein Verstoß gegen das Persönlichkeitsrecht des Kindes ist. Ich habe deshalb zur Klarstellung stets ein ausdrückliches gesetzliches Verbot gefordert.

Allerdings hat die Diskussion, die nach der Ankündigung der Bundesjustizministerin und der Veröffentlichung der erwähnten Urteile einsetzte, einen Mangel des geltenden Rechts deutlich in den Blickpunkt gerückt und gezeigt, daß ein bloßes Verbot im Gesamtgefüge der geltenden Anfechtungsregelungen zu kurz greift. Es ist nämlich entgegen anderslautender Stimmen nach dem geltenden Recht nicht für jedermann möglich, in einem gerichtlichen Verfahren eine Vaterschaft klären zu lassen. Vielmehr sind die Hürden für ein solches Verfahren sehr hoch. Nach herrschendem Recht muß der rechtlich als Vater geltende Mann konkrete Umstände vortragen, die bei objektiver Betrachtung geeignet sind, Zweifel an seiner Vaterschaft zu wecken. Die bloße Behauptung, nicht der Vater des Kindes zu sein, reicht nicht aus. Solche konkreten Umstände kennt er aber möglicherweise nicht. Wenn die Mutter des Kindes entsprechend heimlich vorgegangen ist, ist er chancenlos.

Dies zeigt der eine vom BGH entschiedene Fall mit aller Deutlichkeit. [7] Der Kläger dieses Verfahrens hatte bereits früher eine Vaterschaftsanfechtungsklage mit der Begründung erhoben, daß er nach ärztlichem Gutachten vermindert zeugungsfähig sei. Dies sah das Gericht nicht als ausreichenden Anfangsverdacht an und wies die Klage ab. Bei seiner zweiten Vaterschaftsanfechtungsklage legte der Kläger nun das Ergebnis eines heimlichen Vaterschaftstests vor, wonach er als Vater ausschied. Wie wir wissen, hatte er auch damit keinen Erfolg. Dieses Ergebnis ist – unterstellt, die Proben für den Test stammten wirklich von ihm und dem Kind – unbefriedigend.

Die Lösung kann nun allerdings nicht darin liegen, daß man heimliche Tests per Gesetz ausdrücklich zuläßt. Dies ist der falsche Weg, weil er die Interessen des Kindes völlig außer acht läßt. Er hat im Blick allein den Wunsch des Mannes nach Klärung der Abstammung und räumt diesem den absoluten Vorrang ein. Das Persönlichkeitsrecht des Kindes spielt keine Rolle. Zur Begründung dieses Lösungsansatzes wurde vorgetragen, heimliche Tests seien geeignet, vorhandene Zweifel auszuräumen und dabei den Familienfrieden zu schonen. Damit werden Männer in der Annahme bestärkt, es sei ihr legitimes Recht, mißtrauisch zu sein. Sicherlich ist es für einen Mann nicht einfach, das offene Gespräch zu suchen, weil er damit seiner Frau oder Partnerin gegenüber den Vorwurf erhebt, sie sei fremdgegangen und habe ihm überdies ein Kind untergeschoben. Für den Familienfrieden ist aber nicht das offene Gespräch schädlich, sondern der zumeist schwere Verdacht, der sich in dem heimlichen Test manifestiert. Das Argument des Familienfriedens verwechselt meines Erachtens Ursache und Wirkung. Darüber hinaus ist der Familienfriede als gesellschaftlicher Topos nicht geeignet, einen schwerwiegenden Eingriff in das grundgesetzlich geschützte Persönlichkeitsrecht des Kindes zu rechtfertigen.

In eine andere Richtung geht ein Lösungsansatz, der vorsieht, daß alle Personen, die berechtigt sind, die Vaterschaft anzufechten, einen Anspruch auf Einwilligung in eine gendiagnostische Abstammungsuntersuchung und Gewinnung einer hierfür erforderlichen genetischen Probe haben. Stimmt die Mutter nicht zu, überträgt das Familiengericht die Entscheidungsbefugnis über diese Maßnahme dem Vater. Der Vorteil dieser Lösung ist, daß getrennt wird zwischen der Untersuchung und einem Anfechtungsverfahren. Mit dem ersten Schritt, ein Gutachten einzuholen, ist noch nicht automatisch der Weg zur Anfechtung der Vaterschaft beschritten. Der Vater muß sich, wenn er nur Gewißheit haben will, nicht von dem Kind lossagen. Allerdings scheint mir auch dieser Weg zu einseitig die Interessen der Väter im Blick zu haben. Das Recht des Kindes wird zwar insofern geschützt, als ein Test nicht heimlich erfolgen darf. Aber beinhaltet das Persönlichkeitsrecht des Kindes nicht mehr als das Verbot der Heimlichkeit? Der Bundesgerichtshof hat in seiner schon erwähnten Grundsatzentscheidung ausgesprochen, das grundgesetzlich geschützt auch das Interesse des Kindes ist, den Status als Kind nicht in Frage zu stellen. Der Kernsatz lautet: „Das Recht des Kindes auf Kenntnis seiner genetischen Abstammung schließt auch das Recht auf Unkenntnis ein." Dieser Gedanke findet in dem Vorschlag des zweistufigen Verfahrens keinen Niederschlag.

Die beste Gewähr für die Berücksichtigung aller betroffenen Belange und für ihren schonenden Ausgleich böte meines Erachtens die Einführung eines vereinfachten gerichtlichen Verfahrens zur Klärung der Abstammung, ohne das damit – wie bisher – immanent auch die Vaterstellung zur Disposition gestellt würde. Es müßte außerdem die Möglichkeit bestehen, in einem solchen Verfahren unter Berücksichtigung der Belange des Kindes eine fehlende Zustimmung der Mutter zu ersetzen. Zur Sicherung der Belange des Kindes würde in Konfliktfällen ein Verfahrenspfleger eingesetzt werden. Der Bundesgesetzgeber bleibt auch hier aufgerufen, möglichst schnell und dabei möglichst umsichtig hinsichtlich der Grundrechtswirkungen – vor allem auf die betroffenen Kinder – tätig zu werden.

III. Schlußbetrachtung

Mit den beiden eben beschriebenen Fragestellungen sind die „Sorgenkinder" der Genforschung natürlich längst nicht erschöpfend behandelt. Von der Nutrigenomikforschung über die Präimplantationsdiagnostik, von den Diskussionen um den Patentschutz für biotechnologische Erfindungen (mithin also auch für Gensequenzen, Genprodukte und Genfunktionen?) bis hin zum Klonen von Mensch und Tier – es gibt praktisch kein Feld bei der Genforschung, das nicht von heißumkämpften ethischen und rechtlichen Fragen begleitet würde. Auf einen weiteren wichtigen Aspekt in diesem Diskurs möchte ich noch kurz hinweisen, er betrifft die Möglichkeiten der Genanalyse für den Arbeits- und für den Versicherungsmarkt. In Großbritannien hat die Regierung mittlerweile Lebens- und Krankenversicherungen erlaubt, Gentests zu nutzen, vorerst allerdings nur für eine Erbkrankheit, den Veitstanz (Chorea Huntington). Der Gesamtverband der deutschen Versicherungswirtschaft ist noch zurückhaltend. Deutsche Versicherer wollen nicht auf neuen Gentests bestehen. Sie wollen aber auf bereits erfolgte Tests vor Vertragsabschluß zurückgreifen. Und die freiwillige Selbstverpflichtung der Versicherer, bis 2011 keine Gentests einzusetzen, macht eine gesetzliche Regelung keinesfalls verzichtbar. Auch die Enquête-Kommission des Bundestages „Recht und Ethik der modernen Medizin" hat im Mai 2002 in ihrem Schlußbericht empfohlen, Arbeitgebern gesetzlich zu untersagen, bei Einstellungsuntersuchungen oder während der Dauer eines Beschäftigungsverhältnisses von Arbeitnehmern die Durchführung eines Gentests zu verlangen oder nach früher durchgeführten Gentests zu fragen. Außerdem plädierte sie dafür, es Versicherungsunternehmen zu verbieten, die Ergebnisse prädiktiver Gentests zu verlangen, anzunehmen oder zu verwerten. Schließlich empfahl sie dem Bundestag, den gesamten Bereich der Gendiagnostik durch ein umfassendes Gendiagnostikgesetz zu regeln. Ich habe es bereits mehrfach in diesem Beitrag anmerken müssen – bisher ohne Erfolg: Noch immer gibt es kein (Gendiagnostik-)Gesetz, das unter anderem auch den Einsatz von Gentests auf dem Arbeits- und Versicherungsmarkt regeln würde. Das Interesse von Versicherungsunternehmen an Erbgutinformationen mag zwar verständlich sein. Sie wollen zum Schutz der Versichertengemeinschaft Risiken minimieren. Dazu brauchen sie möglichst genaue Informationen über den Gesundheitszustand potentieller Kunden. Was liegt also näher, als eine Genomanalyse zu verlangen? Sie kann ans Tageslicht bringen, was mit herkömmlichen Untersuchungsmethoden nicht erkennbar wäre.

Doch daran knüpft immer wieder eine grundlegende Frage: Wollen wir alles, was wir wissen können, auch wirklich wissen? Die DNA-Analyse ermöglicht es, höchst sensible Daten aus dem Kernbereich der Persönlichkeit zu offenbaren. Damit ist immer auch eine Mißbrauchsgefahr verbunden. Menschen mit angeborener Behinderung fragen sich: „Hätte man mir in der Zukunft eine Überlebenschance gegeben oder habe ich die Gnade der frühen Geburt?" Mit der Offenbarung seiner Gene wird der Mensch immer erpreßbarer. Andererseits bietet die Genforschung enorme Chancen, etwa Gentests auf erbliche Formen des Brustkrebs, der Morbus Chorea Huntington oder der Eisenspeicherkrankheit Hämochromatose, die zu Spätschäden wie Herzschwäche, Diabetes oder Leberkrebs führen kann. Bei frühzeitiger Diagnose lassen sich solche Folgeerkrankungen oft vermeiden.

Eine pauschale Kritik an der Genanalyse ist vor diesem Hintergrund falsch. Wenn wir der Problematik mit Unsachlichkeit und Panikmache begegnen, laufen wir Gefahr, enorme Chancen nicht rechtzeitig zu nutzen. Daß es rechtliche Grauzonen gibt, hat dieser Beitrag noch einmal aufgezeigt. Es ist wichtig, diese Grauzonen klar herauszuarbeiten. Der Gesetzgeber ist nun gefordert, umgehend durch rechtliche Vorgaben die Rahmenbedingungen zu bestimmen, in denen die DNA-Analyse-Methoden rechtsstaatlich einwandfrei, ethisch vertretbar und sozial verträglich eingesetzt werden können.

Quellen

[1]   § 81 g StPO

[2]   §§ 2 und 3 DNA-Identitäts-Feststellungsgesetz

[3]   vgl. nur BVerfG 2 BvR 1741/99

[4]   BVerfG 2 BvR 1841/00

[5]   BGH, XII ZR 60/03 und XII ZR 227/03

[6]   BGH, XII ZR 210/ 04

[7]   BGH, XII ZR 227/03

Die Herausforderung der Biowissenschaften für die Politik

von Jürgen Rüttgers

Daß die Entzifferung des menschlichen Genoms erstmals im Jahr 2000 gelang, ist kein Zufall. Sie bedeutet eine Revolution unseres Wissens. Denn mit dem Verstehen des universellen Codes unserer Gene und den technischen Möglichkeiten seiner Veränderung treten wir in ein neues Zeitalter ein. Unser Menschsein und die Traditionen unserer Zivilisation sind herausgefordert. Wir stehen vor neuen Konflikten zwischen Grundwerten: Schutz der Menschenwürde, Freiheit der Forschung, neue Chancen des Heilens – all das ist uns wichtig.

Wir müssen uns darüber klarwerden, wie grundlegend die Herausforderung ist. Heute sind bio- und medizintechnische Verfahren möglich, die noch vor einer Generation als unvorstellbar galten. Der Zukunftsforscher Matthias Horx hat in seinem Buch „Wie wir leben werden" aufgelistet, was heute schon in der Reproduktionsmedizin möglich ist: In Indien hat 2004 eine 64jährige ein Baby zur Welt gebracht, das von ihrem unfruchtbaren Gatten stammte. In den 90er Jahren hat bereits eine Leihmutter die Eizelle einer verstorbenen Frau in den USA ausgetragen. Amerikanische Firmen bieten mittlerweile betuchten Kundinnen die Möglichkeit an, Eizellen einzufrieren und damit ihre Fertilitätsspanne erheblich auszuweiten. Über ein Prozent der Babys in den USA werden bereits im Reagenzglas gezeugt.

Das Geschäft mit menschlicher DNA wird bereits heute auf ein jährliches Volumen von 10 bis 20 Millionen Euro geschätzt – Tendenz steigend. Gencodes von entsprechenden Spendern (genau nach Berufsgruppe, Geschlecht, Größe sortiert) können innerhalb von 24 Stunden bei Spezialfirmen bestellt werden.

Welche Hoffnungen die Menschen darüber hinaus mit der Vision des therapeutischen Klonens verbinden, hat im letzten Jahr der Wirbel um die spektakulären Erfolge des südkoreanischen Forschers Hwang Woo-suk gezeigt, auch wenn sich die vermeintlichen Durchbrüche (vorerst) noch als Fälschungen herausgestellt haben. Zukunftsforscher entwerfen die Vision einer nicht allzu fernen Zukunft, in der wir die Art und Weise unserer Fortpflanzung wie in einem „Reproduktionsrestaurant" werden auswählen können, in der wir unsere Lebenszeit durch die „Züchtung" von „Ersatzorganen" auf der Basis eigener Stammzellen verdoppeln können, in der wir genetisch bedingte schwere Krankheiten ein für allemal besiegen werden. Ist das die schöne neue Welt?

Sicher ist: Wir stehen vor einer großen gesellschaftlichen und damit politischen Herausforderung. Vieles ist noch nicht absehbar, vieles noch im Stadium der Grundlagenforschung. Das macht die Beurteilung nicht einfach. Im Koalitionsvertrag der Bundesregierung tauchen die Begriffe „Biowissenschaften" oder „Biopolitik" bezeichnenderweise gar nicht auf. Im gesamten Vertrag ist nur an zwei Stellen kurz die Rede von den „Bio- und Gentechnologien". In diesem Zusammenhang heißt es lapidar: „Ethische Prinzipien und wissenschaftlichen Forschritt werden wir weiterhin miteinander in Einklang bringen." Die Chancen der regenerativen Medizin sollen genutzt und gleichzeitig die ethischen Standards so hoch wie möglich angesetzt werden (indem etwa die Einfuhr und der Gebrauch embryonaler Stammzellen bis auf wenige Ausnahmen verboten bleibt, wie es das Stammzellgesetz von 2002 vorschreibt).

Offen bleibt, wie der wissenschaftliche Fortschritt und die ethischen Prinzipien konkret vermittelt werden sollen. Die Formulierung ist bezeichnend, ja verräterisch. Sie suggeriert im Kern einen Gegensatz zwischen wissenschaftlichem Fortschritt und ethischen Prinzipien. Zwei unterschiedliche Kulturen – die der Moral und die der Wissenschaft – sollen integriert werden, gerade weil sie offenbar verschieden sind. Diese Logik begegnet einem immer wieder in den verschiedenen Publikationen. Aber stimmt sie eigentlich? Ist sie akzeptabel? Sind Ethik und Wissenschaft unterschiedliche „Systeme"?

Spätestens seit der Entwicklung der Atombombe ist offenkundig geworden, daß technischer und menschlicher Fortschritt keineswegs mehr automatisch Hand in Hand gehen. Der Physiker Robert Oppenheimer hat dieses Dilemma umrissen, als er einmal schrieb, es sei nicht die Schuld der Physiker, daß gegenwärtig aus genialen Ideen immer Bomben würden. Und der fügte hinzu: „Solange das so ist, kann man von einer Sache wissenschaftlich begeistert und menschlich tief erschrocken sein." Haben wir es also mit einer Auseinanderentwicklung von Wissenschaft einerseits und Ethik andererseits zu tun? Das würde bedeuten, daß ethische oder moralische Positionen außerhalb des Bereiches der Wissenschaft lägen. Das würde im Kern dann auch bedeuten, daß sich ethische oder moralische Ansprüche und Positionen nicht rational oder argumentativ begründen ließen. Was sich nicht rational oder argumentativ begründen läßt, gilt gemeinhin als „irrational". Ethische Positionen können dann schnell als „sekundär", weil letztlich beliebig angesehen werden. Gilt dann das postmoderne „anything goes" auch in ethischen Fragen? Geben wir dann nicht die Verbindlichkeit ethischer Maßstäbe auf, die eines der wichtigsten Güter der Moderne in der Tradition der Aufklärung ist?

Daß unsere moralischen Grundorientierungen rational sind, daß sich für moralische Gebote und Verbote argumentieren läßt, ist eine Position, von der die Aufklärung und das Projekt der Moderne geradezu abhängen. Denn auf die Frage, wie wir miteinander umgehen sollen, ist die allgemeine Antwort: Wir sollen menschlich miteinander umgehen. Diese Antwort ist nicht inhaltsleer. Es steht uns keineswegs in jeder Hinsicht frei, zu bestimmen, was „menschlich" heißt. Ein normativer Kernbestand unserer Vorstellungen eines menschlichen Miteinanders ist sogar universell unstreitig. In der christlich-jüdischen Tradition des Abendlandes hat dieser Kernbestand seinen Ausdruck im Gebot der Nächstenliebe gefunden.

In der Aufklärung hat Immanuel Kant denselben Kernbestand – und zwar ausdrücklich in wissenschaftlich-rationaler Argumentation und ohne begründenden Rückgriff auf religiösen Glauben – auf die berühmte Formel des Kategorischen Imperativs gebracht: „Handle so, daß du die Menschheit sowohl in deiner Person, als in der Person eines jeden anderen jederzeit zugleich als Zweck, niemals bloß als Mittel brauchst." Der Mensch ist sich selbst Zweck – darin liegt, wiederum in der Sprache Kants, sein „absoluter" oder „innerer" Wert, das heißt seine Würde. Wir brauchen und gebrauchen einander. Anders könnten wir nicht leben. Aber die Würde des Menschen verlangt, daß wir ihn niemals bloß als Mittel für unsere Zwecke gebrauchen, sondern ihn immer zugleich als Zweck an sich selbst achten. Das moralische Gebot der Achtung der Menschenwürde hat seinen rechtlichen Niederschlag nicht nur im Grundgesetz und den jeweiligen Verfassungen anderer Länder gefunden, sondern auch in einer Fülle von internationalen Konventionen und Verträgen und in unzähligen einzelgesetzlichen Regelungen. Es ist das Fundament einer zivilisierten Welt.

Das Gebot der Achtung der Menschenwürde ist das Ergebnis einer rationalen Reflexion des Menschen auf sich selbst als freies und verantwortliches Wesen. Der Mensch muß seine Freiheit unter Gesetze stellen, damit sie mit der Freiheit und Würde aller anderen Menschen in einer zivilisierten Welt zusammen bestehen kann. Diese Grundposition mag im einzelnen weitere philosophische, rechtstheoretische, theologische oder anthropologische Fundierung und Durchdringung erfordern. Ihre grundsätzliche Rationalität oder Wohlbegründetheit in Abrede zu stellen und sie als ideologische oder irrationale Position zu diffamieren, wäre jedoch geradezu ein Vergehen an den Grundlagen menschlichen Zusammenlebens.

In Übereinstimmung mit dem moral- und rechtstheoretischen Erbe der Aufklärung, die wiederum das christliche Menschenbild reflektiert, heißt es in Artikel 1 des Grundgesetzes: „Die Würde des Menschen ist unantastbar. Sie zu achten und zu schützen ist Verpflichtung aller staatlichen Gewalt." Es wäre abwegig, den Artikel 1 des Grundgesetzes unter Ideologieverdacht oder unter den Verdacht der Irrationalität zu stellen. Es wäre ebenso abwegig, den Begriff der Menschenwürde zu dehnen, ihn einem weiten Interpretationsspektrum preiszugeben und für graduelle Abstufungen freizugeben.

Wir leben in einer Welt, in der auch die Würde von Menschen mißachtet wird. Wäre es anders, dann brauchten wir über das Gebot, sie zu achten, jetzt nicht nachzudenken. Auch künftige Generationen werden in keinem moralischen Paradies leben. Wir sind aber verpflichtet und aufgefordert, dem Gebot der Achtung der Menschenwürde zu folgen. Unter dieser Verpflichtung steht nach Artikel 1 des Grundgesetzes ausdrücklich auch der Staat. Er hat für rechtliche Rahmenbedingungen des Zusammenlebens zu sorgen, die so beschaffen sind, daß Verstöße gegen das Gebot der Achtung der Menschenwürde unterbleiben. Dieser Pflicht bestmöglich nachzukommen, ist ein Teil seiner Legitimationsgrundlage. Er ist verpflichtet, den größtmöglichen Schutz der Menschenwürde durchzusetzen, der unter den obwaltenden gesellschaftlichen Umständen durchsetzbar ist. Richtet er sein Handeln nicht darauf aus, verwirkt er seine Legitimationsgrundlage, die ohne Zweifel eine Wertgrundlage ist.

Die Besinnung auf den Rationalitätsanspruch unserer moralischen Grundorientierungen und auf den Niederschlag dieser Orientierungen in Artikel 1 des Grundgesetzes hat unmittelbare Folgen für die Frage, ob es für die Humangenetik und die Gentechnik grundsätzliche Verbote gibt. Die Antwort kann nur lauten: Selbstverständlich gibt es auch für sie grundsätzliche Verbote. Grundsätzlich verboten ist, die Würde des Menschen anzutasten. Diese Antwort erscheint fast trivial. Aber sie ist es nicht. Denn sie stellt sich ganz konkret gerade im Hinblick auf den Beginn des menschlichen Lebens. Seit klar ist, daß Embryonen ein vielversprechendes Ausgangsmaterial für medizinisch-technische, pharmazeutische oder therapeutische Zwecke sind, wird gerade diese Frage zum Lackmustest für die Vereinbarkeit der Biowissenschaften mit dem Prinzip der Menschenwürde.

Die Frage nach dem Beginn des menschlichen Lebens wird nicht zum ersten Mal gestellt. Ihre Erörterung spielt sich weder in einem rechtsfreien Raum ab, noch ist es so, daß die Wissenschaft sich dazu bisher nicht geäußert hätte, noch ist es so, daß es bisher keine herrschende gesellschaftliche Meinung dazu gäbe. Vielmehr sagt das Recht in Deutschland unmißverständlich, daß sich der Mensch von Anfang an, seit der Verschmelzung von Ei- und Samenzelle, als Mensch entwickelt. Und diese Rechtsposition ist keine willkürliche Normierung. Sie trägt vielmehr begründeten wissenschaftlichen Einsichten Rechnung, und sie spiegelt einen überwiegenden gesellschaftlichen Konsens wieder. Sie formuliert also die begründete und herrschende Auffassung über den Beginn menschlichen Lebens. Es liegt in der Logik der bisherigen Rechtsprechung des Verfassungsgerichts, den Beginn des Lebens genau hier festzustellen.

Diejenigen, die die herrschende Auffassung über den Beginn menschlichen Lebens in Frage stellen, tragen die Beweislast. Sie müssen mit überzeugenden Gründen folgendes bestreiten: Genau das Wesen, das sich ab dem Zeitpunkt der Verschmelzung von Ei- und Samenzelle im Normalfall neun Monate lang im Mutterleib entwickelt, wird – wenn es nicht an seiner Entwicklung gehemmt wird – später einmal laufen lernen, sprechen lernen, zu sich „Ich" sagen, zur Schule gehen und so weiter. Von genau diesem Wesen läßt sich zu jedem frühen und frühesten Zeitpunkt seiner Entwicklung sagen: Es hat die einzigartige Fähigkeit, die dazu führt, daß es später einmal die Anerkennung seiner selbst und die Achtung seiner Würde wollen und gegebenenfalls ausdrücklich einfordern wird.

Ich sehe kein neues Argument, das dazu taugt, die herrschende Auffassung in redlicher und überzeugender Weise als falsch oder wenigstens unplausibel zu erweisen. Die Behauptung beispielsweise, erst mit der Nidation werde der Embryo zum menschlichen Wesen, weil er außerhalb der Gebärmutter nicht lebensfähig sei, wird zu Recht als willkürlich zurückgewiesen. Ob etwas ein Mensch ist, hängt nicht davon ab, daß es sich in einer Umgebung befindet, ohne die es nicht leben kann. Sonst könnte man den Beweis, daß zum Beispiel irgendein Erwachsener kein Mensch ist, ganz einfach dadurch antreten, daß man ihm die Luft zum Atmen nimmt, ohne die er bekanntlich nicht leben kann. Die Behauptung beispielsweise, daß der Mensch erst mit der Geburt zum Menschen werde, ist zu absonderlich, als daß man sich länger damit befassen müßte. Jede werdende Mutter, die bei der Pränataluntersuchung erstmals die Herztöne ihres Kindes hört, weiß es besser. Die Behauptung schließlich, daß Embryonen keine Menschenwürde haben, weil sie nicht auf sich selbst reflektieren und also keine Selbstachtung haben, ist nach ihrer Demontage zu Recht wieder aus der öffentlichen Diskussion verschwunden. Konkret hieße das, ohnmächtigen Menschen oder Komapatienten würde die Menschenwürde fehlen – ein absurder Gedanke.

Die Auffassung, daß menschliches Leben mit der Verschmelzung von Ei- und Samenzelle beginnt, ist geltendes Recht. Wir sollten uns darüber nichts vormachen, und wir sollten uns die angestrengte Suche nach Schleichwegen zur Umgehung ihrer Folgen versagen. Die Schlußfolgerung muß heißen: Embryonen sind Menschen auf frühester Entwicklungsstufe. Sie stehen unter dem Schutz von Artikel 1 des Grundgesetzes. Sie dürfen nicht zu Forschungszwecken hergestellt und verbraucht oder als Rohstoff genutzt werden, auch dann nicht, wenn sie bestens dafür geeignet wären und der Zweck, der damit verfolgt würde, ein hochrangiger wäre. Die Würde des Menschen kann nicht mit wissenschaftlichen, technischen oder wirtschaftlichen Interessen abgewogen werden. Wer in dieser Frage Zweideutigkeiten zuläßt, verkennt die Grundprinzipien der Moral und die Grundlage unserer rechtstaatlichen Ordnung oder stellt sie bewußt zur Disposition. Er schafft kein Vertrauen in eine Schlüsseltechnologie der Zukunft, sondern trägt zum Verlust des Vertrauensvorschusses bei, den sie braucht.

Aber es geht auch nicht nur um rein wissenschaftliche oder technische Interessen, die die Menschenwürde bedrohen. Das starke Argument einer „Ethik des Heilens" verweist auf ein weiteres ethisches Dilemma, nämlich die Abwägung zwischen zwei verschiedenen Ansprüchen an die Einhaltung der Menschenwürde. Konkret bedeutet das, daß die Heilung schwerer Krankheiten durch die Entwicklung von Zellersatzstrategien aus Stammzellen, die aus so genannten überzähligen Embryonen gewonnen werden, in Aussicht steht. Es ist unmöglich, sich dieser „Ethik des Heilens" zu verweigern. Mit dieser Unmöglichkeit rechnen natürlich alle, die so nachdrücklich darauf verweisen. Wir dürfen allerdings eine Unterstellung nicht übersehen, die dabei im Spiele ist: Es wird unterstellt, daß ein Heilen auch dann noch ein ethisches, nämlich ein moralisch gebotenes sei, wenn dafür menschliches Leben geopfert wird. Genau das aber muß bestritten werden. Wenn eine Krankheit nur dadurch heilbar wäre, daß menschliches Leben dafür geopfert würde, dann wäre sie vielleicht zwar heilbar, aber der moralische Preis dafür wäre definitiv zu hoch. Die zivilisierte Menschheit hat in dieser Frage noch nie eine andere Position vertreten. Und wenn eine andere Position vertreten oder sogar praktiziert wurde, dann haben wir das bisher fraglos als Verstoß gegen die Grundlagen der Zivilisation gewertet. Wenn mit Abscheu und Empörung die medizinischen Experimente an KZ-Häftlingen als ein Tiefpunkt der Unmenschlichkeit gebrandmarkt werden, oder wenn heute mit Abscheu und Empörung kriminelle Praktiken des Organhandels und der Organtransplantation geächtet und verfolgt werden, dann kommt darin der bisher selbstverständliche Grundkonsens zum Ausdruck, daß ein Heilen auf Kosten des Lebens anderer Menschen unethisch und grundsätzlich verboten ist. Wir dürfen diesen Grundkonsens der Zivilisation nicht aufgeben. Wir dürfen ihn gerade auch dann nicht aufgeben, wenn die menschlichen Wesen, über deren Opferung debattiert wird, Menschen auf frühester Entwicklungsstufe sind, die sich in ihrer Gestalt, ihrer Größe, ihren Lebensäußerungen und in ihrer Ohnmacht von Kindern oder Erwachsenen signifikant unterscheiden. Es kommt allein darauf an, daß es sich um menschliche Wesen handelt.

Auch das eher technische Argument, es gehe dabei nur um wenige Embryonen (und diese wenigen seien überzählig und ohne Entwicklungschancen nun einmal da), ist nicht akzeptabel. Es ist tragisch, daß es so genannte überzählige Embryonen gibt. Wir müssen uns eingestehen, daß wir ihr Dasein bewußt in Kauf genommen haben, als wir die künstliche Befruchtung zugelassen haben, damit Paare mit Fruchtbarkeitsstörungen Kinder bekommen können. Wir müssen uns auch eingestehen, daß wir den Tod dieser Embryonen bewußt in Kauf genommen haben und weiterhin in Kauf nehmen: ein Umstand, dessen moralische und rechtliche Fragwürdigkeit jeden in Gewissensnot bringen muß, der sich damit befaßt. Wenn heute mit Blick auch auf diesen Umstand gesagt wird, daß der „Sündenfall" längst da ist, dann protestiere ich nicht. Wir helfen uns aber nicht dadurch aus der Not, daß wir die Augen vor der Wirklichkeit verschließen und auch nicht damit, daß wir für ihre Beschreibung beschönigende Worte gebrauchen. Das tun wir, wenn wir zum Beispiel je nach Zusammenhang einmal von menschlichem Leben sprechen und ein anderes Mal von Zellen oder Zellhaufen. Die Zellen, um die es geht, sind menschliches Leben. Und genau deswegen dürfen diese Zellen oder Zellhaufen auch dann nicht zum Ausschlachten und zur Vernichtung für Forschungs- und Therapiezwecke freigegeben werden, wenn sie, wie man sagt, „übriggeblieben" sind. Zur Würde des Menschen gehört auch das Recht, in Würde zu sterben. Embryonen zu töten und als Rohstoffe für Forschungs- und Therapiezwecke zu verwerten, ist mit dieser Würde nicht vereinbar. Wenn die sogenannten übriggebliebenen Embryonen nicht mehr in einen Mutterleib transferierbar sind, um sich entwickeln zu können, dann bleibt nur, sie sterben zu lassen. Alles andere wäre die Überbietung einer Unmenschlichkeit mit einer zweiten. Deshalb muß gelten: Die Forschung an embryonalen Stammzellen dürfen wir nicht zulassen, jedenfalls so lange nicht, wie dabei Embryonen getötet oder verletzt werden müssen.

Eine Politik, die in diesem Sinne klare moralische Positionen vertritt, dient der Entwicklung der Bio- und Gentechnologie mehr als postmoderne Beliebigkeit. Sie trägt erheblich zur Akzeptanz der Möglichkeiten bei, die sich hier eröffnen. Die Vorstellung einer Trennung beider Sphären würde nicht zuletzt dem wissenschaftlichen Fortschritt schaden. Daß wir den wissenschaftlichen Fortschritt in diesem Feld brauchen, ist unstrittig. Wir können stolz darauf sein, daß es unter anderem mit dem Bio-Regio-Wettbewerb in der Mitte der neunziger Jahre gelungen ist, aus Deutschland einen der international wichtigsten Biotech-Standorte zu machen. Auch wenn jetzt eine Phase der Konsolidierung eingetreten ist, sehe ich hier nach wie vor die besten Chancen. Der Schwung der neunziger Jahre muß wieder neu belebt werden.

Das bedeutet:

- Wir werden den Bio-Regio-Gedanken konsequent weiterverfolgen und die Clusterbildung durch entsprechende politische Rahmenbedingungen und die Förderung regionaler Stärken unterstützen.
- Wir werden die Grundlagenforschung massiv fördern – hier liegt die Quelle der Innovationen. So können Wissenschaftler neue Wege für die Stammzellforschung entdecken, wie es jetzt mit der Differenzierung von Spermavorläuferzellen gelungen ist. Das bedeutet auch mehr außeruniversitäre Forschung. Nordrhein-Westfalen geht auch hier voran: Wir haben zum Beispiel in Münster ein hochinnovatives Max-Planck-Institut für molekulare Biomedizin. In Dortmund richten wir ein neues Max-Planck-Zentrum für Systembiologie ein. Dafür stehen im Landeshaushalt 37 Mio. Euro an Fördermitteln zur Verfügung. Und die Chancen stehen gut, daß Köln ein neues Max-Planck-Institut zur Molekularbiologie des Alterns erhält. Im Entwurf für den Landeshaushalt 2006 haben wir dazu Landesmittel in Höhe von 30 Mio. Euro reserviert.
- Wir werden die wissenschaftliche Kompetenz unserer besten Hochschulen und Forschungsinstitute mit Unternehmen und wissensintensiven Dienstleistungsunternehmen zusammenbringen. Nordrhein-Westfalen geht hier voran: Zum Beispiel errichtet die Degussa AG in Marl ein Science-to-Business-Center für Weiße Biotechnologie. Hier beteiligt sich das Land mit 12 Mio. Euro.
- Wir müssen unsere gesetzlichen Rahmenbedingungen so gestalten, daß unsere Unternehmen bei ihren Vorhaben nicht vor der Bürokratie kapitulieren. Das bedeutet in der Praxis beispielsweise für die Grüne Gentechnik: Wir müssen das Gentechnikgesetz so überarbeiten, daß die Koexistenz verschiedener Anbaumethoden endlich möglich wird. Verbraucher, Landwirtschaft und Unternehmen sollten Wahlfreiheit haben. Und klare Haftungsregelungen mit dem langfristigen Ziel einer Versicherungslösung sollten nicht mehr vor dem Anbau gentechnisch veränderter Pflanzen abschrecken. Sinnvolle Schwellenwerte auch für Saatgut müssen Grundlage für eine praktikable und kontrollierbare Kennzeichnung und Rückverfolgbarkeit sein.

Worum es heute also geht, ist, der Wissenschaft neue Handlungsmöglichkeiten zu eröffnen. Aber bei all diesen Handlungsmöglichkeiten muß die ethische Dimension konstitutiv wirksam sein. Das ist auch und wesentlich Aufgabe der Politik. Es muß klar sein, daß Ethik und Wissenschaft keine gegensätzlichen Systeme sind, die man „irgendwie" in Übereinstimmung bringen muß. Vielmehr müssen ethische Grundsätze für den wissenschaftlichen Fortschritt handlungsleitend sein. Hier hat die Politik eine zentrale Aufgabe. Sie muß sicherstellen, daß der wissenschaftliche Fortschritt nicht zu einer Erosion unserer Grundwerte führt. Nur dadurch wird das Vertrauen der Menschen in den biowissenschaftlichen Fortschritt nicht zerstört. Ohne dieses Vertrauen hat umgekehrt auch der Fortschritt der Biowissenschaften langfristig keine Chance. Nur dann ist er auch ein Beitrag zu einer besseren und lebenswerteren Welt.

Menschenwürde – Selbstzwecklichkeit – Gottebenbildlichkeit

Moraltheologische Überlegungen zum
gegenwärtigen Streit um die Menschenwürde

von Franz-Josef Bormann

Der Begriff der Menschenwürde gehört zu denjenigen Grundkategorien unserer kulturellen Ordnung, deren immense praktische Bedeutung zwar kaum zu bestreiten ist, die wegen ihrer Allgemeinheit und definitorischen Unbestimmtheit aber auch immer wieder im Mittelpunkt heftiger Kontroversen stehen. Einerseits haben vor allem die zivilisatorischen Katastrophen des 20. Jahrhunderts dazu geführt, die Menschenwürde in vielen internationalen Organisationen und Einzelstaaten als oberstes Rechts- und Moralprinzip auch konstitutionell fest zu verankern: Die Charta der Vereinten Nationen von 1945 [1] und die Allgemeine Erklärung der Menschenrechte aus dem Jahre 1948 [2] legen davon ebenso Zeugnis ab wie das Grundgesetz der Bundesrepublik Deutschland, das sich bekanntlich in seinem ersten Artikel scheinbar klar und unmißverständlich zur Unantastbarkeit der Menschenwürde bekennt [3]. Andererseits ist nicht zu übersehen, daß es im Umkreis des Begriffs der Menschenwürde ungeachtet dieser politischen Prominenz eine Reihe von Fragen gibt, die bislang nicht oder zumindest nicht ausreichend geklärt sind: Neben den eng miteinander verbundenen Problemen seines historischen Ursprungs und einer möglichen Abhängigkeit von bestimmten religiös-weltanschaulichen Voraussetzungen scheint dabei insbesondere der genaue Inhalt des Würdebegriffs einer näheren Analyse zu bedürfen.

Um die These zu begründen, daß es sich bei der Menschenwürde um einen streng universell, also inter-kulturell gültigen Wertbegriff handelt, der letztlich auf der moralischen Intuition der Selbstzwecklichkeit menschlichen Lebens beruht, sollen im Folgenden zunächst einige Überlegungen zur Herkunft und zum begründungstheoretischen Status des Würdebegriffs angestellt werden. In einem zweiten Argumentationsschritt wird dann nach seiner spezifisch medizinethischen

Relevanz gefragt, wobei neben ausgewählten materialen Konfliktfeldern auch das wissenschaftliche Selbstverständnis der Medizinethik als distinkter Einzeldisziplin thematisiert wird.

1. Zur universellen Geltung der Menschenwürde

Es gehört zu den gesicherten Erkenntnissen der begriffsgeschichtlichen Forschung, daß es in der nicht immer geradlinig verlaufenden Entwicklung von der altrömischen *dignitas*-Vorstellung zum modernen Verständnis der Menschenwürde zu erheblichen Sinnverschiebungen gekommen ist [4]. Während wir heute unter der Würde gemeinhin jenen inneren Wert des Menschen als solchen verstehen, der die Grundlage und Quelle verschiedener unveräußerlicher Rechtsansprüche der individuellen Person bildet, bezieht sich der durch und durch aristokratisch imprägnierte Begriff der *dignitas* im Kontext der römischen Staats- und Gesellschaftsordnung sowohl auf die herausgehobene Stellung eines bestimmten politischen Amtes als auch auf die persönliche Leistung des jeweiligen Amtsinhabers und die mit der Amtsausübung verbundene öffentliche Repräsentation [5]. Nicht allein vom Begriffsumfang, also der Frage, wer überhaupt als Träger der Würde in Betracht kommt, sondern auch von seinem Sinngehalt und seinen inhaltlichen Voraussetzungen her, könnten also die Unterschiede zwischen beiden Verwendungsweisen des Würdebegriffs kaum größer ausfallen.

Da solche tiefreichenden Bedeutungsunterschiede nicht einfach übersprungen werden dürfen, ist zunächst einmal zu klären, wo die tatsächlichen historischen Wurzeln für unser gegenwärtiges Begriffsverständnis liegen. Die Bandbreite der hier einschlägigen jüngeren Antwortversuche reicht von einem Verweis auf das Werk Ciceros [6] über die Behauptung eines Ursprungs der Person- und Menschenwürdevorstellung im Umkreis der christologischen Spekulationen des 13. Jahrhunderts [7] bzw. der Renaissancephilosophie [8] bis hin zu der diffusen Überzeugung, die moderne Idee der Menschenwürde stelle eine Hinterlassenschaft der jüdisch-christlichen Gottebenbildlichkeitsvorstellung dar. Demgegenüber hat Maximilian Forschner meines Erachtens überzeugend nachgewiesen, „daß es die stoische Philosophie war, die dem neuzeitlichen Begriff der allgemeinen Menschenwürde den gedanklichen Grund gelegt hat, und daß es die europäische Aufklärung war, die seinen politisch-rechtlichen Aspekt eingeklagt hat" [9]. Es sind vor allem zwei Gründe, die für die Plausibilität dieser Position sprechen: Erstens ist es schon rein historisch wenig glaubhaft, daß ein derart komplexer Begriff wie der der Menschenwürde quasi auf einen Schlag im Werk einer einzigen Epoche oder gar eines einzelnen Denkers entstanden sein soll. Viel wahrscheinlicher ist es, hier mit einem mehrstufigen Entwicklungsprozeß zu rechnen, der neben unleugbaren Fortschritten auch immer wieder Phasen der Stagnation und sogar des Rückschritts kennt. Zweitens weist Forschner zu Recht darauf hin, daß am Ursprung des Würdebegriffs zwei verschiedene Fragestellungen liegen, die zwar eng miteinander verknüpft, in systematischer Hinsicht aber sorgfältig voneinander zu unterscheiden sind, da auch ihre jeweilige Beantwortung auf ganz unterschiedlichen Voraussetzungen beruht. Tatsächlich kann die Kategorie der Würde nämlich „die individuell herausragende Qualität, Stellung und Erscheinung eines Menschen innerhalb einer politischen Gemeinschaft ebenso (zum Ausdruck bringen) wie die generische Exzellenz des Menschen im Kosmos bzw. im Rahmen einer Schöpfungsordnung" [10]. Im Gegensatz zum Problem einer angemessenen Bestimmung individueller Vortrefflichkeit, das seinen Sitz im Leben primär im elitären Adelsethos der griechischen Polis hat und *mutatis mutandis* auch noch in der altrömischen *dignitas*-Vorstellung durchscheint, gewinnt die weit grundsätzlichere Frage nach der Sonderstellung des Menschen im Kosmos spätestens in dem Moment an Brisanz, in dem die griechischen Stadtstaaten ihrer politischen Autarkie beraubt werden und im Zuge einer fortschreitenden Hellenisierung ihre identitätsstiftende Kraft immer stärker einbüßen. Die geistesgeschichtliche Leistung der Stoa besteht in diesem Zusammenhang nun darin, daß sie den Würdebegriff mit dem Hinweis auf die allgemeine Vernunftbegabung des Menschen sowohl universalisiert als auch verinnerlicht hat [11]. Nicht mehr ein bestimmter äußerer gesellschaftlicher oder politischer Status begründet jetzt die Würde eines Menschen, sondern die innere Teilhabe an dem einen, allen Menschen gemeinsamen Logos. Träger von Würde ist für den kosmopolitischen Denkansatz der stoischen Philosophie mithin jeder Mensch allein aufgrund seiner Vernunftbegabung.

Obwohl mit dieser stark egalitaristischen Konzeption zweifellos ein erster wichtiger Schritt auf unser modernes Würdeverständnis hin getan ist, bleiben auch hier noch immer wichtige Fragen offen. Diese betreffen einmal das Vernunftverständnis selbst, das in seiner Zweipoligkeit von theoretisch-spekulativer Welterschließung und praktischer Handlungsorientierung in verschiedener Richtung ausdeutbar ist und das aufgrund seiner notorischen Anfälligkeit für unausgewiesene perfektionistische Zusatzannahmen der ständigen kritischen Überprüfung bedarf.

Wie bedeutsam diese beiden Probleme tatsächlich sind, offenbart bereits ein kurzer Blick in die patristische Literatur, in der es zu einer ersten großen Synthese zwischen der christlichen Theologie und der heidnischen Philosophie gekommen ist [12]. Zwar sind die meisten Kirchenväter ganz selbstverständlich davon überzeugt, daß sich das Theologoumenon von der Gottebenbildlichkeit mit der Geistseele und dem freien Willen der Sache nach auf dieselben Ausstattungsmerkmale des Menschen bezieht, die auch den philosophischen Würdekonzeptionen zugrundeliegen [13], so daß einer Übernahme des Gedankens der Unverlierbarkeit der menschlichen Würde nichts Grundsätzliches im Wege steht [14]. Doch findet man daneben besonders im Umkreis eines christlichen Platonismus auch immer wieder Aussagen, die den Besitz der Würde an ganz bestimmte perfektionistische Voraussetzungen – wie zum Beispiel eine moralisch einwandfreie Lebensführung oder eine besondere göttliche Begnadigung – binden [15] und folglich auch mit der Möglichkeit eines Verlustes der Würde rechnen [16]. Diese latente Spannung beziehungsweise Unstimmigkeit, die von der Patristik bis weit in die Scholastik hinein zu beobachten und selbst bei einem so differenzierten Denker wie Thomas von Aquin noch nicht gänzlich überwunden ist [17], läßt sich nur so erklären, daß „man von einer zweifachen Würde des Menschen spricht, von einer unaufhebbaren Würde, die sich aus der auf der Vernunftausstattung beruhenden Gottebenbildlichkeit und der mit ihr zusammenhängenden Personalität des Menschen ... ergibt, und der verlierbaren Würde, die auf übernatürlicher Ebene in der Erfülltheit mit dem göttlichen Leben (*gratia sanctificans*) und im natürlichen Bereich in der sittlichen Tadellosigkeit oder Tugendhaftigkeit besteht"[18]. Allerdings sollte man um der historischen Redlichkeit willen ausdrücklich betonen, daß diese beiden unterschiedlichen Gebrauchsweisen des Würdebegriffs bei patristischen und scholastischen Theologen nicht gleichwertig sind. Das Schwergewicht der Überlegungen liegt eindeutig auf dem Gedanken der Unverlierbarkeit der menschlichen Würde, der sich aus der schöpfungstheologisch fundierten Sonderstellung des Menschen in der scala naturae ableiten läßt, die ihrerseits wiederum engstens mit dem Vernunftbegriff verbunden ist. Es ist diese Vernunft, die nicht nur im Mittelpunkt der stoischen Anthropologie steht, sondern auch die notwendige philosophische Voraussetzung für den theologischen Begriff der Gottebenbildlichkeit bildet und so die weitgehende Übernahme stoischer Gedanken in der patristischen Theologie überhaupt erst ermöglicht [19].

Die aus dem engen Zusammenhang von Vernunft- und Würdebegriff resultierende Notwendigkeit einer weiteren Präzisierung des Vernunftverständnisses stellt jedoch nicht das einzige Problem dar, das weder durch die stoische noch durch die patristische bzw. scholastische Theologie hinreichend gelöst worden ist. Mindestens ebenso wichtig dürfte die hier noch weithin ausstehende Entfaltung der politisch-rechtlichen Implikationen sein, die im Begriff der Menschenwürde enthalten sind. Zur Bewältigung beider Herausforderungen hat vor allem die Aufklärungsphilosophie, namentlich das Denken Immanuel Kants, einen epochalen Beitrag geleistet. Kant greift bekanntlich die schon bei Seneca [20] überlieferte Unterscheidung von *pretium* und *dignitas* bewußt auf, um das Verständnis der Menschenwürde zu präzisieren. Während der Begriff des ‚Preises‘ auf die Welt der austauschbaren Güter und Dienstleistungen – also auf den Warencharakter der Dinge und die Bedürfnisnatur des Menschen – verweist, bringt die Kategorie der ‚Würde‘ jene unersetzliche Einzigartigkeit bzw. jenen inneren Wert menschlicher Existenz zum Ausdruck, die für das praktische Selbstbewußtsein jedes Menschen jenseits aller Bedürfnisse und Neigungen schlechthin konstitutiv sind:

„Was einen Preis hat, an dessen Stelle kann auch etwas anderes als Äquivalent gesetzt werden; was dagegen über allen Preis erhaben ist, mithin kein Äquivalent verstattet, das hat eine Würde."[21]

Für Kant ist der Begriff der Würde engstens mit demjenigen der Selbstzwecklichkeit verbunden: „das aber" – so läßt er uns im zweiten Abschnitt seiner Grundlegung zur Metaphysik der Sitten von 1785 n. Chr. wissen – „was die Bedingung ausmacht, unter der allein etwas Zweck an sich selbst sein kann, hat nicht bloß einen relativen Wert, d. i. einen Preis, sondern einen inneren Wert, d. i. eine Würde." [22]

Wenn sich die Würde auf jenen ‚inneren Wert‘ des Menschen beziehen soll, der ihm den Status eines ‚Selbstzwecks‘ verleiht, drängt sich die Frage auf, worin dieser innere Wert näherhin besteht. Kant verweist dazu auf die Vernunft: „Nun sage ich: der Mensch, und überhaupt jedes vernünftige Wesen, existiert als Zweck an sich selbst." [23] Oder kurz: „die vernünftige Natur existiert als Zweck an sich selbst." [24] Es ist die praktische Vernunft bzw. die reine praktische Vernunft, auf die es Kant in diesem Zusammenhang ankommt. Selbstzweck und damit Träger von Würde ist der Mensch s.E. nämlich nicht schon als bloßes *animal rationale*, sondern erst als *animal morale* [25], d. h. als ein Wesen, das dank seiner praktischen Vernunft dazu in der Lage ist, frei und autonom zu handeln und sich eben darin als Träger eines guten Willens zu beweisen. Denn:

„Es ist überall nichts in der Welt, ja überhaupt auch außer derselben zu denken möglich, was ohne Einschränkung für gut könnte gehalten werden, als allein ein guter Wille." [26]

Dabei geht Kant nicht so weit, einen aktuell guten Willen zu verlangen. Es reicht für die Selbstzwecklichkeit des Menschen aus, daß er Träger eines potentiell guten Willens ist, also die „Anlage für seine Persönlichkeit" [27] besitzt. Diese ‚Anlage' besteht der Sache nach in der „Fähigkeit, unabhängig von allen Naturtrieben und Kulturbedürfnissen sich allein nach Gesichtspunkten einer souverän-unparteilichen Vernunft zum Wollen und Handeln zu bestimmen" [28]. Würde und Selbstzwecklichkeit sind also für Kant nicht Ergebnis von oder Belohnung für moralische Vortrefflichkeit. Sie wurzeln vielmehr in der allen konkreten Handlungen und Willensbestimmungen vorausliegenden grundsätzlichen Befähigung zu sittlichem Handeln überhaupt, also im Status der sittlichen Subjektivität als solcher. Dieser Status kommt jedem einzelnen Menschen qua bloßem Menschsein zu. Von daher verbieten sich alle Versuche, den Würdebegriff an bestimmte Zusatzbedingungen etwa ethnischer, kultureller, spezifisch religiöser oder sonstiger Art zu knüpfen und damit in seinem Anwendungsbereich einzuschränken [29]. Solche ideologisch motivierten Verengungen des Würdebegriffs halten einer vernünftigen Kritik nicht stand, da sie sich regelmäßig auf bestimmte partikulare Interessen zurückführen lassen. Demgegenüber stellt die Tatsache, daß jeder Mensch als vernunftbegabtes sittliches Subjekt Zweck an sich selbst ist, Kant zufolge keineswegs das Resultat einer gewagten metaphysischen Spekulation dar. Es handelt sich vielmehr um eine Annahme, die tief in unserem alltäglichen praktischen Selbstverständnis als handlungsfähige Wesen verankert ist: „So stellt sich notwendig der Mensch sein eigenes Dasein vor" [30] – schreibt Kant, um die Unverzichtbarkeit und Alternativlosigkeit dieser intuitiven Überzeugung anzudeuten.

Die normativen Konsequenzen dieser Sichtweise bringt Kant schließlich in der berühmten zweiten Formulierung des Kategorischen Imperativs zum Ausdruck. Denn: „Gesetzt … es gäbe etwas, dessen Dasein an sich selbst einen absoluten Wert hat, was, als Zweck an sich selbst, ein Grund bestimmter Gesetze sein könnte, so würde in ihm, und nur in ihm allein, der Grund eines möglichen kategorischen Imperativs, d. i. praktischen Gesetzes liegen." [31]

„Der praktische Imperativ wird also folgender sein: Handle so, daß du die Menschheit sowohl in deiner Person, als in der Person eines jeden anderen, jederzeit zugleich als Zweck, niemals bloß als Mittel brauchest." [32]

Bemerkenswert an dieser Formulierung ist aus heutiger Sicht vor allem, daß sie den notwendigen Respekt vor der Selbstzwecklichkeit nicht nur auf diejenigen Handlungen begrenzt, die auf fremde Personen gerichtet sind. Auch im Verhältnis zu sich selbst obliegt dem Handelnden die Pflicht, von einer rational nicht zu verantwortenden Herabwürdigung der eigenen Person zum ‚bloßen Mittel' Abstand zu nehmen. Damit erscheint die für das kantische Verständnis der Menschenwürde zentrale Vorstellung der Selbstzwecklichkeit aber durchaus geeignet, als oberstes Moralprinzip zu fungieren, vor dem sich die Gesamtheit unserer Handlungen zu verantworten hat.

Es ist innerhalb der Kant-Forschung umstritten, ob das kantische Würdeverständnis bereits allen Aspekten des modernen Begriffs der Menschenwürde gerecht wird oder nicht [33]. Diese Frage kann und muß hier nicht beantwortet werden. Selbst wenn man mit bestimmten Differenzen rechnet und einzelne Aspekte seiner Sichtweise – wie z.B. seinen starken Intuitionismus – für problematisch hält und durch eine dynamischere (etwa am Rawlsschen Modell eines ‚reflektiven Gleichgewichts' orientierte) Sichtweise ersetzen möchte, ist doch nicht zu bestreiten, daß von seiner Konzeption wichtige Impulse für unser heutiges Begriffsverständnis ausgegangen sind.

Somit können wir als Zwischenergebnis folgendes festhalten: Zunächst einmal wurde deutlich, daß die immer wieder vertretene Auffassung, die Kategorie der Menschenwürde stelle eine Frucht der spezifisch jüdisch-christlichen Vorstellung der Gottebenbildlichkeit des Menschen dar, sei als solche geltungslogisch von bestimmten religiösen Voraussetzungen abhängig und dürfe daher fremden Kulturen und Weltanschauungen nicht einfach oktroyiert werden, aus einer ganzen Reihe von Gründen zurückzuweisen ist. Sie übersieht nicht nur großzügig das Vorkommen äquivalenter Begriffe und Vorstellungen außerhalb des jüdisch-christlich geprägten abendländischen Kulturkreises [34], sondern geht auch historisch und systematisch in die Irre: historisch, weil es eben nicht das Christentum, sondern die säkulare Philosophie – namentlich die Stoa und die Aufklärung – gewesen ist, die den Würdebegriff grundgelegt und politisch-rechtlich zum Durchbruch verholfen hat [35]. Und systematisch, weil die Annahme einer Ableitbarkeit der Würde aus der Gottebenbildlichkeitsvorstellung die tatsächlichen logischen Abhängigkeitsverhältnisse zwischen beiden Begriffen auf den Kopf stellt. Der Mensch ist nicht Träger einer besonderen Würde, weil er Gottes Ebenbild ist. Vielmehr setzt der theologisch-spekulative Begriff der Gottebenbildlichkeit seinerseits jene philosophisch-praktische Einsicht in die Sonderstellung des Menschen voraus, die im Würdebegriff ausgesagt wird. Nur deswegen, weil der Mensch als freies, potentiell vernünftig handelndes Wesen existiert, dem als sittlichem Subjekt immer schon eine besondere Würde eignet, ist es überhaupt möglich, in einer vertiefenden theologisch-metaphysischen Interpretation von einer Gottebenbildlichkeit des Menschen zu sprechen und den Menschen als Bundespartner eines Gottes zu präsentieren, der selber als moralisch vollkommenes Wesen gedacht wird. Ein weiterer systematischer Denkfehler der kulturalistischen Annahme, bei der Menschenwürde handele es sich um eine Überzeugung der westlichen Kultur, die insbesondere dem asiatischen Wertekanon nicht gerechtwerde, besteht in der schlichten Verwechselung von Genese und Geltung einer normativen Weisung. Der Umstand, daß die Einsicht in die Würde jedes Menschen zuerst tatsächlich in der abendländischen Geistesgeschichte zum Durchbruch gekommen und auch politisch-rechtlich sukzessive durchgesetzt worden ist, bedeutet noch lange nicht, daß sie auch in ihrer normativen Geltung auf diesen partikularen Bereich beschränkt werden könnte.

Eng damit verbunden ist eine zweite Einsicht. Wenn der Grund der universellen Geltung der Menschenwürde im allgemeinen Phänomen der sittlichen Subjektivität des Menschseins besteht, dann ist klar, daß es sich bei der Menschenwürde nicht um etwas handeln kann, das dem Menschen von einer äußeren Instanz zugeschrieben, zugesprochen, verliehen oder gewährt wird. Zwar ist auch die Würde des Menschen auf die subsidiäre Gewährleistung z.B. durch den Staat und seine Organe angewiesen, doch liegt sie als absoluter innerer Wert des Menschen solchen Maßnahmen prinzipiell voraus [36]. Wohl bedarf sie der rechtlichen Positivierung, doch stellt sie ihrem Wesen nach ein vor- oder überpositives Faktum dar, das sich der Konstitution durch Dritte grundsätzlich entzieht [37].

2. Zur Bedeutung der Menschenwürde für die medizinische Ethik und die ärztliche Praxis

Was folgt nun aber aus den bislang angestellten zugegebenermaßen noch sehr allgemeinen Überlegungen zu Herkunft, Inhalt und Geltungsanspruch der Menschenwürde für die medizinische Ethik und die konkrete ärztliche Praxis im klinischen Alltag? Zur Beantwortung dieser Frage soll nachfolgend kurz auf drei exemplarische Themenfelder eingegangen werden, von denen jedes auf seine Art eine Orientierung am Begriff der Menschenwürde geboten erscheinen läßt. Es sind dies erstens die wissenschaftstheoretische Debatte um das methodische Selbstverständnis der Medizinethik als distinkter Einzelwissenschaft, zweitens die Kontroverse um die verbrauchende Embryonenforschung und drittens der Streit um die Sterbehilfe.

2.1 Das Selbstverständnis der Medizinethik als distinkte Einzelwissenschaft

Die Medizin- bzw. Bioethik ist eine vergleichsweise junge Disziplin, die ihre Entstehung vor allem der Ambivalenz des medizinisch-technischen Fortschritts verdankt. Einerseits hat die immer weiter voranschreitende Verwissenschaftlichung und Technisierung des Medizinbetriebs zu einer explosionsartigen Erweiterung der ärztlichen Handlungsmöglichkeiten geführt, andererseits ist damit aber auch das Bedürfnis nach moralischer Orientierung in einem solchen Maße gewachsen, daß es vom traditionellen ärztlichen Standesethos allein nicht mehr befriedigt werden kann. Die Medizinethik soll hier Abhilfe schaffen. Aber kann sie das? Gewiß, es ist im Laufe der letzten zwanzig Jahre mit einer gewissen zeitlichen Verzögerung auch in Deutschland zum Aufbau einer beeindruckenden medizinethischen Infrastruktur gekommen: viele Wissenschaftler haben im Bereich der Medizinethik geforscht; Lehrstühle für Medizinethik wurden eingerichtet; sogar im Medizinstudium ist die medizinische Ethik inzwischen – wenn auch nur in homöopathischer Dosierung – angekommen; in vielen Krankenhäusern und Gesundheitseinrichtungen gibt es ein medizinethisches Beratungsangebot, das nicht nur von Ärzten, Schwestern und Pflegern, sondern auch von Patienten und Angehörigen dankbar angenommen wird. Aber trotz all dieser Entwicklungen und Erfolge bleibt doch noch weithin zu klären, was für eine Wissenschaft die Medizinethik eigentlich ist, worin ihre Methoden bestehen, welche Ziele sie verfolgt und welchen Status ihre Ergebnisse besitzen [38]. Ist die Medizinethik überhaupt eine eigenständige Wissenschaft oder bleibt sie als eine der vielen ‚angewandten Ethiken‘ begründungstheoretisch vom Prinzipienbestand einer allgemeinen Ethik abhängig? Geht es ihr um die Erkenntnis und Begründung eines objektiv richtigen Handelns in bestimmten Problemsituationen oder hat sie ihr Ziel schon dadurch erreicht, daß sie einen Beitrag zur Entspannung gesellschaftlicher Konflikte leistet? Welches Vernunftverständnis liegt der Medizinethik zugrunde? Welcher begründungstheoretischen Modelle bedient sie sich und welchen Gewißheitsgrad besitzen ihre Empfehlungen? Auf alle diese Fragen geben Medizinethiker gegenwärtig derart unterschiedliche Antworten, daß man bezweifeln könnte, ob es überhaupt sinnvoll ist, von der medizinischen Ethik im Singular zu sprechen. Es scheint beinahe so viele Medizinethiken wie Medizinethiker zu geben [39].

Um zu verdeutlichen, worin in dieser Situation der mögliche Beitrag des Begriffs der Menschenwürde für eine Klärung des wissenschaftlichen Selbstverständnisses der Medizinethik liegen könnte, sei an die Defizite zweier komplementärer Denkmodelle erinnert, die beide in der Geschichte der medizinethischen Reflexion eine prominente Rolle gespielt haben und noch immer spielen. Der erste Ansatz besteht in der für das traditionelle ärztliche Standesethos grundlegenden Forderung, alles Handeln am ‚umfassenden Wohl‘ des Patienten zu orientieren (*salus aegroti suprema lex*). Diesem Prinzip ist durchaus zugutezuhalten, daß es über zwei entscheidende Stärken verfügt: als einziger oberster Grundsatz ist es schon rein formal durchaus dazu in der Lage, der Gesamtheit des ärztlichen Handelns eine klare Ausrichtung auf ein eindeutiges Ziel zu geben. Darüber hinaus besteht ein inhaltlicher Vorteil dieses Prinzips gewiß darin, daß es eine rein somatische Betrachtung des Kranken überwindet und um die Mehrdimensionalität des menschlichen Wohlbefindens weiß, also neben der physischen etwa auch die psycho-soziale, die affekt-dynamische und die religiös-finale Dimension humaner Existenz in die Betrachtung einbezieht. Gleichwohl stehen diesen Stärken zugleich einige erhebliche Schwächen gegenüber: Neben der weitgehenden Ausblendung der veränderten strukturellen Bedingungen eines zeitgenössischen ärztlichen Handelns ist es vor allem der extreme Paternalismus dieses Prinzips, der immer wieder kritisiert worden ist. Obwohl es tatsächlich eine Fülle von Situationen gibt, in denen ein Arzt schon aus rein pragmatischen Gründen (wie z.B. Zeitmangel oder Notfall etc.) stellvertretend für den Patienten entscheiden muß, bleibt sein Handeln in der Regel nicht nur rechtlich, sondern auch moralisch an die informierte Zustimmung und damit an den erklärten bzw. mutmaßlichen Willen des Patienten gebunden [40]. Die Gefahr eines mangelnden Respekts vor der autonomen Willensentscheidung des Patienten stellt aber nicht das einzige inhaltliche Problem der *salus aegroti*-Formel dar. Mindestens ebenso bedenklich muß der Umstand erscheinen, daß die fortschreitende Pluralisierung der Wertüberzeugungen in modernen Gesellschaften keine ausreichende Berücksichtigung in diesem Prinzip findet. Da freie Menschen dazu neigen, sehr unterschiedliche Auffassungen vom ‚guten Leben' auszubilden, ist auch damit zu rechnen, daß sie auf die Frage nach ihrem ‚umfassenden Wohl' (*salus*) eine sehr unterschiedliche Antwort geben. [41] Die *salus aegroti*-Formel setzt demgegenüber eine Homogenität der Moral- und Wertauffassungen voraus, die es so in modernen Gesellschaften schon längst nicht mehr gibt.

Von daher scheint sich ein zweites Theoriemodell anzubieten. Tom L. Beauchamp und James F. Childress haben bekanntlich versucht, in ihren „Principles of Biomedical Ethics" [42] genau diesen Schwachpunkt dadurch zu umgehen, daß sie gänzlich darauf verzichten, ein für alle gültiges erstes Oberprinzip zu formulieren. Statt dessen lassen sie es dabei bewenden, vier Grundnormen ärztlichen Handelns anzugeben – nämlich Selbstbestimmung des Patienten (autonomy), Schadensvermeidung (nonmaleficense), Fürsorgepflicht (beneficence) und Gerechtigkeit (justice) –, aus deren Berücksichtigung die jeweils *in concreto* richtige Entscheidung gewonnen werden soll. Obwohl alle genannten Gesichtspunkte zweifellos von hoher Bedeutung für ein verantwortungsvolles Handeln sind, weist auch dieses Denkmodell zwei gravierende Nachteile auf: erstens läuft der Verzicht auf die Angabe eines übergeordneten Erstprinzips auf eine reine Problemverschiebung hinaus, die zwar eindrucksvoll die Abhängigkeit der medizinischen Ethik von der allgemeinen Ethik demonstriert, vor der Lösung des bereits genannten Pluralismusproblems aber im Grunde kapituliert. Zweitens handeln sich Beauchamp und Childress mit der Annahme der Gleichrangigkeit der genannten vier normativen Beurteilungsmaßstäbe genau jenes geradezu klassische Vorrangproblem ein, das seit jeher zu Recht gegen rein intuitionistische Theorieansätze ins Feld geführt worden ist [43]. Denn wenn tatsächlich sämtliche normativen Gesichtspunkte gleichberechtigt nebeneinander stehen, gibt es für die im Rahmen der Entscheidungsfindung unvermeidliche Gewichtung der Einzelaspekte „innerhalb des Modells keine Kriterien mehr" [44].

Um hier nun einer überzeugenden Lösung näherzukommen, bietet es sich an, die Stärken beider Ansätze unter Umgehung ihrer jeweiligen Schwächen zu kombinieren. Konkret heißt das: wir benötigen ein Theoriemodell, das ein Erstprinzip annimmt, welches einerseits abstrakt genug ist, um unter den Bedingungen des modernen Wertepluralismus noch Aussicht auf allgemeine Anerkennung und mithin breite soziale Geltung zu besitzen, das andererseits aber inhaltlich so umfassend ist, das alle normativen Einzelgesichtspunkte, denen das ärztliche Handeln gerecht werden muß, in Gestalt sekundärer und tertiärer Folgeprinzipien daraus entwickelt werden können. Ein geeigneter Kandidat für ein solches Prinzip könnte sich m.E. am Begriff der Menschenwürde orientieren und etwa im Sinne der zweiten Formel des kantischen Kategorischen Imperativs bzw. einer seiner zeitgenössischen Variationen [45] die fundamentale Gleichheit und Selbstzwecklichkeit aller Menschen als handlungsfähige Wesen zum Ausdruck bringen [46].

Drei Gründe scheinen mir für eine solche Konzeption zu sprechen: erstens hebt der Begriff der Menschenwürde nicht auf eine bestimmte und damit zwangsläufig umstrittene Sicht menschlicher Vollendung, sondern auf die Anfangsbedingungen des Menschseins ab, so daß er mit der Anerkennung eines gesellschaftlichen Wertepluralismus durchaus verträglich erscheint; zweitens ist der im Würdebegriff enthaltene Gedanke eines notwendigen Schutzes der Mindestvoraussetzungen menschlicher Handlungsfähigkeit offen für eine differenzierte Güterlehre, die zur Bewältigung konkreter Konfliktsituationen nicht nur im klinischen Alltag schlechthin unverzichtbar ist, von rein formal-prozeduralen Ethikmodellen aber regelmäßig sträflich vernachlässigt wird; drittens handelt es sich bei der Menschenwürde insofern um eine moralische Kategorie von hoher praktischer Bedeutung gerade für den Bereich des ärztlichen Handelns, als sie nicht nur die Unzulässigkeit bestimmter verdinglichender Einstellungen im Arzt-Patientenverhältnis (sowohl im verbalen wie im non-verbalen Bereich) zu begründen, sondern zumindest in einigen derzeit gesamtgesellschaftlich besonders umstrittenen Konfliktbereichen klare normative Grenzziehungen zu liefern vermag. Letzteres soll nun am Beispiel der verbrauchenden Embryonenforschung einerseits und an der Debatte um die ärztliche Tötung auf Verlangen kurz demonstriert werden.

2.2 Das Prinzip der Menschenwürde und die verbrauchende Embryonenforschung

Der Streit um den moralischen Status menschlicher Embryonen gehört seit jeher zu den Hauptkriegsschauplätzen der Medizinethik. In jüngster Zeit haben erste Erfolge der embryonalen Stammzellforschung dazu beigetragen, daß diese Kontroverse nicht nur neu aufgeflammt ist, sondern noch einmal erheblich an Schärfe zugenommen hat. Grob schematisierend lassen sich die beiden einander bekämpfenden Positionen wie folgt charakterisieren: Vertreter eines gradualistischen Schutzkonzepts gehen davon aus, daß der moralische Wert eines menschlichen Embryos mit zunehmendem biologischen Reifegrad wächst und entsprechend auch sein rechtlicher Schutz parallel zu dieser Entwicklung Schritt für Schritt ansteigen muß. Vor allem der frühe extrakorporale Embryo wird dabei nicht als eigenständiger Träger der Menschenwürde, sondern als eine Entität begriffen, deren Schutz gegen andere wichtige Güter (wie z.B. die Forschungsfreiheit oder die Heilungschancen künftiger Generationen) abzuwägen ist. Selbstverständlich dürfen menschliche Embryonen auch nach diesem Verständnis nicht einfach für beliebige Zwecke geopfert werden, doch soll es der moralisch gebotene Respekt vor ihnen keineswegs ausschließen, das Leben solcher Embryonen zugunsten der Realisierung hochrangiger Forschungsziele wie die Bereitstellung neuer Therapieverfahren für schwerste, bislang unheilbare Krankheiten zurückzustellen.

Kritiker des Gradualismus gehen demgegenüber davon aus, daß auch der frühe menschliche Embryo vom ersten Augenblick seiner biologischen Existenz an als Träger einer unveräußerlichen Würde betrachtet werden muß. Sie stützen sich dabei auf eine inzwischen geradezu klassische Trias von Argumenten, die erstens auf die Kontinuität der Embryonalentwicklung, zweitens auf die personale Identität von Embryo und geborenem Individuum und schließlich drittens auf die aktive Potentialität des Embryos zur sittlichen Subjektivität verweist [47]. Da es sich hierbei m.E. um eine nicht nur naturwissenschaftlich gut begründete, sondern auch philosophisch außerordentlich reflektierte Position handelt, die von spezifisch religiösen oder gar konfessionellen Voraussetzungen völlig unabhängig ist, muß es überraschen, daß in jüngster Zeit ausgerechnet einige selbsternannt liberale protestantische Theologen [48] den Versuch unternommen haben, den „ethischen Immobilismus" dieses angeblich typisch katholischen Naturrechtsdenkens zu diskreditieren [49]. Obwohl derartige Einlassungen weniger einen Beitrag zur sachlichen Klärung als vielmehr einen offenkundig strategisch motivierten innerprotestantischen Profilierungsversuch darstellen, der gezielt hinter einen schon gesichert geglaubten ökumenischen Konsens der beiden großen Kirchen in Deutschland zurückgeht [50], dürfte es sich lohnen, die Haltlosigkeit der Behauptung aufzudecken, allein ein gradualistischer Ansatz sei dazu in der Lage, den notwendigen Raum ‚rationaler Abwägungen' offenzuhalten. Tatsächlich ist es nämlich so, daß weder eine unterschiedslose Gleichbehandlung von Embryonen und geborenen menschlichen Individuen i. S. einer undifferenzierten Identitätsthese noch ihre völlige Ungleichbehandlung i. S. einer gradualistischen Differenzthese plausibel erscheint. Ein moralisch qualifizierter Umgang mit menschlichen Embryonen – übrigens genauso wie mit schwerstgeschädigten Frühgeborenen – ist vielmehr nur dann möglich, wenn man i. S. einer differenzierten Identitätsthese innerhalb des vielschichtigen Begriffs des ‚Lebensschutzes' die negativen Unterlassungs- und die positiven Hilfspflichten klar voneinander unterscheidet [51]. Unbestreitbar scheint mir zu sein, daß sich aus der Selbstzwecklichkeit des Menschen unabhängig von seinem jeweiligen biologischen Reife- und Entwicklungsstadium ein unbedingtes Verbot der Totalinstrumentalisierung ableiten läßt, das jede Tötung oder schwere körperliche Schädigung zugunsten Dritter strikt ausschließt. Bezüglich dieser aus der Selbstzwecklichkeit resultierender kategorischer Unterlassungspflichten darf es keine Ungleichbehandlung von ungeborenen und geborenen oder auch von gesund geborenen und geschädigt geborenen Menschen geben. Ein positives Recht auf Heilung durch die Instrumentalisierung Dritter ist nicht zu begründen. Die elementaren negativen Rechte auf Nichtschädigung entziehen sich jeder Abwägung. Weil das Leben als das fundamentalste aller Güter die notwendige Voraussetzung für den Gebrauch aller anderen Güter darstellt, muß es dem Zugriff Dritter dauerhaft wirksam entzogen bleiben.

Davon zu unterscheiden ist jedoch die Frage, welche positiven Hilfspflichten wir gegenüber anderen Menschen haben. Da Art und Umfang der jeweils gebotenen Hilfe dem Zustand des Hilfeempfängers angemessen sein müssen, ist hier u.a. auch die biologische Entwicklungsstufe eines Menschen zu berücksichtigen und ein weiter Spielraum möglicher Abwägungen anzuerkennen [52]. Genau darauf will die hier vertretene, eng mit der Verteidigung der Menschenwürde

F.-J. BORMANN

auch von Embryonen und anderen Risikogruppen innerhalb der menschlichen Spezies (wie z.B. geschädigte Frühgeborene, Behinderte etc.) verbundene sog. differenzierte Identitätsthese aufmerksam machen. Demgegenüber begeht der Gradualismus den Fehler, daß er die berechtigte Differenzierung hinsichtlich des logisch sekundären adiuvatorischen Schutzaspektes illegitimerweise auch auf den Bereich der negativen Abwehrrechte ausdehnt mit dem Ergebnis, daß menschliche Embryonen nur noch in den Genuß eines ‚Respektes' bzw. ‚Schutzes' kommen, der diesen Namen wegen seiner völligen Sinnentleerung nicht mehr verdient. Solche Extrempositionen sind nur dadurch zu vermeiden, daß man in Übereinstimmung mit dem Hauptstrom der abendländischen Moralphilosophie an einem strengen deontologischen Abwägungsverbot der elementaren Abwehrrechte festhält und zugleich eine differenzierte situationsgerechte Gestaltung der positiven Hilfeleistungen annimmt.

2.3 Die Menschenwürde und die Diskussion um die Sterbehilfe

Der Begriff der Menschenwürde ist aber nicht nur dort von großer Bedeutung, wo es – wie z.B. bei der verbrauchenden Embryonenforschung – um die Bestimmung derjenigen Pflichten geht, die wir anderen Menschen gegenüber haben. Er besitzt auch einen hohen Orientierungswert für die Beantwortung der heute zu Unrecht weithin verdrängten Frage nach den moralischen Pflichten eines Menschen gegenüber sich selbst. Bereits ein flüchtiger Blick auf die gegenwärtige Diskussion um die Sterbehilfe läßt zwei aus ethischer Perspektive überaus problematische Tendenzen erkennen. Die eine besteht in einer fortschreitenden Verrechtlichung der Debatte, die sich immer weiter von moralischen Erwägungen abkoppelt [53]. Die andere Fehlentwicklung betrifft die ethischen Beiträge selbst, die sowohl im Blick auf die kritische Analyse der involvierten Begriffe als auch hinsichtlich der Gewichtung der verschiedenen Einzelargumente zunehmend erhebliche Defizite aufweisen [54]. Vor allem der fortgesetzte Mißbrauch des Autonomiebegriffs hat mittlerweile bei vielen Zeitgenossen den Eindruck entstehen lassen, als könne jede subjektive Willensbestimmung allein dadurch, daß sie authentisch geäußert werde, bereits ihre moralische Richtigkeit verbürgen. Da jedoch nur ein vernunftbestimmter Wille ein wirklich autonomer Wille sein kann [55], ist zu klären, wo die Grenzen einer solchen Vernunftbestimmung genau verlaufen. Kann auch das Verlangen nach einer ärztlichen Tötung oder einer ärztlichen Suizidbeihilfe als möglicher Inhalt solcher rationalen Selbstbestimmung gelten? Zumindest in der sogenannten Standardsituation der Sterbehilfe, in der ein noch urteils- und entscheidungsfähiger Patient mit einem schweren, mit hoher Wahrscheinlichkeit irreversiblen, also letztlich letalen Krankheitsverlauf konfrontiert ist, aber noch nicht im Sterben liegt, diesen Zustand aber bereits so unerträglich findet, daß er den Arzt um die rasche schmerzfreie Tötung bittet, dürfte dies nicht der Fall sein. Wenn es nämlich stimmt, daß der menschliche Wille immer schon natürlicherweise auf den Erhalt und die Entfaltung der eigenen Handlungsfähigkeit ausgerichtet [56] und diese Handlungsfähigkeit ihrerseits engstens mit der im Würdebegriff ausgesagten sittlichen Subjektivität verbunden ist, dann legt sich der Schluß nahe, daß der Erhalt der eigenen physischen Existenz in dem Maße moralisch geboten ist, wie er die notwendige Voraussetzung für den Vollzug der eigenen Handlungsfähigkeit darstellt. Wer daher zur Vermeidung der mit einem schweren Krankheitsprozeß unweigerlich verbundenen Nöte und Belastungen bei noch bestehenden Handlungsmöglichkeiten zum Mittel des Suizids bzw. der freiwilligen aktiven Euthanasie greift, der trifft eine Entscheidung, die im Widerspruch zur natürlichen Ausrichtung des menschlichen Willens steht, der eigenen Würde bzw. Selbstzwecklichkeit als handlungsfähigem Subjekt widerstreitet und daher nicht als legitimer Ausdruck vernünftiger Selbstgesetzlichkeit oder Autonomie anzuerkennen ist [57]. Nicht der krankheitsbedingte Verlust bestimmter sozial nützlicher und persönlich besonders geschätzter Aktivitäten steht im Widerspruch zu einer würdevollen Existenz, sondern die wie auch immer motivierte Weigerung, die noch objektiv vorhandenen Handlungsmöglichkeiten auszuschöpfen und damit die eigene, noch unvollendete Biographie gewaltsam abzubrechen.

Statt an einer fragwürdigen und – wie z.B. die holländische Praxis lehrt – zudem äußerst mißbrauchsanfälligen Selbstbestimmungsideologie sollten sich die ärztlichen Entscheidungen am Konzept des ‚natürlichen Todes‘ [58] orientieren, um die komplementären Extreme einer dem Patienten aufgezwungenen Übertherapie auf der einen und einer gezielten Unterversorgung einkommensschwacher Patientengruppen auf der anderen Seite zu vermeiden. ‚Natürlich‘ sind Sterben und Tod eines Menschen immer dann, wenn sie infolge einer Erkrankung eintreten, die bereits so weit fortgeschritten ist, daß es zu einem definitiven, d. h. mit verhältnismäßigen Einsatz medizinisch-therapeutischer Maßnahmen nicht mehr zu revidierenden Zerstörung jener somatischen (insbesondere cerebralen) Wirkungsabläufe gekommen ist, die die Bedingung der Möglichkeit eines wenigstens minimalen personalen Selbstvollzuges (i. S. eines vernunftbestimmten autonomen Handelns) darstellen. Obwohl man im nüchternen Blick auf den Alltag in deutschen Krankenhäusern einräumen muß, daß es eine ganze Reihe von gravierenden Defiziten sowohl in der palliativen Versorgung als auch in der menschlichen Begleitung Schwerstkranker gibt, die einer idealen Verwirklichung des Konzeptes eines ‚natürlichen Todes‘ hindernd im Wege stehen, ist daraus keineswegs zu folgern, daß die Legalisierung der ärztlichen Tötung auf Verlangen bzw. des ärztlich assistierten Suizids ein geeignetes Mittel wäre, um diese Mißstände zu überwinden und einem Sterben in Würde näherzukommen.

2.4 Schlußfolgerungen

Dem Begriff der Menschenwürde scheint für die medizinische Ethik also eine wenigstens dreifache Funktion zuzukommen:
– Erstens kann die Menschenwürde als oberstes ethisches Metaprinzip aller Normwissenschaften verstanden werden, das zwar der Ergänzung durch eine ganze Fülle handlungsbereichsspezifischerer Grundsätze bedarf, das Beziehungsgefüge zwischen diesen nachgeordneten Grundsätzen aber gleichwohl

zu ordnen und damit das für jede mit einer Vielzahl von Grundsätzen operierenden Wissenschaft unvermeidliche Vorrangproblem zu lösen vermag.

- Zweitens markiert der Begriff der Menschenwürde bezüglich unseres auf andere Menschen gerichteten Handelns einen Kernbereich von fundamentalen Unterlassungspflichten, die deswegen einer Abwägung entzogen bleiben müssen, weil sie im Dienste des Schutzes der Mindestbedingungen des Menschseins stehen.
- Schließlich spielt die Menschenwürde drittens aber auch insofern eine wichtige Rolle für unser eigenes Selbstverständnis, als sie den Grund und die Quelle für eine Reihe von Pflichten darstellt, die uns als handlungsfähigen sittlichen Subjekten gegenüber uns selbst obliegen.

Der genaue Grenzverlauf derjenigen Handlungsmöglichkeiten, die mit dem moralisch notwendigen Respekt vor der Menschenwürde vereinbar sind, mag im Einzelnen umstritten sein. Um so wichtiger scheint es, sich wenigstens über die Herkunft, den Inhalt und die Funktionen des Begriffs der Menschenwürde zu verständigen, um so der fortschreitenden Aushöhlung der moralischen und rechtlichen Grundlagen unserer Gesellschaft entgegenzuwirken zu können.

Quellen und Anmerkungen

[1]   Vgl. Charter of the United Nations and Statute of the International Court of Justice, New York 1946, 2.

[2]   Vgl. Universal Declaration of Human Rights, New York 1949, Preamble.

[3]   G.G. Art. 1 Abs. 1; vgl. dazu die geradezu klassische Kommentierung von G. Dürig aus dem Jahre 1958, in: Maunz-Dürig: Grundgesetz. Kommentierung der Artikel 1 und 2 Grundgesetz. Sonderdruck, München 2003; zur Kontroverse um die Neukommentierung dieses Artikels im Maunz-Dürig von M. Herdegen aus dem Jahre 2003 vgl. E.-W. Böckenförde: Die Menschenwürde war unantastbar, in: FAZ vom 3.9.2003, Nr.204, 33.

[4]   Vgl. H. Baker: The Dignity of Man. Studies in the Persistence of an Idea, Cambridge, MA 1947; W. Dürig: Dignitas, in: Reallexikon für Antike und Christentum, Bd. III, hg. Von T. Klauser, Stuttgart 1957; V. Pöschl: Der Begriff der Würde im antiken Rom und später, in: Sitzungsberichte der Heidelberger Akademie der Wissenschaften. Philosophisch-historische Klasse, Heidelberg 1969, 7-67; R. P. Horstmann: Art. Menschenwürde, in: Historisches Wörterbuch der Philosophie, Bd. 5, Basel-Stuttgart 1980, 1124-1127; H.-G. Gadamer: Die Menschenwürde auf ihrem Weg von der Antike bis heute, in: Humanistische Bildung 12 (1988), 95-106 sowie A. Wildfeuer: Menschenwürde – Leerformel oder unverzichtbarer Gedanke, in: M. Nicht/A. Wildfeuer (Hg.): Person-Menschenwürde-Menschenrechte im Disput, Münster 2002, 19-116.

[5]   Vgl. H. Drexler: Dignitas, Göttinger Universitätsreden Nr. 15, 1944 (wiederabgedruckt in: R. Klein (Hg.): Das Staatsdenken der Römer, Darmstadt 1973, 231-254) sowie H. Wegehaupt: Die Bedeutung und Anwendung von dignitas in den Schriften der republikanischen Zeit, Ohlau 1932.

[6]   Vgl. V. Pöschl: a.a.O.

[7]   Vgl. T. Kobusch: Die Entdeckung der Person, Freiburg 1993.

[8]   Vgl. K. Bayertz: Die Idee der Menschenwürde: Probleme und Paradoxien, in: Archiv für Rechts- und Sozialphilosophie 81 (1995), 465-481.

[9] M. Forschner: Marktpreis und Würde oder vom Adel der menschlichen Natur, in: H. Kössler (Hg.): Die Würde des Menschen. Fünf Vorträge, Erlangen 1998, 33-59, 34.

[10] Ebd.

[11] Vgl. M. Forschner: a.a.O. 35.

[12] Vgl. R. Bruch: Die Würde des Menschen in der patristischen und scholastischen Tradition, in: W. Gruber et al. (Hg.): Wissen-Glaube-Politik, Graz 1981, 139-154 sowie H. Karpp: Probleme altchristlicher Anthropologie. Biblische Anthropologie und philosophische Psychologie bei den Kirchenvätern des dritten Jahrhunderts (Beiträge zur Förderung christlicher Theologie, hg. Von P. Althaus und J. Jeremias, Bd. 44,3), Gütersloh 1950.

[13] Vgl. R. Bruch: a.a.O. 140f.

[14] Vgl. z.B. Tertullian: De an. 41(PL 2, 764); Klemens von Alexandrien: Paid. I, 98, 2,3; Augustinus: De lib. Arb. 3,12.16 (PL 32, 1279).

[15] Vgl. Gregor von Nyssa: De hominis opificio, cap. IV (PG 44, col.136) oder Leo d. Große:Sermo XII, De jejunio decimi mensis I, cap. I (PL 54, col. 168f).

[16] Vgl. Gregor von Nyssa: Or. dom. 2 (PG 44, 1145 D) sowie Ambrosius: In Ps. 118, 10,11 (PL 15, 1403).

[17] Vgl. S.th. II II 64,2.

[18] R. Bruch: a.a.O. 148.

[19] Vgl. M. Spanneut: Le stoicisme des pères de L'Église de Clément de Rome à Clément d' Alexandrie, Paris 1969.

[20] Vgl. Seneca: ep. 71,33 und ep. 89,15.

[21] GMS, BA 78.

[22] Ebd.

[23] GMS, BA 64.

[24] GMS, BA 66.

[25] Vgl. O. Höffe: Medizin ohne Ethik?, Frankfurt 2002, 66.

[26] GMS, BA 1.

[27] I. Kant: Die Religion innerhalb der Grenzen der bloßen Vernunft, Akad. Ausg. VI, 26f.

[28] M. Forschner: a.a.O. 38.

[29] Vgl. dazu auch L. Honenfelder: Der Streit um die Person in der Ethik, in: Philosophisches Jahrbuch 100 (1993), 252.

[30] GMS, BA 67.

[31] GMS, BA 64.

[32] GMS, BA 67.

[33] Während Autoren wie A. Wood (Kant's Ethical Thought, Cambridge 1999), P. Guyer (The Value of Reason and the Value of Freedom, in: Ethics 109 (1998), 22-35) und G. Löhrer (Menschliche Würde,

F.-J. BORMANN

Freiburg 1995) nicht zuletzt unter dem Einfluß von C. Korsgaard (Creating the Kingdom of Ends, Cambridge 1996) die Nähe der kantischen Konzeption zum modernen Würdeverständnis betonen, hat O. Sensen (Kant on Human Dignity, Dissertation Cambridge 2005) diese Sichtweise in Zweifel gezogen.

[34]　O. Höffe (a.a.O. 59f) verweist in diesem Zusammenhang zu Recht etwa auf den altbabylonischen Weisheitstext ‚Rat des Schuruppag' (in: W.H.Ph. Römer/W.v. Soden (Hg.): Texte aus der Umwelt des Alten Testaments, Bd. III: Weisheitstexte I, Gütersloh 1990, 52f) und auf den konfuzianischen Lehrer Meng Zi (vgl. Die Lehrgespräche des Meisters Meng K'o, Köln 1982, 163f).

[35]　Weder der Umstand, daß das Christentum seit jeher insbesondere durch sein caritatives Wirken einen immensen Beitrag zum Schutz gerade des gefährdeten menschlichen Lebens geleistet hat und noch immer leistet, noch die Tatsache, daß die christlichen Kirchen gegenwärtig zu den lautstärksten politischen Verteidigern der Menschenwürde gehören, rechtfertigen die Schlußfolgerung, die Menschenwürde sei auch geschichtlich erst durch den christlichen Glauben in die Welt gekommen.

[36]　O. Höffe stellt in diesem Sinne zutreffend fest: „Die Menschenwürde braucht zwar eine Anerkennung durch die Mitmenschen und die Rechtsordnung. Die Anerkennung ist aber nicht dem belieben anheimgestellt; sie steht niemandem frei, sondern ist geschuldet. Eine Rechtsordnung kann sie nicht originär gewähren, wohl aber subsidiär gewährleisten." (A.a.O. 60).

[37]　Das deutsche Grundgesetz versucht diesem Umstand dadurch Rechnung zu tragen, daß es die Menschenwürde mit einer Ewigkeitsgarantie ausstattet, sie also im Vollzug der Positivierung noch einmal ausdrücklich dem beschädigenden Zugriff einer kreativen Gesetzgebung entzieht. Daß genau diese Ewigkeitsgarantie nun ins Visier eines aggressiven Rechtspositivismus gerät, zeigt noch einmal deutlich, wie notwenig und damit unverzichtbar dieser Gedanke für ein angemessenes Verständnis unserer Verfassung ist.

[38]　Vgl. dazu auch die einleitenden Überlegungen vom M. Düwell und J.N. Neumann in: dies. (Hg.): Wie viel Ethik verträgt die Medizin?, Paderborn 2005, 9-11.

[39]　Selbstverständlich wird derjenige, welcher mit einem gewissen Recht dazu neigt, diesen ungewöhnlichen Pluralismus als Symptom der mangelnden Reife einer noch jungen Wissenschaft zu interpretieren, fairerweise zugeben müssen, daß auch in anderen teilweise altehrwürdigen Wissenschaften nicht nur geisteswissenschaftlicher Provenienz eine für Außenstehende oftmals erstaunliche Vielgestaltigkeit und Heterogenität zu beobachten ist.

[40]　Zur historischen Entwicklung des ‚informed consent' vgl. R.R. Faden/T.L. Beauchamp: A History and Theory of Informed Consent, Oxford 1986.

[41]　Vgl. dazu H. Steinfath (Hg.): Was ist ein gutes Leben? Philosophische Reflexionen, Frankfurt 1998.

[42]　T.L. Beauchamp/J.F. Childress: Principles of Biomedical Ethics, Oxford 1989 (3. ed.).

[43]　Vgl. z.B. J. Rawls: A Theory of Justice, Cambridge, Mass. 1971, 34 sowie D. McNaughton: An Unconnected Heap of Duties, in: P. Stratton-Lake (ed.): Ethical Intuitionism. Re-evaluations, Oxford 2002, 76-91.

[44]　L. Honnefelder: Die ethische Entscheidung im ärztlichen Handeln. Einführung in die Grundlagen der medizinischen Ethik, in: L. Honnefelder/G. Rager (Hg.): Ärztliches Urteilen und Handeln. Zur Grundlegung einer medizinischen Ethik, Frankfurt 1994, 163.

[45]　Wie z.B. A. Gewirth's principle of generic consistency (vgl. A. Gewirth: Reason and Morality, Chicago 1978, 135) oder F. Rickens Grundsatz der Selbstzwecklichkeit (vgl. F. Ricken: Allgemeine Ethik, Stuttgart 1998, 145-180).

[46] Vgl. dazu auch die instruktiven Überlegungen von K. Steigleder: Die Bedeutung von Prinzipien für die Medizinethik, in: M. Düwell/J.N. Neumann (Hg.): a.a.O., 53-72.

[47] Vgl. dazu auch G. Damschen/D. Schönecker (Hg.): Der moralische Status menschlicher Embryonen: pro und contra Spezies-, Kontinuums-, Identitäts- und Potentialitätsargument, Berlin 2003.

[48] Vgl. das programmatische Manifest von R. Anselm, J. Fischer, C. Frey, U. Körtner, H. Kreß, T. Rendtorff, D. Rössle, C. Schwarke und K. Tanner „Pluralismus als Markenzeichen. Eine Stellungnahme evangelischer Ethiker zur Debatte um die Embryonenforschung" in der FAZ vom 23.1.2002, 8; vgl. dazu auch M. Honecker: Divergenzen in der evangelischen Ethik beim Umgang mit Embryonen, in: Zeitschrift für medizinische Ethik 49 (2003), 123-149 sowie H. Schlögel: Bioethische Kontroversen im evangelisch-katholischen Dialog, in: Zeitschrift für medizinische Ethik 51 (2005), 367-373.

[49] Vgl. H. Kreß: Ethischer Immobilismus oder rationale Abwägungen? Das Naturrecht angesichts der Probleme des Lebensbeginns, in: R. Anselm/U.H.J. Körtner (Hg.): Streitfall Biomedizin. Urteilsfindung in christlicher Verantwortung, Göttingen 2003, 111-134.

[50] Vgl. die Gemeinsame Erklärung von EKD und DBK „Gott ist ein Freund des Lebens" von 1989.

[51] Vgl. dazu ausführlicher F.-J. Bormann: Embryonen, Menschen und die Stammzellforschung. Plädoyer für eine differenzierte Identitätsthese in der Statusfrage, in: Theologie und Philosophie 77 (2002), 216-232.

[52] Dieser Gedanke legt sich F. Ricken zufolge auch vom klassischen Potentialitätsargument her nahe: „Das Potentialitätsargument bestreitet nicht, daß es durch naturgegebene Einschnitte markierte moralisch relevante Stufen der Potentialität gibt. ... Es bestreitet ebenso wenig, daß auch unter dem Gesichtspunkt des Wertes der Verwirklichung der Vorrang vor der Potentialität zukommt und daß, wo Rechte miteinander in Konflikt kommen oder die Möglichkeiten, Hilfe zu leisten, begrenzt sind, das Stadium der Entwicklung ein moralisch relevanter Gesichtspunkt sein kann." (Ist die Person oder der Mensch Zweck an sich selbst, in: M. Dreyer/K. Fleischhauer (Hg.): Natur und Person im ethischen Disput, Freiburg 1998, 167).

[53] Obwohl ‚Recht' und ‚Moral' selbstverständlich als zwei eigenständige Bereiche anzuerkennen sind, die auch begründungstheoretisch sorgfältig voneinander zu unterscheiden sind, bedeutet das nicht, daß sie überhaupt keine Beziehung zueinander haben und völlig auseinandergerissen werden dürfen. Auch die Rechtsordnung einer weithin säkularen pluralistischen Gesellschaft bleibt auf einen Grundvorrat gemeinsam geteilter ethischer Überzeugungen angewiesen, der durch die Rechtsordnung geschützt werden muß.

[54] Beides ist in erschreckender Deutlichkeit in M. Zimmermann-Acklins Plädoyer für eine ‚modifizierte Signifikanzthese' im Streit um die Aktiv-Passiv-Unterscheidung (Euthanasie. Eine ethisch-theologische Untersuchung, Freiburg 1997, 234 und 275) zu beobachten. Vgl. kritisch dazu F.-J. Bormann: Töten oder Sterbenlassen? Zur bleibenden Bedeutung der Aktiv-Passiv-Unterscheidung in der Euthanasiediskussion, in: Theologie und Philosophie 76 (2001), 63-99.

[55] Vgl. GMS, Ba87f.

[56] Zur Vorstellung eines ‚natürlichen Wollens' vgl. F.-J. Bormann: Natur als Horizont sittlicher Praxis, Stuttgart 1999, bes. 206-242.

[57] In diesem Urteil stimmen so unterschiedliche Ethiker wie Thomas von Aquin (vgl. S.Th. II II 64,5c und ad 3 sowie S.Th. I II 94,2) und I. Kant (vgl. MdS, A 72f sowie GMS, BA 79 und 87f) ebenso überein wie zeitgenössische Vertreter einer capability-Ethik (vgl. z.B. M. Nussbaum: Menschliche Fähigkeiten, weibliche Menschen, in: dies.: Gerechtigkeit oder Das gute Leben, Frankfurt 1999, 200).

[58] Vgl. dazu F.-J. Bormann: Ein natürlicher Tod – was ist das? Ethische Überlegungen zur aktiven Sterbehilfe, in: Zeitschrift für medizinische Ethik 48 (2002), 29-38.

Selbstbestimmung in der Biopolitik

von Volker Gerhardt

Zehn Punkte zur Orientierung über das Neue im Alten

Der nachfolgende Text enthält grundsätzliche Bemerkungen zur Selbstbestimmung in der biopolitischen Debatte in der Bundesrepublik Deutschland. Wiederholungen älterer Aussagen [1] sind vermieden.

1. Meinungsklima

Im Frühjahr des letzten Jahres machte ein Wort die Runde, ohne das die zweite öffentliche Tagung zum Problem der Sterbehilfe [2] vermutlich nicht zustandegekommen wäre: Es war das Wort vom „Fetisch Selbstbestimmung". Da es aus einer kritischen Haltung gegenüber biopolitischen Innovationen kam, löste es keinen Sturm der Entrüstung aus. Es wurde vielmehr wiederholt und anerkennend zitiert.

Die Duldsamkeit wird niemanden überraschen. In Deutschland findet jeder ein offenes Ohr, der die Fortschritte der biowissenschaftlichen Forschung als Bedrohung und die Chancen der medizinischen Technik als Gefährdung der Humanität verwirft.

Wer auch nur wagt, die damit einhergehende Dogmatisierung eines alten Zustands (der ja seinerseits bereits auf zahllosen Errungenschaften von Wissenschaft und Technik beruht) in Frage zu stellen, wird ohne Rücksicht auf die Achtung vor seiner Person als gewissenloser Parteigänger der Forschungslobby denunziert. Wenn es philosophisch klingen soll, wirft man ihm „Utilitarismus" vor, ganz gleich, ob er tatsächlich dem Prinzip der Nutzenkalkulation anhängt, und natürlich auch ohne Rücksicht darauf, ob der Utilitarismus wirklich so verwerflich ist, wie man gerne tut. [3]

Doch wie dem auch immer sei: Im vernebelten Meinungsklima unserer Republik ist jeder willkommen, der bioethische Zweifel sät, um biopolitische Abwehr zu ernten.

2. Innovation und Tradition

Menschlich gesehen, ist die Abwehr des Neuen verständlich. Platon, der erste Philosoph, der politische Fragen systematisch behandelt und dem wir nicht nur eine große Parabel über den Zusammenhang von seelischer Ordnung und politischer Gerechtigkeit [4], nicht nur eine auf die Verknüpfung individueller Gegensätze gründende Lehre politischer Organisation [5], sondern auch den ersten realistischen Verfassungsentwurf Europas verdanken [6], Platon sieht die größte Gefahr für ein geordnetes Gemeinwesen in der Neuerungssucht (philia tòn neòn) der Jugend und der Künstler. [7]

Das ist für sich schon bemerkenswert genug. Schließlich bilden wir uns ein, erst die Moderne setze den Menschen unablässigen Veränderungen aus. Viele meinen, erst in der Neuzeit ereile den Menschen das Schicksal des Wertewandels und des unwiederbringlichen Traditionsverlusts. So gut wie alle sind davon überzeugt, erst das „moderne Subjekt" sei Opfer des von ihm selbst erzeugten Fortschritts, so daß es gut daran tue, sich eine Atempause in der beschleunigten Umwälzung aller Dinge zu verschaffen.

3. Erziehung: Über das Alte zum Neuen

Platon berichtet, daß schon im ägyptischen Großreich [8] die Sorge vor der unablässigen Veränderung der Einstellungen und Werte so groß gewesen sei, daß alles, was man für die Kontinuität des Daseins als wichtig erachtete, für „heilig" erklärt worden sei. [9]

Platon nimmt sich die altägyptische Heiligsprechung dessen, was sich nicht verändern soll, zum Vorbild. Deshalb haben die Fest- und Feiertage in seinem Verfassungsentwurf eine besondere Bedeutung. Doch im Bewußtsein der damals schon gut achtzig Jahre zurückliegenden ersten „sophistischen" Aufklärung, die mindestens so einschneidend war wie die zweite Aufklärung des 18. Jahrhunderts, und angesichts der Tatsache, daß die Menschen seiner Zeit den Göttern nur wenig Aufmerksamkeit schenken (vor allem die Jugend war gegen Ende des 5. vorchristlichen Jahrhunderts kaum noch zum Tempelbesuch zu bewegen) [10], schlägt Platon den Weg ein, den auch wir für den einzig gangbaren halten, nämlich den über eine gute Erziehung. Letztlich können nur Wissen und Bildung die Kontinuität erzeugen, die eine sich selbst steuernde Gesellschaft benötigt. [11]

4. Öffentliche Fremdkontrolle

Es befremdet und empört uns bis heute, daß Platon im Interesse der Erziehung auch Zensurmaßnahmen für angebracht und durchführbar hält. Aber wenn wir sehen, welche manifesten Kontrollen im öffentlichen Diskurs über bioethische Fragen wirksam sind, dann scheint es heute doch mehr Platoniker zu geben als vermutet. Wenn etwa der Bundeskanzler nicht sagen darf, daß er sich eine Steigerung biowissenschaftlicher Forschung wünsche, ohne der „Gewissenlosigkeit" gescholten zu werden; wenn einem zeitweilig als Minister tätigen Philosophen unterstellt wird, er verbreite „Killerparolen", nur weil er an die „Selbstachtung" als Prinzip der Selbstschätzung des Menschen erinnert; oder wenn die amtierende Bundesjustizministerin, weil sie die mögliche Verfügung über das eigene Sterben rechtlich sichern will, zur „Buchhalterin des Sterbens" avanciert, dann sehen wir, wie auch ohne Zensur für Immobilität gesorgt werden soll.

Doch über das Meinungsklima ist bereits genug gesagt. Mir genügt, wenn bewußt wird, daß die Veränderung von Anfang an zur menschlichen Kultur gehört, und der Versuch, ihr Einhalt zu gebieten, auch.

5. Eine persönliche Ansicht

Ganz gleich, wie die geschichtlichen Tatsachen sind: Man kann es niemandem verwehren, von ihnen abzusehen. Jeder hat das Recht, seine Zeit seinem eigenen Urteil zu unterwerfen. Deshalb darf ich gestehen, daß mir selbst die Dynamik der Zivilisation, die dem verbesserten Komfort alles opfert, widerstrebt. Die Welt, die in der Raserei unablässiger Verbesserungen entsteht, hat meine Sympathien nicht, und es ist tröstlich zu wissen, daß man unter diesen Bedingungen nur ein Leben hat.

Gleichwohl habe ich kein Verständnis für jene, die in ihren politischen Optionen so tun, als könnten sie den Prozeß der Zivilisation verzögern, umkehren oder gar zum Stillstand bringen. Denn man braucht nur ein Minimum an Selbstbeobachtung, um sich einzugestehen, daß man in allem, was man selber tut, die Beschleunigung der weltweiten Modernisierung befördert. Oder gibt es jemanden, der sich vernehmlich gegen die Umwälzungen wehrt, – ohne sie durch Teilnahme zu verstärken? Jemanden, der nicht liest, der nicht telefoniert, nichts verwendet, das mit modernen Verkehrsmitteln transportiert werden muß, und der sich vom Geld ebenso fernhält wie von der Medizin?

Gewiß, es gibt Menschen, die lehnen Bluttransfusionen ab. Aber sie stehen gleichwohl an den Straßenecken, tragen Goretex und haben ihre im Rotationsdruck hergestellten Broschüren durch Plastikfolien gegen die Witterung geschützt.

Ich muß das nicht vertiefen. Es genügt die Feststellung, daß wir alle die Dynamik verstärken, die den Umschwung aller Verhältnisse beschleunigt und Neues stets auf Kosten des Alten schafft. Wir sind es selbst, die abstraktes Recht, bürokratische Administration und technische Konvention an die Stelle vertrauter Selbstverständlichkeiten setzen. Dabei geben wir Gewohnheiten auf, die noch vor kurzem provozierende Neuerungen waren. Und um uns im selbsterzeugten Wandel nicht selbst zu verlieren, vertrauen wir auf Hilfsmittel, die alles nur noch allgemeiner und schneller machen: auf die formalisierte Interessenvertretung, auf die Wissenschaft und auf die Technik. Also beschleunigt auch der Ethikrat die Krise, in der er raten soll.

6. Der basale Akt der Menschwerdung

Wie kann ein Mensch mit den Belastungen durch die Geschichte und im Sog permanenter Veränderungen leben? Nur dadurch, daß er sich selbst zu bestimmen sucht. Die Selbstbestimmung ist das Grundprinzip des menschlichen Lebens. In ihr verwandelt der Mensch den Grundimpuls des Lebendigen überhaupt, nämlich die Selbstorganisation, in einen bewußten Umgang mit seinem eigenen Dasein. In der Selbstbestimmung kommt die Freiheit des Menschen zu ihrem praktischen Ausdruck; hier wird sie in den Anspruch einer eigenen Verfügung über das Leben übertragen. Folglich legt sie den Grund für die menschliche Würde, die wir in der Person eines jeden einzelnen zu achten haben.

Selbstbestimmung kann als der basale Akt der bewußten Menschwerdung bezeichnet werden, der ohne Freiheit nicht denkbar ist und ohne den sich weder die Personalität noch die Würde des Menschen verstehen lassen. Wer die Selbstbestimmung zum „Fetisch" erklärt, macht auch die Prinzipien der Ethik zum „faulen Zauber". Es fehlt nur noch, daß er die grundgesetzlich garantierten Grundrechte zum „Opium fürs Volk" deklariert, dann haben wir das Vokabular zusammen, mit dem ein für viele noch heute als groß geltender Autor der Moral, dem Recht und der Religion den Garaus machen wollte. Karl Marx, den ich hier im Auge habe, wäre kürzlich um ein Haar zum größten Deutschen erkoren worden. Das legt eine tiefere Schicht des öffentlichen Bewußtseins in Deutschland frei.

7. Ein neues Wort...

„Selbstbestimmung" ist ein vergleichsweise junges Wort, das wir Immanuel Kant verdanken. Er nahm den seit langem üblichen Terminus der „Bestimmung", den wir heute noch in der Botanik verwenden (wo er so viel wie „Definition" oder „Determination" bedeutet), und übertrug ihn auf das praktische Verhältnis des Menschen zu sich selbst.

Dabei kam ihm die bereits ausgeprägte praktische Bedeutung des deutschen Wortes entgegen. 1748 hatte der Berliner Theologe Johann Joachim Spalding sein Buch über die Bestimmung des Menschen geschrieben und dargelegt, welche „Bestimmung" dem Menschen von seinem Schöpfer auferlegt worden ist. Der aufgeklärte Spalding ging davon aus, daß der Mensch das göttliche Geschick zu begreifen und in seine eigene, bewußt zu lebende Bestimmung umzusetzen habe.

8. ...für eine alte Aufgabe

Das kleine gehaltvolle Werk des Theologen Spalding erlebte allein 13 Auflagen zu Lebzeiten Immanuel Kants. Der Begriff der Selbstbestimmung lag somit zum Greifen nahe. Kant verwendet ihn daher auch so, als habe es ihn schon immer gegeben, um damit die „Autonomie" des Willens zu bezeichnen, in der ein Mensch zu seiner eigenen Verantwortung gelangt. Alles, was Kant zur Begründung der Freiheit, zum Primat der Vernunft, zum Selbstzweck der Person und zur Unbedingtheit des Sittengesetzes sagt, schießt im Begriff der Selbstbestimmung zusammen.

Das haben seine großen Nachfolger augenblicklich erkannt, allen voran Friedrich Schiller, der die Verbindung mit der menschlichen Würde auch in den Gestalten seiner Dramen unauslöschlich macht. [12] Bei Fichte und Hegel – und das ist einer der wenigen Punkte, in denen sie sich einig sind – wird die Selbstbestimmung zum Ursprungsakt der Sittlichkeit, aus dem auch Recht und Politik entspringen.

9. Neue Chancen in einer alten Tradition

Die Herkunft des praktischen Begriffs der Selbstbestimmung aus der theoretischen Bestimmung von Sachverhalten legt alte, längst verlorengeglaubte Parallelen zwischen Erkennen und Handeln frei. Sie ermöglicht zugleich, neuesten Gemeinsamkeiten zwischen dem in Natur und Gesellschaft tragenden Prozeß der Selbstorganisation und den Akten des Selbstbewußtseins nachzugehen. In den Leistungen der Selbstbestimmung verliert der die moderne Debatte irritierende Abgrund zwischen Sein und Sollen an Bedeutung, und es wird möglich, die Ethik ohne rituelle Abgrenzung von den Natur- und den Sozialwissenschaften zu begründen. [13]

Da fügt es sich gut, wenn der neue Begriff Selbstbestimmung mit den ältesten Überlegungen zur Bestimmung des Menschen zusammenfällt: Bei Platon ist der „ungehörnte", „unbehufte" und „federnlose" Mensch ein „zweibeiniges", „in Herden lebendes" und „sich aus freiem Willen selbst bewegendes Tier", das sich selbst zu lenken und so zu steuern vermag, daß es sich der schweren Aufgabe stellt, „für sich selber Sorge zu tragen". [14]

Für die antiken Denker stand damit zugleich außer Zweifel, daß der Mensch auch selber zu lernen habe, wie man zu sterben habe.

10. Altes im Neuen

In der modernen Lebenswelt ist so gut wie alles neu. Aber wenn der Mensch sich seiner Geschichte erinnert und sich kritisch fragt, was ihm möglich ist und was er um seiner selbst willen von sich verlangt, dann erscheint keineswegs alles so überraschend und ausweglos, wie es mit der Fixierung auf das Entwicklungstempo der Kultur erscheint.

Dann wissen wir erstens, daß der Mensch für sein Leben Sorge zu tragen hat, obgleich er es sich nicht selbst verdankt. Damit erledigen sich bereits alle Einwände gegen die Selbstbestimmung, die unterstellen, hier wolle der Mensch mehr als er zu leisten vermag. Natürlich können einzelne und Gruppen, ja, ganze Völker scheitern, weil sie sich zu viel vorgenommen haben. Aber die Selbstbestimmung verlangt nicht, mehr als das zu tun, was ernsthaft von einem verlangt werden kann.

Dabei ist zweitens unvermeidlich, daß sich jeder in einem vorgegebenen Lebenskontext zu bewegen hat. Er muß zahllose Abhängigkeiten beachten, muß sie nach eigener Einsicht nutzen und wird nicht selten das größte Glück in dem erfahren, was ihm ohne sein Zutun zukommt. So gern er sich dann auch bestimmen und betreuen lassen kann, seine moralische Zuständigkeit läßt sich ebenso wenig suspendieren wie sein Recht auf Selbstbestimmung. Nur der Ausfall seiner Kräfte durch Krankheit oder unter der Einwirkung äußerer Gewalt kann daran etwas ändern.

Zum Bewußtsein der Abhängigkeit gehört drittens die Anerkennung der Tatsache des Lebens mit der zugehörigen Folge des Todes. Man weiß von der begrenzten Zeit, die im Takt von Bedürfnis und Befriedigung, von Aufmerksamkeit und Ermüdung in kleine und kleinste Portionen aufgeteilt ist. Über sie läßt sich selbst nur in kleinen und kleinsten Schritten disponieren. Dies geschieht immer nur aus dem Binnenraum des Lebens. Wer hingegen über das eigene Dasein so verfügen will, als stünde er außerhalb, der überschätzt seine eigenen Kräfte, die ganz und gar dem eigenen Leben zugehören. Deshalb liegt im Suizid, der angesichts der Realität des Daseins immer verständlich ist, aber niemals hinreichend begründet werden kann, ein anmaßender Umgang mit den eigenen Kräften.

Selbstbestimmung ist viertens an bewußt gemachte, also mitteilbare Ziele und Zwecke des Menschen gebunden. Wer sich selbst bestimmt, hat die Möglichkeit der Kommunikation über seine Motive und Interessen. Auch dadurch entstehen Verbindlichkeiten, denen man in der Regel von sich aus zu genügen sucht und die in der Regel auch seine Umgebung zur Aufmerksamkeit verpflichten.

Die Struktur des Selbstbewußtseins, das notwendig zur Selbstbestimmung gehört, besteht fünftens aus einer Beziehung eines Ich auf Andere seiner selbst, die stets auf gemeinsame Sachverhalte gerichtet ist. Das Ich, die anderen und die von ihnen gemeinte Welt gehören zusammen. Unter den praktischen Bedingungen der Selbstbestimmung kommt diese Struktur des Bewußtseins als Selbstverantwortung, als Verantwortung für seinesgleichen und als Verantwortung für die Welt, in der ihr Leben möglich ist, zum Ausdruck.

Die unaufhebbare Einbindung in den natürlichen, geschichtlichen und sozialen Kontext des Lebens stellt sechstens klar, daß die Selbstbestimmung nicht in Opposition zur Verantwortung oder zur Solidarität zu begreifen ist. Das wird zwar immer wieder behauptet, aber man braucht sich nur vor Augen zu führen, wie man jemanden dazu bringen kann, Verantwortung wahrzunehmen oder Solidarität zu üben: In jedem Fall ist an seine eigene Einsicht oder an sein gegebenes Wort zu erinnern. Somit zeigt sich, daß die Selbstbestimmung auch allen sozialen Pflichten zugrunde liegt.

Siebtens kommt das Recht auf Selbstbestimmung dem Menschen für die ganze Zeit seines Lebens zu. Es ist nicht an Vorleistungen des Selbstbewußtseins gebunden. Im Fall schwerster Erkrankungen kann es zwar auf dem Rechtsweg eingeschränkt werden, aber niemals dazu führen, daß einer, eine Gruppe oder auch ein Schiedsgericht über das Lebensende eines anderen verfügt. Das folgt aus der strikten Bindung der Selbstbestimmung an die Freiheit, den Selbstzweck der Person und die Würde des Menschen.

Achtens schließt das Recht auf Selbstbestimmung ein, daß einem Menschen nicht verwehrt werden kann, sich selbst das Leben zu nehmen. Selbst wenn die besten Gründe gegen die Selbsttötung sprechen, haben wir jedem das Recht zuzugestehen, seine eigene Disposition über sein Lebensende zu treffen.

Mit diesem Recht ist neuntens die Pflicht der Gesellschaft verbunden, den Willen des einzelnen zu respektieren. Das gilt auch für langfristige Dispositionen, die einer für sein Lebensende trifft. Da sich diese Disposition auf die eigene Lebensführung bezieht, muß sie jederzeit wieder revidierbar sein. Sie kann sich überdies nur auf jene Lebenslage erstrecken, in denen das Sterben durch Handlungen anderer verlängert wird. Denn alles andere nötigte einen Menschen, über das Leben eines anderen mit einer Endgültigkeit zu verfügen, die sowohl der Selbstbestimmung des einen wie auch der des anderen entgegensteht.

Auf eine abschließende Formel gebracht, läßt sich zehntens sagen: Selbstbestimmung des einen setzt die Anerkennung der Selbstbestimmung des anderen voraus. Deshalb verbietet es die Achtung vor der Selbstbestimmung des anderen, von ihm zu verlangen, daß er mir die Selbstbestimmung endgültig nimmt. Wer eine Tötung auf Verlangen will, verlangt von sich selbst zu wenig und vom anderen zu viel. So richtig es daher sein kann, den Willen eines Sterbenden zu akzeptieren, so verwerflich ist es, ihm die Entscheidung abzunehmen.

Der Respekt vor der Selbstbestimmung verlangt, daß ich dem anderen das Recht auf seinen eigenen Tod nicht nehme. Der Respekt vor der Selbstbestimmung des anderen verlangt aber auch, daß niemand, der sein Leben nicht mehr erträgt, von einem anderen erwartet, daß er es ihm nimmt. Die passive Sterbehilfe ist durch die Moral und durch das Menschenrecht gedeckt, nicht aber eine aktive Handlung, die den Tod eines anderen herbeiführt. Es mag in einem langjährigen Vertrauensverhältnis zwischen Arzt und Patient zu einer Situation kommen, wo der Arzt im Einvernehmen mit dem Sterbenden weiß, was zu tun ist. Aber wenn das, was heute unter dem Titel der „aktiven Sterbehilfe" verhandelt wird, zum Auftragsbestand von Institutionen (oder wirtschaftlich arbeitenden Organisationen) wird, verkehrt sich die Idee der Selbstbestimmung in ihr Gegenteil.

Wer selbstbestimmt aus dem Leben scheiden will, muß es schon selber tun. Er kann und darf von anderen nicht erwarten, daß sie sein Leben beenden. Die Fortschritte der Medizin dürfen ihn jedoch erwarten lassen, daß sein Leben nicht künstlich verlängert wird. Er hat vor allem das Recht, apparative Eingriffe abzulehnen. Diese Ablehnung muß er auch im vorhinein so artikulieren können, daß sie für andere – im Fall seiner eigenen Unfähigkeit – verbindlich ist. Das Instrument der Patientenverfügung ist daher moralisch und juridisch zu stärken. Wer ein

Testament für möglich hält, darf, wenn er konsequent ist, die Rechtswirksamkeit einer Patientenverfügung nicht in Abrede stellen.

Literatur

[1] Dazu verweise ich auf die folgenden Publikationen: 1. Letzte Hilfe. Das moralische Problem im Umgang mit unheilbar Kranken, in: V. Gerhardt, Die angeborene Würde des Menschen. Aufsätze zur Biopolitik, Berlin, 2004, 161–178; ders.; Not und Notwendigkeit des Todes, in: ebd., 179 – 201; ders.: Noch einmal: Selbstbestimmung vor dem Tod, in: ZEITSCHRIFT FÜR BIOPOLITIK, 3. Jg. 2004, 3, 177-180. Außerdem: Der Mensch wird geboren. Kleine Apologie der Humanität, München 2001.

[2] Tagung des Nationalen Ethikrates zur Selbstbestimmung am Lebensende, Münster, 24. November 2004).

[3] Ich möchte die Eltern sehen, die in der moralischen Erziehung ihrer Kinder ohne den Hinweis auf schmerzhafte Folgen für Menschen und Tiere auskommen. Zumindest in der Sensibilisierung für ethische Fragen geht es nicht ohne die Mutmaßung über das mögliche Wohlbefinden. anderer Lebewesen, auch wenn man darauf kein allgemeingültiges Prinzip der Ethik gründen kann.

[3] Platon, Politeia (begonnen etwa 387 v. Chr.; abgeschlossen etwa 367).

[4] Platon, Politikos (geschrieben etwa 355 v. Chr.).

[5] Platon, Nomoi, (347 v. Chr. unabgeschlossen hinterlassen; etwa 320 von einem Nachfolger abgeschlossen).

[6] Nomoi, VII. Buch, 797a ff.

[7] Also in der Zeit, über die der Ägypten-Kenner Platon etwas wissen konnte: zwischen 2500 bis 400 v. Chr.

[8] Nomoi, VII. Buch, 799a. Platon versteht das kathiereuein tatsächlich als einen bewußten Akt, den er politisch nachzuahmen empfiehlt. Hier also wird das Heilige nicht vorgefunden, sondern politisch gemacht. Auch das ist ein Hinweis darauf, daß die Antike der Moderne nicht so ferne steht, wie die Modernen glauben.

[9] Vgl. dazu die Bemerkungen des Tempelpriesters Euthyphron im gleichnamigen Dialog Platons.

[10] Nach der Beschreibung des Politikos ist der Mensch das „sich selbst steuernde" Herdentier. Es kann nur dann in Übereinstimmung mit seinen eigenen Ansprüchen leben, wenn sich auch die Herde, in der es lebt, selbst steuert. Das kommt dem modernen Politikverständnis sehr weit entgegen.

[11] Vor allem aber ist an seine theoretischen Ausführungen in den Briefen über die ästhetische Erziehung des Menschen und in Über Anmut und Würde zu denken.

[12] Dazu des näheren: Volker Gerhardt, Selbstbestimmung. Das Prinzip der Individualität, Stuttgart 1999.

[13] Platon, Politikos 274d. Die Begriffe sind u. a. autarkeia, autopitaktikè, autodiagogè und epimèleia heautou.

[14] Platon, Politikos 274d. Die Begriffe sind u. a. autarkeia, autopitaktikè, autodiagogè und epimèleia heautou.

Lebenswelt, Bioethik und Politik

Das demokratische Defizit in der deutschen bioethischen und biopolitischen Diskussion zur „Reprogenetik"

von Tanja Krones und Gerd Richter

Im Oktober 2004 fand in Freiburg im Breisgau am Zentrum für Ethik und Recht in der Medizin eine internationale interdisziplinäre Tagung zum Thema „Der Status des extrakorporalen Embryos" statt. Die Tagung stand im Kontext bisheriger Forschung zu ethischen, rechtlichen und sozialen Problemfeldern der Molekularen Medizin, einem Förderprogramm des Bundesministeriums für Bildung und Forschung (BMBF), durch das seit Anfang 2000 eine Vielzahl von Projekten zu bioethischen Konflikten angestoßen wurde. Unsere interdisziplinäre Arbeitsgruppe Bioethik-Klinische Ethik am Zentrum für Konfliktforschung der Philipps-Universität war Teil dieses Förderprogramms und daher von den Freiburger Kollegen ebenfalls eingeladen worden.

Die beiden ersten Hauptvorträge wurden durch Sarah Franklin und Rafael Pardo Avellaneda bestritten. Erstere ist eine bekannte, an der renommierten London School of Economics lehrende und forschende US-amerikanische Sozialanthropologin, die sich seit den 80er Jahren qualitativ empirisch und wissenschaftstheoretisch mit neuen reproduktionsmedizinischen Verfahren befaßt. [1] Letzterer ist Leiter der bislang größten quantitativen internationalen Studie zu Ansichten der europäischen und US-amerikanischen Bevölkerung zur Forschung an Embryonen. Die Arbeitsgruppe um Rafael Pardo Avellaneda befaßt sich zudem mit dem Feld des „public understanding of science", mit demokratie- und erkenntnistheoretischen Überlegungen zur Partizipation von Öffentlichkeit in Entscheidungen über Art und Ausmaß wissenschaftlichen Forschritts. [2] Beide Vorträge faßten die bisherigen Ergebnisse ihrer Studien zu Ansichten über den Status des Embryos und zu reproduktionsmedizinischen Technologien in Wissenschaft und Lebenswelt sowie den erkenntnistheoretischen Forschritt durch qualitative und quantitativ-empirische Forschung für (bio-)ethische Problemfelder eindrucksvoll zusammen.

Diese Vorträge wurden daraufhin vom Hamburger Rechtphilosophen Reinhard Merkel und vom Freiburger Moraltheologen Eberhard Schockenhoff auf dem

Podium kommentiert. Beide Akteure haben in der bundesdeutschen bioethischen Debatte zur Reproduktionsmedizin der letzten Jahre eine zentrale Rolle gespielt. Während Reinhard Merkel – als einer der wenigen im bundesdeutschen Bioethikdiskurs – utilitaristischen Positionen zum Status des extrakorporalen Embryos nahesteht und Techniken wie die Präimplantationsdiagnostik (PID) und Stammzellforschung befürwortet, ist Eberhard Schockenhoff, u.a. als Mitglied des Nationalen Ethikrates, ein dezidierter Gegner der neueren Entwicklungen der „Reprogenetik" [3], die er mit dem kantianischen Menschenbild und der christlichen Verantwortung als nicht kompatibel einstuft. [4] Die Ansichten dieser Kommentatoren konnten daher – so sicher die Erwartung vieler Zuhörer im Plenum – konträrer nicht sein. Die Einschätzungen von Reinhard Merkel und Eberhard Schockenhoff zur inhaltlichen und normativen Bedeutung der zuvor vorgetragenen Studien und wissenschaftstheoretischen Überlegungen waren jedoch völlig übereinstimmend: Die Auffassungen und Entscheidungen „der Gesellschaft", erfaßt durch jedwede Art empirischer Studien sowie gesellschaftstheoretische Überlegungen, hätten für normative Beurteilungen, zentrale bioethische Reflexionen, Vorschläge zum „guten Handeln" und die Gesetzgebung – wenn überhaupt – nur minimale Relevanz. Es ginge allein um die Berücksichtigung einer minimalen sozialen Wirksamkeit (so Merkel) zur Durchsetzung ethisch reflektierter und juristisch rechtmäßig gesetzter Normen.

Wenn der geneigte Leser des KURSBUCHES BIOPOLITIK diese Auffassung teilen sollte, die in der bundesdeutschen Debatte zur Biopolitik von vielen prominenten Experten implizit oder explizit vertreten wird, kann er an dieser Stelle getrost zum nächsten Artikel übergehen. Sollte er jedoch der Auffassung sein, daß lebensweltliche Kategorisierungen, Meinungen und Praktiken normativ und/oder politisch relevant sind, könnten die hier dargestellten zentralen empirischen Ergebnisse und methodologischen Überlegungen unserer Arbeitsgruppe interessant sein.

Wir berichten an dieser Stelle über unsere qualitativen, repräsentativ-quantitativen Studien und unsere Medienanalysen zu Ansichten von Patienten, Experten und der Bevölkerung hinsichtlich neuerer Entwicklungen der Reprogenetik. Diese Studien wurden in den letzten fünf Jahren in der AG Bioethik-Klinische Ethik am interdisziplinären Zentrum für Konfliktforschung, gefördert durch das Bundesministerium für Bildung und Forschung (BMBF) in Kooperation mit Partnern der Universitäten Gießen (Prof. Tinneberg, Prof. Gortner), Heidelberg (Prof. Hoffmann), Berlin (Prof. Kentenich, Prof. Borde) und Leipzig (Prof. Brähler) durchgeführt. Unsere Ergebnisse stellen wir in diesem Beitrag in den Kontext der aktuellen Debatte und geltenden Gesetzgebung zum Status des extrakorporalen Embryos, zu Pränataldiagnostik (PND), Präimplantationsdiagnostik (PID), Polkörperchendiagnostik (PKD) und Stammzellforschung. Insgesamt zeigte sich eine fundamental differente Herangehensweise und Bewertung der befragten Laien und im Feld arbeitenden Experten auf der einen und den bisherigen Entscheidungen und Schwerpunkten in den Debatten im Parlament und in den Printmedien auf der anderen Seite, über deren Ursachen wir abschließend einige Überlegungen anstellen.

Bioethische Feldstudien im Rahmen einer Kontextsensitiven Ethik

Die Methodik unserer Studien war zentral von Überlegungen zum Konzept einer interdisziplinären kontextsensitiven Ethik getragen, die in den letzten Jahren im anglo-amerikanischen Raum und den Beneluxländern eine zunehmende Rolle spielt. [5] Der Begriff „Kontextsensitive Ethik" beschreibt keine eigene Ethikrichtung, sondern eine bestimmte Herangehensweise an (bio-)ethische Konflikte. [6] Zentrales Merkmal der interdisziplinären (sozial-) wissenschaftlich-philosophischen Analysen ist der reflexive Bezug einer empirischen Betrachtung der Lebenswelt zum philosophischen sowie gesellschaftstheoretischen, kulturellen „Überbau" im Hinblick auf Praktiken und Techniken, die das Normgefüge in gesellschaftlichen Subsegmenten oder der Gesamtgesellschaft aus dem Gleichgewicht bringen (könnten). Entscheidend ist das erkenntnistheoretische Eingeständnis, daß philosophisch-ethische und theologische Theorien, geltende Rechtsnormen und Moralvorstellungen, wie auch naturwissenschaftliche Erkenntnisse in ihrer Auslegung von Realität und Wahrheit eingebettet sind in ihren sozialen, lokalen und historischen Kontext. „Alltagsethik", das konkrete Handeln und Empfinden von Akteuren und die ethische Hermeneutik kultureller Selbstverständnisse müssen daher direkt aufeinander bezogen werden. Handlungen, deren zugrundeliegende Normen, Prinzipien und mögliche Folgen können nicht ohne empirische Anschauung der Praxis allein „top-down" bewertet oder prognostiziert werden. Theoretische Konzepte aus den Bereichen der Naturwissenschaften, Normwissenschaften (Philosophie, Theologie, Rechtswissenschaft), der Medizin und den Sozialwissenschaften sind zwar hochrelevant, müssen sich jedoch hinsichtlich der Adäquanz der Konzepte für das moralische Alltagshandeln einer kritischen empirischen Analyse unterziehen. Lösungen (beruhend auf Konsens-, Kohärenz- oder Korrespondenzverfahren) sind grundsätzlich fehlbar, können Dissens zeigen und müssen sich kontinuierlich Überprüfungen induktiver und deduktiver Art stellen.

Unser empirisches Vorgehen (vgl. Abbildung 1) zur Ermittlung der lebensweltlichen Auffassungen und Praktiken war im wesentlichen induktiv. Initial wurden qualitative Interviews mit Probanden aus jeder der uns interessierenden Gruppen geführt. Auf dieser Basis wurden dann die Fragebögen für die standardisierten Befragungen erstellt. Parallel dazu wurde eine Printmedienanalyse von fünf Tageszeitungen im Rahmen eines Forschungsseminars am Zentrum für Konfliktforschung der Philipps-Universität Marburg durchgeführt. Einige Ergebnisse der Printmedienanalyse gingen ebenfalls in die standardisierten Befragungen ein, die im April 2003 begonnen und im Mai 2005 abgeschlossen wurden. Die Ansichten der türkischstämmigen Experten, Hochrisikopaare und IVF-Paare, die wir ebenfalls untersucht haben, sind noch nicht vollständig ausgewertet, so daß hier nur einige vorläufige Ergebnisse berichtet werden können. Die Studie an Hochrisikopaaren wurde in der ersten Förderphase (Mai 2000 bis August 2002) nach analoger Methodik durchgeführt.

Der nun anstehende Prozeß der Kohärenzanalyse von empirischen Ergebnissen mit philosophischen und gesellschaftstheoretischen Argumentationen, theologischen

```
┌─────────────────────────────────────────────────────────────────┐
│                  Narrative qualitiative Interviews                │
│                                                                   │
│   1-2 pro Gruppe, 2 Hochrisikopaare, 2 IVF-Paare, 2 Ethiker, 1 Pädiater, 1 Gynäkologe, │
│                    1 Humangenetiker, 1 Hebamme                    │
│                                                                   │
│   Durchführungszeitraum Juli 2000 – August 2000 (Hochrisikopaare), August 2002 – Dezember 2002 │
│                        (Experten, IVF-Paare)                      │
└─────────────────────────────────────────────────────────────────┘
                                  ↓
┌─────────────────────────────────────────────────────────────────┐
│                        Leitfadeninterviews                        │
│                                                                   │
│                           4-10 pro Gruppe,                        │
│   10 Hochrisikopaare, 6 IVF Paare, 3 Ethiker, 5 Pädiater, 4 Gynäkologen, 4 Humangenetiker, │
│                             4 Hebammen                            │
│                                                                   │
│                        Durchführungszeitraum                      │
│   September 2000 – November 2000 (Hochrisikopaare), Dezember 2002 – Februar 2003 │
│                        (Experten, IVF-Paare)                      │
└─────────────────────────────────────────────────────────────────┘
                                  ↓
┌─────────────────────────────────────────────────────────────────┐
│                       Printmedienanalysen                         │
│                                                                   │
│                    647 Artikel aus 5 Tageszeitungen               │
│             TAZ, FAZ, Die Welt, SZ, Oberhessische Presse          │
│                                                                   │
│                        Durchführungszeitraum                      │
│                        April 2002 – April 2003                    │
└─────────────────────────────────────────────────────────────────┘
                                  ↓
┌─────────────────────────────────────────────────────────────────┐
│               Repräsentative standardisierte Befragungen          │
│                                                                   │
│   1017 Befragte der Bevölkerung, 164 Hochrisikopaare (n=324), 101 IVF-Paare (n=202), 149 Paare │
│   ohne bekanntes genetisches Risiko oder Sterilitätsproblematik (n=298), 879 Experten │
│         (Humangenetiker, Ethiker, Gynäkologen, Hebammen und Pädiater) │
│                                                                   │
│                        Durchführungszeitraum:                     │
│   Februar – Oktober 2001 (Hochrisikopaare, Paare ohne bekanntes Risiko), April 2003 – Mai 2005 │
│              (IVF-Paare, Experten, Allgemeinbevölkerung)          │
└─────────────────────────────────────────────────────────────────┘
                                  ↓
┌─────────────────────────────────────────────────────────────────┐
│        Kohärenzanalyse / Normkritik / Diskursförderung/           │
│                      Lösungsvorschläge                            │
└─────────────────────────────────────────────────────────────────┘
```

Abb. 1: Aufbau der Studien der AG Bioethik-Klinische Ethik am Zentrum für Konflikt-forschung, Philipps-Universität Marburg 2000-2005, in Kooperation mit den Universitäten Gießen, Heidelberg, Berlin und Leipzig

T. KRONES/G. RICHTER

Anschauungen und juristischen Aspekten kann nur in Zusammenarbeit mit allen Diskursteilnehmern zur Weiterentwicklung der biopolitischen Diskussionen und Verfahren im Bereich der Reproduktionsmedizin, PND und Stammzellforschung führen. Unsere Auslegung der Ergebnisse für die bioethische und biopolitische Debatte können die Überlegungen dazu nur anstoßen. Wir hoffen aber, daß diejenigen, die nachweislich im Diskurs nach unseren Ergebnissen bisher zu kurz gekommen sind (Paare mit bekanntem genetischen Risiko, Pädiater, Vertreter von Behindertenverbänden und die Bevölkerung insgesamt) zentraler zu Wort kommen und daß die Auffassungen von Betroffenen und der Bevölkerung auch in der biopolitischen Gesetzgebung adäquat mit berücksichtigt werden, was in einem demokratisch verfaßten Staat (eigentlich) selbstverständlich sein sollte.

Ergebnisse

Die Fragen nach dem Beginn menschlichen Lebens und dem Status des präimplantativen (extrakorporalen) Embryos wurden in den ersten qualitativen Interviews zunächst grundsätzlich in den Kontext der Reproduktion gestellt. [7] Das „Individuum Embryo", welches in der bioethischen Debatte, in der bundesdeutschen Gesetzgebung, aber auch in naturwissenschaftlichen Betrachtungen zum zentralen Reflexionsgegenstand erhoben wurde, tauchte als solcher nur in wenigen Interviews auf. Die Interaktion mit der Mutter und die Auswirkungen von reproduktionsmedizinischen Techniken auf das zukünftige Kind , die Familie und die Gesellschaft insgesamt waren die Themen, die von den Befragten selbst ins Zentrum der Problematik gerückt wurden. Der Beginn menschlichen Lebens wurde dabei von vielen Befragten (Experten und Paaren) als interaktiver Prozeß beschrieben, als ein Vorgang, der sich zwischen Mutter und Embryo abspielt und sich daher nicht (nur) individuell vollzieht. Drei Zeitpunkte wurden von den qualitativ Befragten als entscheidender Beginn menschlichen Lebens genannt: Zeugung (Verschmelzung von Ei- und Samenzelle), Nidation (Einnistung des befruchteten Eis in die Gebärmutter) und der Zeitraum um den 4. Monat (wenn die Schwangere beginnt, den Fötus zu spüren, wenn sich nur noch die Organe des Fötus weiter entwickeln). Viele nannten die Geburt ebenfalls als relevanten, jedoch nicht als entscheidenden Einschnitt. Gynäkologen und einige türkische Paare erwähnten den sichtbaren Herzschlag im Ultraschallbild ebenfalls als wichtiges Datum. In die standardisierten Befragungen gingen die Kategorien Zeugung, Einnistung, 4. Monat und Geburt ein, die interessanterweise auch in einer Frage zum Beginn menschlichen Lebens des Allensbachinstitutes verwendet wurden. Aus Vergleichbarkeitsgründen mit den Studien des Allensbachinstitutes haben wir daher die vier Kategorien ohne den sichtbaren Herzschlag im Ultraschallbild gewählt, um die Ansichten zum Beginn menschlichen Lebens zu erfassen.

Zudem wurde in den qualitativen Interviews deutlich, daß es etwas völlig anderes ist, vom Status des Embryos im allgemeinen zu sprechen, als vom selbst erlebten

(IVF-Paare) oder antizipierten (alle anderen Stichproben) präimplantativen Embryo in der eigenen Reproduktion. Wir haben daher in den repräsentativen Studien zwei Fragen zum Status des präimplantativen Embryos mit aufgenommen: Zum einen die Frage nach dem Status des Embryos im allgemeinen, in den als Beschreibungen Kategorien aus der bioethischen Literatur [8] und aus den qualitativen Experteninterviews eingingen, und zum zweiten die Frage nach dem antizipierten (oder im Falle der IVF-Paare erlebten) Status des Embryos in der eigenen Reproduktion. Dazu wurden von den qualitativ Befragten lediglich zwei Kategorien genannt: Zellhaufen/eher ein Zellhaufen oder mein Kind/eher mein Kind. Diese gingen auch so in die standardisierten Befragungen ein.

Hinsichtlich des Beginns menschlichen Lebens zeigten sich fundamentale Differenzen in der Bewertung zwischen Ethikern, Hebammen und Humangenetikern auf der einen und der Bevölkerung, von Patienten, Gynäkologen und Pädiatern auf der anderen Seite. Für die Mehrheit der Ethiker und Hebammen, aber auch für Humangenetiker beginnt das menschliche Leben mit der Zeugung, der Verschmelzung von Ei- und Samenzelle. 45% der Humangenetiker, 63% der Hebammen und 66% der Ethiker geben die Zeugung als entscheidenden Beginn menschlichen Lebens an. Dagegen ist die Einnistung des befruchteten Eis in die Gebärmutter für die klare Mehrheit der IVF-Paare (69%), die Allgemeinbevölkerung (47%), Pädiater (46%) und Gynäkologen (54%) der entscheidende Beginn menschlichen Lebens, gefolgt vom Zeitpunkt 4. Monat bei den befragten Laien (20% in der Bevölkerung, 16% bei den IVF-Paaren) und der Zeugung bei Gynäkologen (33%) und Pädiatern (35%).

Während in den Gruppen der Humangenetiker und Hebammen die Religiosität keinen Einfluß auf diese Bewertung hatte, erhöhte die Religiosität, unabhängig von der Zugehörigkeit zu bestimmten Kirchen oder Religionen insbesondere bei Ethikern, aber auch in der Bevölkerung und bei den befragten Patienten den Anteil derer, die die Zeugung als Beginn menschlichen Lebens betrachten. In der Gruppe der Humangenetiker und Hebammen hatte die ebenfalls erfragte Sympathie für feministische Denkrichtungen einen unabhängigen Einfluß – je stärker die Sympathie, desto tendenziell häufiger wurde die Zeugung als entscheidender Beginn menschlichen Lebens genannt. Frauen neigten in fast allen Gruppen zudem signifikant stärker dazu, den Beginn menschlichen Lebens früher zu setzen als männliche Befragte der gleichen Gruppe.

Den Status des extrakorporalen Embryos im allgemeinen sah die relative Mehrheit der befragten „Laien" (Bevölkerung und IVF-Paare 32%) sowie die repräsentativ befragten Gynäkologen (40%) am adäquatesten als „Zellhaufen mit einem besonderen Schutzanspruch" beschrieben. Alle anderen Experten betrachteten die Beschreibung „potentieller Mensch" (37-45%) als für den präimplantiven Embryo am besten passend. Die Kategorien, die nach juristischer Auffassung im Embryonenschutzgesetz an den Embryo angelegt werden (menschliches Wesen mit Recht auf Leben, Mensch mit vollem Würdestatus, gemäß Artikel 1 und 2 des Grundgesetzes) fanden einen deutlich geringeren Zuspruch in allen befragten Gruppen. Ein knappes Fünftel der Bevölkerung und der IVF-Paare, sowie ca. 10% der Pädiater, Hebammen und Ethiker beschrieben den Embryo als menschliches Wesen mit Recht auf Leben, ein Mensch mit vollem Würdestatus wurde in jeder Gruppe unter 10% als Beschreibung gewählt. Humangenetiker und Gynäkologen gaben zudem signifikant häufiger (zu 16%) an, der Embryo habe überhaupt keinen unabhängigen Status von der Mutter. In der eigenen Reproduktion würde die Mehrheit der meisten befragten Gruppen (außer Gynäkologen und Humangenetiker) den extrakorporalen Embryo jedoch eher als Kind denn als „Zellhaufen" ansehen.

PND versus PID

Ein weiterer wesentlicher Streitpunkt in der bioethischen Debatte der letzten Jahre war die Zulässigkeit der Pränataldiagnostik (PND) mit möglichem Spätabbruch, im Extremfall bis zum Einsetzen der Wehen durch die geltende Gesetzgebung zum Schwangerschaftsabbruch (§ 218a StGB) auf der einen Seite und das 1991 in Kraft getretene Embryonenschutzgesetz (ESchG) auf der anderen Seite, nach dem die PID zumindest nach Auffassung des Nationalen Ethikrates und der Enquêtekommission Recht und Ethik der Modernen Medizin des 14. Deutschen Bundestages verboten ist. Die Diskussion rankte sich dabei um die Frage, ob nun ein sogenannter Wertungswiderspruch darin bestünde, wenn bei Zulässigkeit der PND die PID verboten bleiben würde, oder ob es sich ethisch und rechtlich um fundamental unterschiedliche Sachverhalte handle, so daß kein Wertungswiderspruch vorliege.

Wir sind die Problematik auf mehrere Weisen angegangen. [9] Zum einen haben wir die Bevölkerung und Experten gefragt ob, und wenn ja inwieweit PND mit Spätabbrüchen und die Präimplantationsdiagnostik (PID) für verschiedene Formen von Erkrankungen oder Dispositionen ihrer Ansicht nach gerechtfertigt sei. Die „Hochrisiko"- und IVF-Paare wurden danach gefragt, wie sie mit ihrem Kinderwunsch weiter verfahren wollen und inwieweit sie selbst Pränataldiagnostik und PID neben anderen Optionen, mit Kinderwunsch umzugehen (Verzicht, Adoption, Schwangerschaft ohne PND, Polkörperchendiagnostik), in Erwägung ziehen. Ferner haben wir die Aussagen zu dem sogenannten „Wertungswiderspruch" in den Expertenstichproben zur Diskussion gestellt. „PID-Skeptiker" brachten in der Debatte entweder vor, daß der Wertungswiderspruch eines Verbots der PID bei gleichzeitiger Duldung oder sogar Billigung von Spätabbrüchen nach PND nicht gegeben sei, da bei der PID im Unterschied zur PND qualitativ unterschiedliche und ethisch different zu bewertende Handlungen vollzogen würden, man so also die PND dulden, die PID aber verbieten könne [10], oder aber sie sahen den Wertungswiderspruch nicht als gegeben und waren der Auffassung, beide Techniken seien zu verbieten. [11] „PID Befürworter" sahen den Wertungswiderspruch meist als gegeben an und vertraten die Auffassung, beide Techniken müßten Paaren zur Verfügung stehen. [12]

Das erste erstaunliche Ergebnis der Bewertung von Experten und der Bevölkerung zu PID und PND mit Schwangerschaftsabbruch war, daß, völlig konträr zur Debatte hinsichtlich des Wertungswiderspruchs, für jede der abgefragten

Indikationen in jeder Gruppe die PID als zulässiger erachtet wurde als ein Schwangerschaftsabbruch (vgl. Tabelle 1). Lediglich in der Gruppe der Humangenetiker wurde bei der möglichen Indikation eines Downsyndroms eine PND mit Schwangerschaftsabbruch für zulässiger erachtet als eine PID. In der Bevölkerung ist die allgemeine Zustimmung zur Zulässigkeit eines Schwangerschaftsabbruchs bei allen abgefragten „Indikationen" höher als die Antizipation eines eigenen Schwangerschaftsabbruchs. Eine Zustimmung zur Legalisierung bedeutet daher nicht unbedingt, daß die Befragten dies auch für sich selbst in Anspruch nehmen würden. Dies ist auch bei den Experten der Fall, wobei in den Stichproben der Ethiker, Pädiater und Gynäkologen bei einzelnen abgefragten Dispositionen der allgemeinen Zulässigkeit zu einem geringeren Prozentsatz zugestimmt, als selbst ein Schwangerschaftsabbruch bei derselben „Indikation" antizipiert wurde (z.B. Schwangerschaftsabbruch bei Disposition für Krebserkrankungen durch Gynäkologen und Pädiater, Schwangerschaftsabbruch bei Downsyndrom durch Ethiker). Die Ansichten der Bevölkerung und der befragten Ärztegruppen (Pädiater, Humangenetiker und Gynäkologen) sind im Hinblick auf die Zulässigkeit von Schwangerschaftsabbruch und PID bei schweren Erkrankungen (z.B. frühem Tod im Kleinkindalter) sehr ähnlich, die Auffassung der befragten Ethiker und Hebammen dazu wesentlich skeptischer. Auch persönlich geben z.B. nur 45% der Ethiker und 32% der Hebammen an, sie würden bei einer Erkrankung, die den frühen Tod des Kindes im Kleinkindalter bedingen würde (wie z.B. bei einer spinalen Muskelatrophie Typ 1) keinen Schwangerschaftsabbruch durchführen lassen. Bei leichteren Erkrankungen oder Disposition für Übergewicht sind sich die Experten in ihrer ablehnenden Haltung, insbesondere hinsichtlich eines möglichen Schwangerschaftsabbruchs einig. Dagegen ist die Bevölkerung bei leichteren Erkrankungen befürwortender zum Schwangerschaftsabbruch und zur PID eingestellt.

Die von Sterilität oder einem erhöhten Risiko für die Vererbung genetischer Erkrankungen betroffenen Paare [13], die in unseren Stichproben alle noch im reproduktiven Alter waren (Frauen 20-40, Männer 20-50 Jahre) wurden nach ihrer eigenen Reproduktionsgeschichte und nach ihrem antizipierten zukünftigen Verhalten im Umgang mit ihrem Kinderwunsch gefragt. Paare mit einem bekannten genetischen Risiko verzichten insgesamt signifikant häufiger als Kontrollpaare im gleichen Alter und mit gleicher Kinderanzahl auf weitere Kinder. Nur 46% der Hochrisikopaare gegenüber 68% der Paare ohne bekanntes Risiko gaben noch einen grundsätzlichen Kinderwunsch an. Für diejenigen Paare, die noch einen Kinderwunsch bei bekanntem genetischen Risiko haben, ist der Verzicht auf Kinder zu 13% dennoch die wahrscheinlichste Option (gegenüber 7% der Kontrollpaare). In der Gruppe mit bekanntem genetischen Risiko wurde in der Vergangenheit nicht häufiger adoptiert und auch nicht häufiger eine Adoption in Zukunft anvisiert als in der Kontrollgruppe. Jeweils zwei Paare beider Gruppen gaben bei bestehendem Kinderwunsch die Adoption als wahrscheinlichste Option an. Eine Schwangerschaft eingehen ohne eine PND in Anspruch zu nehmen, war für 66% der Kontrollpaare, aber auch für 31% der Paare mit bekanntem genetischen Risiko die wahrscheinlichste Option. Eine PND in der nächsten Schwangerschaft durchführen lassen werden nach eigenen Angaben

Stichprobe	Abbruch prinzipiell zulässig	PID prinzipiell zulässig	Abbruch selbst durchführen
Bevölkerung			
Früher Tod	81.1	79.3	62.4
Schwere chronische Erkrankung	73.7	67.7	46.4
Downsyndrom	81.7	77.5	58.7
Disposition für Krebserkrankungen	57.6	50.3	24.7
Übergewicht	28.1	19.3	8.0
Humangenetiker			
Früher Tod	87.5	89.4	79.8
Schwere chronische Erkrankung	72.1	80.8	55.8
Downsyndrom	84.6	71.2	59.6
Disposition für Krebserkrankungen	15.4	34.6	11.5
Übergewicht	n=1	3.8	n=0
Gynäkologen			
Früher Tod	79.6	87.8	74.1
Schwere chronische Erkrankung	50.3	80.3	44.9
Downsyndrom	68.7	83.0	63.9
Disposition für Krebserkrankungen	12.9	46.3	16.3
Übergewicht	n=2	8.2	n=2
Pädiater			
Früher Tod	65.1	79.5	66.9
Schwere chronische Erkrankung	34.3	68.1	37.3
Downsyndrom	42.2	65.1	41.0
Disposition für Krebserkrankungen	11.4	44.0	17.5
Übergewicht	n=1	3.6	n=1
Ethiker			
Früher Tod	40.5	53.0	44.6
Schwere chronische Erkrankung	21.4	39.9	23.8
Downsyndrom	20.8	29.8	25.0
Disposition für Krebserkrankungen	15.4	30.4	14.3
Übergewicht	n=1	3.6	n=2
Hebammen			
Früher Tod	40.5	51.4	31.6
Schwere chronische Erkrankung	13.6	35.7	8.8
Downsyndrom	22.4	35.1	15.6
Disposition für Krebserkrankungen	10.9	29.3	8.8
Übergewicht	n=0	3.1	n=1

Tabelle 1: Ergebnisse der Bewertung

33% der Paare mit bekanntem genetischen Risiko und 23% der Kontrollpaare. Für 17% der Paare mit bekanntem genetischen Risiko ist die Durchführung einer PID im Ausland die wahrscheinlichste Option, mit ihrem zukünftigen Kinderwunsch umzugehen. Viele dieser Paare gaben im Interview an, bereits Kontakt mit den PID-Zentren aufgenommen zu haben.

Wichtig für die Beurteilung des Wertungswiderspruchs ist die Angabe der zweitbesten Alternative von Paaren mit einem bekannten genetischen Risiko und bestehendem Kinderwunsch. Dies ist für die Paare, die eine PND als erste

Alternative angegeben haben, zu 40% die PID; in der „PID-Gruppe" ist eine PND zu 55% die zweitwahrscheinlichste Alternative.

Auch für die IVF-Paare ist die PID im Ausland, neben einem Verzicht auf Kinder, der Adoption und einer psychologischen Beratung eine Option, die bei Scheitern aller anvisierten IVF-Zyklen in Erwägung gezogen wird. Die PID in der IVF-Behandlung wird international zunehmend auch bei IVF-Paaren angewendet, bei denen mehrere IVF-Zyklen gescheitert sind. Hierbei wird nicht nach spezifischen genetischen Mutationen in den entnommenen Zellen der präimplantativen Embryonen gesucht, wie bei genetisch bedingten Erkrankungen, sondern ein sogenanntes Aneuploidiescreening durchgeführt. Hierfür liegen einzelne Hinweise vor, daß durch dieses Verfahren die Schwangerschaftsrate in der IVF erhöht werden kann. Die Evidenzlage dazu ist jedoch noch recht dünn. Dennoch gaben 9% der Paare an, sie würden als Option die PID im Ausland erwägen. Wesentlich häufiger wurde die Polkörperchendiagnostik (PKD) als wahrscheinlichste Option angegeben, die nach Auffassung des Nationalen Ethikrates nach geltendem Gesetz in Deutschland zulässig ist (s.u.). Schließlich wurde den Argumenten zum Vorliegen des Wertungswiderspruchs [14] (=Paradoxie, daß der Embryo *in vitro* besser geschützt ist als der Embryo *in vivo*; PID ist für Mutter und Kind oft eine humanere Alternative als ein Spätabbruch; PID ist weniger problematisch, da von einer deutlich geringeren Anzahl an Eingriffen im Verhältnis zur PND mit Schwangerschaftsabbruch ausgegangen werden kann) sowohl von Gegnern als auch Befürwortern der PID unter den befragten Experten stärker zugestimmt (zwischen 52 und 97%) als den Argumenten, die dafür sprechen, daß der Wertungswiderspruch nicht vorliegt (Konfliktfall nicht vergleichbar, da bei PID eine Schwangerschaft erst herbeigeführt wird 50-71%; PID problematischer als ein Schwangerschaftsabbruch, da unter verschiedenen Embryonen selektiert würde 39-53%).

Die „Bewertung des Wertungswiderspruches" ist somit im hohen Maße ambivalent – er wird jedoch eher als gegeben denn als nicht gegeben von den durch uns repräsentativ befragten Expertengruppen bewertet.

PKD versus PID

Eine recht sophistische Diskussion wurde in Deutschland um die Frage geführt, wie die Durchführung einer Polkörperchendiagnostik (PKD) im Verhältnis zur PID ethisch zu bewerten sei. [15] Die PKD ermöglicht die Ausschlußdiagnose einer Chromosomenfehlverteilung oder krankheits-(mit-)verursachender Gene durch Untersuchung der abgeschnürten Polkörperchen der (befruchteten) Eizelle. Hierdurch kann auf das mütterliche Genom, nicht aber auf das Genom des Vaters geschlossen werden. Die PKD ist nach unserer Kenntnis nach einhelliger Auffassung in Deutschland nicht verboten, da im Falle eines als ungünstig bewerteten Befundes kein Embryo verworfen würde, da dieser definitionsgemäß erst nach Verschmelzen des väterlichen und mütterlichen Genoms als solcher existiert und geschützt ist. Die PKD kann damit nicht für Erkrankungen durchgeführt werden, die bei dominantem Vererbungsmodus durch den Vater vererbt werden würden. Da bei rezessiv vererbbaren Erkrankungen beide Eltern Träger des krankheitsverursachenden Allels sein müssen, reicht hier eine PKD aus, um die Ausprägung der Erkrankung des zukünftigen Kindes auszuschließen.

Wir haben dazu die Experten und IVF-Paare gefragt, ob PKD und PID gleichwertig zu bewerten seien, oder ob sie PID oder PKD als bedenklicher einstufen. Alle befragten Gruppen gehen mehrheitlich davon aus, daß PID und PKD ethisch gleichwertig zu beurteilen sind (56% der Ethiker, 60% der IVF-Paare, 68% der Gynäkologen und über 70% der Pädiater, Hebammen und Humangenetiker). Ethiker bewerteten die Polkörperchendiagnostik statistisch signifikant häufiger als weniger bedenklich als die anderen Befragten. Etwa 2% der Befragten aus allen Gruppen waren jedoch auch der Auffassung, die PKD sei ethisch bedenklicher als die PID. Im Anhang des Fragebogens wurden von einigen Befragten unterschiedliche Gründe zu dieser intuitiv zunächst verwunderlichen Einschätzung genannt. Einige gaben an, die PKD sei bedenklicher, da sie das Einfallstor für eine genetische Diagnostik der frühesten Stadien des Lebens bilden könnte, da befruchtete Eizellen (noch) nicht durch das Embryonenschutzgesetz geschützt seien. Andere gaben an, die PKD sei bedenklicher, da sie Gegnern der PID dazu diene, die – in mancher Hinsicht vorteilhaftere – PID zu verbieten. Alles in allem sehen die meisten Befragten jedoch keinen ethischen Unterschied darin, ob die Diagnostik an der befruchteten Eizelle vor der Verschmelzung der Genome durchgeführt wird und diese ggf. verworfen wird, oder an einer – möglicherweise noch totipotenten – Zelle eines mehrzelligen Embryos, der dann nicht implantiert und absterben würde. Insgesamt erwägt circa ein Fünftel der befragten IVF-Paare, nach Scheitern der maximal anvisierten IVF-Zyklen einen Zyklus mit PKD zu versuchen.

Meinung zur Legalisierung von PID, zur Spende von Embryonen und Eizellen an andere Paare und zu Forschungszwecken

Die Auffassungen zur Legalisierung von PID, zur Verwendung von in Deutschland gezeugten Embryonen zur Forschung für verschiedene Ziele, zur Eizell- und Embryonenspende haben wir ebenfalls erfragt [16]. Diese Prozeduren/Techniken sind allesamt in Deutschland aufgrund des EschG und des 2002 in Kraft getretenen Stammzellgesetzes (StZG) verboten. Die Auffassung zur Legalisierung der PID wurde in allen von uns befragten Gruppen erhoben. Die Ergebnisse finden sich zusammengefaßt in Abbildung 2.

Daß die Zustimmung zu einer Legalisierung der PID bei Hochrisikopaaren (89% der in der ersten Studie befragten deutschstämmigen Paare mit bekanntem genetischen Risiko) aufgrund der unmittelbaren Betroffenheit eher hoch sein würde, war als Ergebnis unserer ersten Studie erwart- und erklärbar und somit von geringerer Brisanz. Mit einer ähnlich hohen oder noch höheren Zustimmung

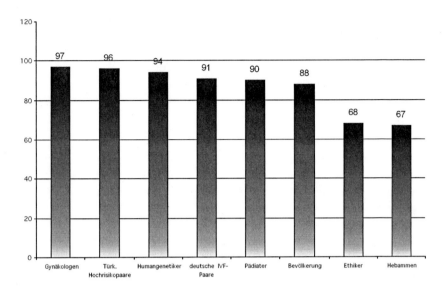

Abbildung 2: Zustimmung zur Legalisierung der PID in Deutschland in allen Stichproben, Angaben in % siehe Tabelle 1

hatten wir bei deutschstämmigen IVF-Paaren und türkischstämmigen Paaren ebenfalls gerechnet. Daß sich jedoch, wie Abbildung 2 verdeutlicht, in keiner der befragten Gruppen, weder in der repräsentativ befragten Bevölkerung, noch in den repräsentativ befragten Expertengruppen eine Mehrheit für ein Verbot der PID finden würde, sondern im Gegenteil eine derart überwältigende Zustimmung zu einer Legalisierung der PID in Deutschland existiert, hatten wir nicht erwartet. Der Befund der hohen Zustimmung zur Legalisierung der PID in der deutschen Allgemeinbevölkerung wurde ebenfalls von unseren Kooperationspartnern in Leipzig erhoben. [17] Interessant hierbei ist die Tatsache, daß über 10% der von uns repräsentativ befragten Hebammen und Ethiker, die eine PID selbst bei frühem Tod des Kindes wie bei der Werdnig-Hoffmannschen Muskelatrophie nicht für moralisch gerechtfertigt halten, dennoch einer Legalisierung zustimmen (vgl. Tabelle 1). Wir gehen davon aus, daß bei diesen befragten Ethikern und Hebammen trotz einer hohen Skepsis die Ansicht vorherrscht, daß die eigene sehr negative Auffassung zur PID nicht auf der gesellschaftlichen Makroebene dazu führen sollte, daß die PID verboten bleibt. Insgesamt wurde als bestmögliche Regelung einer Zulassung und Begrenzung der PID, beispielsweise im Rahmen eines Fortpflanzungsmedizingesetzes, eine Regelung analog zu §218a StGB mit verpflichtender Beratung, aber letztendlicher Entscheidungsträgerschaft durch die Paare, von den Experten befürwortet.

Die Auffassung zu verschiedenen Verwendungen von Embryonen (Spende an andere Paare, für verschiedene Forschungszwecke) haben wir ausschließlich in der Stichprobe der IVF-Paare und in den Expertenstichproben erhoben. Zusätzlich zur

T. KRONES/G. RICHTER

Legalisierung der Spende von Embryonen und Eizellen haben wir danach gefragt, ob ein Kostenerlaß der IVF-Behandlung bei Spendenbereitschaft zulässig sein sollte, wie er z.B. in Großbritannien praktiziert wird.

Die Mehrheit der IVF-Paare und Gynäkologen/Reproduktionsmediziner sowie gut die Hälfte der Humangenetiker stimmte für eine Zulassung der Eizellspende an andere Paare. IVF-Paare sind mehrheitlich auch für die Zulassung der Embryonenspende an andere Paare in Deutschland, die von allen Expertengruppen mehrheitlich abgelehnt wird.

Der Legalisierung der Spende von Embryonen für verschiedene Forschungszwecke stimmte die Mehrheit der befragten IVF-Paare ebenfalls zu. Ethiker und Hebammen lehnten die Spende für jedwede Zwecke mit deutlicher Mehrheit ab. Die befragten Ärztegruppen stimmten der Spende von Embryonen für die Stammzellforschung zu über 60% und zum besseren Verständnis von Erbkrankheiten mehrheitlich zu. Der Kostenerlaß bei Spende wurde von der überwältigenden Mehrheit aller Experten, und auch zur Hälfte von IVF-Paaren abgelehnt.

Bewertung der biopolitischen Debatte, Ergebnisse der Printmedienanalyse und Folgenabschätzung

Schließlich haben wir durch die Printmedienanalyse und die Experten die Debatte zur „Reprogenetik" der letzten Jahre bewerten und eine Folgenabschätzung durch die Experten vornehmen lassen. Wir greifen hier nur einige wenige Ergebnisse heraus. [18]

Wir haben zum einen die Sachkompetenz und angemessene Repräsentanz relevanter Akteure durch Experten bewerten lassen und die Rezeption der Akteure durch die Bevölkerung erfragt. In der Printmedienanalyse von fünf Tageszeitungen (TAZ, FRANKFURTER ALLGEMEINE ZEITUNG, DIE WELT, SÜDDEUTSCHE ZEITUNG und OBERHESSISCHE PRESSE) haben wir u.a. die Gesamtstoßrichtung und die Argumentationsstruktur der zwischen Anfang 2000 und Ende 2001 erschienenen Artikel und Leserbriefe analysiert. Die Debatte um die PID wurde von den Experten zudem differenziert bewertet.

Hinsichtlich der gesamten biopolitischen Debatte der letzten Jahre waren die Experten insgesamt der Auffassung, daß sie eher nicht angemessen war und der Sachlage nicht entsprochen habe. Diejenigen, die die PID insgesamt eher skeptisch beurteilten, bewerteten die Debatte tendenziell als angemessener. In unserer Printmedienanalyse von 647 Artikeln ergab sich der interessante Befund, daß alle Tageszeitungen des gesamten politischen Spektrums, falls im Artikel zur PID und/oder Stammzellforschung Stellung bezogen wurde, diese mehrheitlich eher negativ bewertet wurden. Die Leserbriefe an die Zeitungen bewerteten PID und Stammzellforschung dagegen mehrheitlich positiv. Nach Auffassung aller Experten sind insbesondere von genetischen Erkrankungen betroffene Paare und Vertreter von Behindertenverbänden, sowie Pädiater, die alle als hochkompetente Gruppen eingestuft wurden, neben der (als wenig kompetent eingestuften) Allgemeinbevölkerung in der Debatte unterrepräsentiert gewesen. Vertreter der christlichen Kirchen und Forscher in der Gentechnik wurden tendenziell als überrepräsentiert klassifiziert. In der Bevölkerung wurde die Situation der betroffenen Paare, im Gegensatz zur Position der Behindertenverbände, durchaus wahrgenommen, vor allem aber die Auffassung von Medizinern und Wissenschaftlern. In unserer Printmedienanalyse zeigte sich, daß die Situation betroffener Paare – oft sehr emotional – geschildert wurde. Jedoch wurde weniger deren Auffassung wiedergegeben. Vielmehr wurde die Situation der Paare als Aufhänger für die Argumentation von Medizinern, Wissenschaftlern und Ethikexperten zur PID und Stammzellforschung ge- bzw. mißbraucht.

Die differenzierte Folgenabschätzung durch die Experten ergab ein sehr heterogenes Bild. Einig waren sich die Experten, sowohl Gegner als auch Befürworter, weitgehend in der Frage der Realisierung der PID. Knapp 70% aller Befragten waren der Ansicht, die PID würde in den nächsten Jahren zugelassen (64% der Hebammen – 81% der Humangenetiker). Ebenfalls einig waren sich alle Experten darin, daß die PID positive Auswirkungen hinsichtlich der Reproduktionsfreiheit und der Forschritte der Genforschung haben werde. Die meisten Experten waren jedoch auch der Ansicht, die Zulassung der PID würde negative Auswirkungen auf die Situation von Menschen mit Behinderungen haben. Insgesamt divergierten die Folgeneinschätzungen stark, was eine wesentliche Ursache für die kontroversen Einschätzung der PID in der verfassten Expertenschaft und Politik sein dürfte.

Hinsichtlich der zentralen Argumente bei der Bewertung der PID, die wir aus der Literatur, der Printmedienanalyse und den qualitativen Interviews ermittelt und in den standardisierten Befragungen der Experten mit erhoben haben [19], zeigte sich, daß der wichtigste Aspekt (zu 40-50%) bei allen befragten Experten, bei Gegnern wie Befürwortern zentrale vernunftsethische Prinzipien (Instrumentalisierungsverbot und Menschenwürde) bilden. Im Hinblick auf den insgesamt am zweithäufigsten als wichtigsten Aspekt genannten Wunsch von Eltern nach einem gesunden Kind schieden sich jedoch die Geister: Dieser war für 25 % der PID–Befürworter, jedoch nur für 5% der PID-Gegner der wichtigste Bewertungsaspekt. Der moralische Status des Embryos wurde lediglich von 7% der Befragten (8% der PID-Gegner, 4% der PID Befürworter) an dritter Stelle als wichtigster Aspekt genannt.

Die qualitative Befragung türkischstämmiger Paare und Experten ergab, daß islamische Auffassungen keinerlei Eingang in die bundesdeutsche Debatte gefunden haben. Die türkischstämmigen Interviewpartner waren insgesamt über die Debatte um die PID und die islamische Lehrmeinung dazu kaum informiert und über die Haltung zur PID in Deutschland erstaunt. Die Herangehensweise an bioethische Probleme scheint nach der Expertise der Islamwissenschaftlerin unserer Arbeitsgruppe im islamischen religiösen Kontext recht plural und insgesamt pragmatischer zu sein als dies im religiösen Diskursraum der christlichen Kirchen (zumindest in Deutschland) der Fall ist. Die Stellungnahmen der christlichen Kirchen wurden von den befragten Experten ebenfalls bewertet. Sie wurden als eher nicht angemessen und auch als eine Strategie, um die eigene Position zu stärken, klassifiziert. Die Aufgabe der christlichen Kirchen als moralische Instanz wurde jedoch durchaus hoch geschätzt. Die Mehrheit der Experten hielt die Auffassung der evangelischen Kirche für angemessener als die katholische Position. Die Angleichung der Haltung der evangelischen an die katholische Auffassung in der Debatte um den Embryonenschutz, PID und Stammzellforschung, die konträr zur liberaleren Auffassung der evangelischen Kirche in der Abtreibungsdebatte steht, empfand die Mehrheit aller befragten Expertengruppen als unverständlich.

Diskussion

Wir möchten abschließend nur wenige unserer eigenen Interpretationen und weiterführenden Überlegungen zu unseren Resultaten kursorisch aufgreifen, da der Schwerpunkt in diesem Beitrag in der überblicksartigen Darstellung unserer Methodologie und Ergebnisse liegt.

Nach der zentralen moralphilosophischen Argumentationsfigur des ‚naturalistischen Fehlschlusses', nach dem von dem was ‚ist' (hier: Auffassungen zu PID, Beginn menschlichen Lebens, Stammzellforschung, Gesetzgebung zur Reprogenetik) grundsätzlich nicht auf ethisch veritables Handeln geschlossen werden kann, haben die Ergebnisse normativ gesehen insgesamt einen nebensächlichen Wert. Wer jedoch die analytisch durchaus sinnvolle Trennung von Sein und Sollen, von Faktizität und Geltung ungebrochen auch in Empfehlungen/Vorschriften für die Gesellschaft umsetzen möchte, verkennt, daß beide Sphären im Vollzug, d.h. in der realen Lebenswelt, in Gesellschaft und Politik voneinander nicht zu trennen sind. Ansonsten steigt die Gefahr eines ‚normativistischen Fehlschlusses': lebensweltlich müssen Überlegungen von Ethikexperten, seien sie auch formallogisch gut begründet, nicht adäquat und richtig sein. Wenn man also – anders als die oben genannten Ethik-/Rechtsexperten – kein „dogmatisch autoritatives", sondern ein „sokratisch deliberatives" Ethikverständnis hat [20], ganz im Sinne von Kant und Sokrates davon ausgeht, daß jeder vernunftbegabte Mensch zu ethisch begründeten Urteilen fähig ist, man Ethiker also nicht per se als Moralexperten ansieht und damit eine lebendige Auffassung von Demokratie auch in ethisch-normativen Fragen vertritt, könnten unsere Ergebnisse durchaus Anlaß zu weiterführenden Überlegungen im Hinblick auf eine grundsätzliche Kritik an einigen geltenden Normen und dem bisherigen bundesdeutschen Bioethik- und Biopolitikdiskurs geben.

Kontextuelle Ambivalenz statt logisch-dogmatische Eindeutigkeit

Viele unserer Ergebnisse lassen sich in der Formel ‚Ambivalenz statt Eindeutigkeit' zusammenfassen: Die Auffassung und Erfahrungen mit Pränatal- Präimplantations-

und Polkörperchendiagnostik ebenso wie die Intuitionen und Kategorisierungen des Beginns menschlichen Lebens und zum Status des extrakorporalen Embryos. Techniken implizieren gemäß Theorien reflexiver Modernisierung (nach Beck, Beck-Gernsheim, Giddens u.a.) sowohl Aspekte des Zwangs wie der Ermöglichung. Die (Foucault'sche) Biomacht, die hierzulande oft als Interpretationszusammenhang im Hinblick auf Normierungszwänge durch reprogenetische Techniken rein strukturalistisch (manchmal im Sinne von Verschwörungstheorien) interpretiert wurde, hat für die Akteure auch ‚subjektiv Sinn', wird aktiv reflektiert und lebensweltlich modifiziert. Insbesondere wurde in unseren Interviews deutlich, daß der soziale Druck im Umgang mit den Techniken in zwei Richtungen besteht: Sie anzuwenden (durch medizinisch-humangenetisch-gesellschaftliche Normierungen von angeborenen Behinderungen als pathologisch resp. unerwünscht), aber auch, sie nicht anzuwenden (durch moralisch-politisch-gesellschaftliche Kategorisierungen von Schwangerschaftsabbrüchen und Verfahren der Reprogenetik als unzulässig). Der extrakorporale Embryo besitzt zur gleichen Zeit mehrere Bedeutungen und Identitäten: Er wird grundsätzlich eher als Zellhaufen/potentieller Mensch und nicht als Person im Besitz von Grundrechten aufgefaßt. Im Kontext der eigenen Reproduktion wird er in Beziehung gesetzt und somit eher als eigenes (zukünftiges) Kind betrachtet. Zu schützen wären nach dieser Auffassung nicht totipotente Zellen wie im Embryonen- und Stammzellgesetz, sondern das entstehende zukünftige Kind und dessen „reproduktive Einheit" mit der Mutter im Rahmen einer beziehungs-ethischen Betrachtung, wie sie beispielsweise Claudia Wiesemann vertritt [21].

Historische Kontexte

Die Auffassungen vom Beginn menschlichen Leben und dem Status des extrakorporalen Embryos in vielen philosophischen und medizinischen Betrachtungen und Beschreibungen, wie auch im Embryonenschutzgesetz entsprechen dem Bild eines ‚frei flottierenden Bürgers' Die Mutter/Familie taucht nur als ‚weitere notwendige Voraussetzung' auf. Diese Ansicht wird nach unseren Ergebnissen in Deutschland lebensweltlich und von im Feld arbeitenden Experten ebensowenig geteilt wie von anderen kulturellen und religiösen Kontexten. Vieles spricht dafür, daß dieses Bild vom Beginn menschlichen Lebens auf Denktraditionen zurückgeht, die im 19. Jahrhundert ihre Wurzeln haben: Zum einen die Ansicht der katholischen Kirche, nach welcher die Beseelung mit dem Zeitpunkt der Zeugung zusammenfällt, welche durch Papst Pius IX. die Ansicht der Sukzessivbeseelung in der mittelalterlichen Scholastik ablöste, die in der jüdischen und islamischen Tradition bis heute fortbesteht. Zum anderen ist das westliche Menschenbild seit Charles Darwin von einem tiefgreifenden biologischen Essentialismus geprägt – die Evolutionsbiologie wurde zum westlichen Reproduktionsmythos. Aussagen über die biologische Verfasstheit werden seitdem nicht als sozial und kulturell mitgeprägte Vorstellungen, sondern als letztgültige Wahrheiten über den Menschen aufgefaßt. Die Sozialanthropologie angloamerikanischer Provenienz, mit Sarah Franklin als prominenter Vertreterin, hat seit den 80er Jahren verdeutlicht, wie stark auch vermeintlich objektiv wissenschaftliche Beschreibungen vom Beginn menschlichen Lebens und die Humangenetik insgesamt durch soziale Kategorien, u.a. durch geschlechtsspezifische Zuschreibungen geprägt sind. Biologischer und normativer Essentialismus bildet ebenfalls die Grundlage der deutschen Gesetzgebung zum Embryonenschutz und zur Stammzellforschung. Beide Denkfiguren liegen, so vermuten wir, auch der Auffassung von Humangenetikern und Ethikern zugrunde, das menschliche Leben beginne eindeutig mit der Zeugung. In der Lebenswelt ist dagegen die Einnistung des befruchteten Eis, die Verbindung mit der Mutter der entscheidende Vorgang, der die biologische Entität Embryo zum werdenden Menschen transformiert.

Fazit

Die Diskurse in Bioethik und Biopolitik sowie die bundesdeutsche Gesetzgebung zur Reprogenetik scheinen der gesellschaftlichen Realität insgesamt bisher wenig entsprochen zu haben. Daß z.b. die Legalisierung der PID in unseren Studien mit deutlicher Mehrheit befürwortet, in der Enquête-Kommission „Recht und Ethik der modernen Medizin" jedoch mit 3 zu 16 Stimmen abgelehnt und auch in den Printmedien eher negativ bewertet wurde, ist erklärungsbedürftig. Ein Verbot der PID wird damit aus ethischer und rechtlicher Sicht nicht unmöglich, wird jedoch unserer Ansicht nach auf der Basis eines partizipatorischen Demokratie- und Ethikverständnisses stärker rechtfertigungspflichtig.

Insgesamt sprechen unsere Ergebnisse dafür, die Debatte auf diskurs-/gesprächsethischer Grundlage unter zentraler Einbeziehung bisher unterrepräsentierter Gruppen auch im Hinblick auf mögliche Folgen intensiv zu führen, bevor es zur Neufassung eines Fortpflanzungsmedizingesetzes allein durch Beschlüsse von Expertengremien oder repräsentativen politischen Organen kommt. Es wäre darüber hinaus wünschenswert, wenn in Zukunft Befragungen/Einbeziehungen der Bevölkerung im Sinne eines partizipatorischen (Health) Technology Assessments (sogenannte pHTA) direkt durch das Parlament oder durch Kommissionen/ Behörden (wie z.B. durch die HFEA in Großbritannien) mit initiiert und zentral in politische Entscheidungsprozesse Eingang fänden. Nicht (nur) Ethiker, Theologen, Juristen und Politiker, sondern (auch) der Souverän sollte über kollektiv bindende Normen ein Wörtchen mitzureden (wenn nicht sogar das letzte Wort) haben.

Quellen

[1] Methodik und Ergebnisse der angloamerikanischen (Sozial-)Anthropologie der Biowissenschaften werden in zwei Publikationen von Sarah Franklin sehr gut umrissen: S. Franklin (1997): Embodied progress: a cultural account of assisted conception. London, New York: Routledge S. Franklin, M.

Lock (Hrsg.) (2003) : Remaking life and death: Toward an Anthropology of the Biosciences. Santa Fe, Oxford: School of American Research Press.

[2]   Vgl. zu den Resultaten und wissenschaftstheoretischen Überlegungen der Arbeitsgruppe von Pardo Avellaneda: D. Solter, D. Beyleveld, M.B. Friele, J. Holówka, H. Lilie, H., R. Lovell-Badge, C. Mandla, U. Martin, R. Pardo Avellaneda (2003). Embryo Research in Pluralistic Europe. Berlin: Springer.; R. Pardo, F. Calvo (2002): Attitudes toward science among the European Public: a methodological analysis. Public Understanding of Science, 11, 155-195; R. Pardo, F. Calvo (2004): The cognitive dimension of public perceptions of science: :methodological issues. Public understanding of science 13, 203-227.

[3]   Vgl. zum Begriff der „Reprogenetik", die das neue wissenschaftliche Feld der Verbindung von Reproduktionsmedizin und molekularer Genetik umfasst: E. Parens und L.P. Knowles LP (2003): Reprogenetics and Public Policy. Reflections and Recommendations. Hastings Center Report Juli-August 2003, Special Supplement.

[4]   Vgl. R. Merkel (2001): Rechte für Embryonen? Die Menschenwürde lässt sich nicht allein auf die biologische Zugehörigkeit zur Menschheit gründen. In: Geyer C., ed. Biopolitik: Die Positionen. Frankfurt a.M.: Suhrkamp; S. 51-65; E. Schockenhoff, (2003): Fortpflanzungsfreiheit und verantwortliche Elternschaft. ZEITSCHRIFT FÜR MEDIZINISCHE ETHIK. 49, S. 379-396.

[5]   Vgl. als sehr guten Überblck zum State of the Art empirischer Ethik A. W. Musschenga (2005): Empirical Ethics, Context-Sensitivity, and Contextualism. JOURNAL OF MEDICINE AND PHILOSOPHY, 30, 467-490.

[6]   Vgl.T. Krones (2005): Der Beitrag der Sozialwissenschaften zur Biomedizinischen Ethik-Ein interdisziplinäres Mehrebenenmodell. In M. Düwell, J.N. Neumann (Hrsg.): Wieviel Ethik verträgt die Medizin? Paderborn:Mentis, 291-306; T. Krones und G. Richter (2005): Kontextsensitive Ethik in der Reproduktionsmedizin-Methodik und empirische Ergebnisse. In M. Düwell, J.N. Neumann (Hrsg.): Wieviel Ethik verträgt die Medizin? Paderborn: Mentis, 307-328

[7]   Vgl. zu den Gesamtergebnissen zu Fragen nach dem Beginn menschlichen Lebens T. Krones, E. Schlüter, E. Neuwohner, S. El Ansari, T. Wißner, G. Richter (2006): What is the preimplantation embryo? Social Science and Medicine, 63, S. 1-20.

[8]   siehe u.a. G. Damschen und D. Schönecker, D (2002): Der moralische Status menschlicher Embryonen. Berlin: De Gruyter.

[9]   Vgl. T.Krones, E.Schlüter, K.Manolopoulos, K.Bock, H.R. Tinneberg, M.C.Koch, M. Lindner , G.F. Hoffmann, E. Mayatepek G. Huels, E. Neuwohner, S. El Ansari, T. Wissner, G. Richter (2005): Public, expert and patients opinions towards preimplantation genetic diagnosis (PGD) in Germany. Reproductive Biomedicine online, 10 (1), 116-123.; T. Krones, E. Schlüter, S. El Ansari, T. Wissner, R. Zoll, G. Richter (2004):Präimplantationsdiagnostik, Pränataldiagnostik und Schwangerschaftsabbruch: Einstellungen in der Bevölkerung, von Experten und betroffenen Paaren. Gynäkologische Endokrinologie 2 (4), 245-250.

[10] So im Votum der Mehrheit der Enquetekommission des Deutschen Bundestages vom 25. Februar 2002.

[11] Diese Auffassung wurde beispielsweise auf dem IPPNW- Ärztekongress in Erlangen im Mai 2001 vertreten.

[12] Diese Auffassung findet sich z.B. in vielen Leserbriefen an das Deutsche Ärzteblatt zur PID-Thematik, sowie in den Stellungnahmen der Fachgesellschaften der Deutschen Humangenetiker, Pädiater und Gynäkologen zur PID.

[13] Vgl. T. Krones, M.C. Koch, M. Lindner, G.F. Hoffmann, G. Hüls, E. Mayatepek , G. Richter (2004): Einstellungen und Erfahrungen von genetischen Hochrisikopaaren hinsichtlich der Präimplantationsdiagnostik (PID): Nationale und internationale Ergebnisse. Journal für Reproduktionsmedizin und Endokrinologie 2,1 112-119; G. Richter, T. Krones, M.C. Koch, M. Lindner, G.F. Hoffmann, G. Hüls, E. Mayatepek, R. Zoll (2004): Präimplantationsdiagnostik- Möglichkeit zur Erfüllung des Kinderwunsches: DEUTSCHES ÄRZTEBLATT, 6: A327-328, B 280-281, C273-274.

[14] Vgl. T. Krones, G. Richter (2005): a.a.O (Anm. 6)

[15] Nationaler Ethikrat (2004): Stellungnahme des Nationalen Ethikrates zur Polkörperchendiagnostik. Infobrief 03/04, S. 6.

[16] Vgl. T. Krones et al. (2005), Anm. 9 sowie T. Krones, E. Neuwohner, S. El Ansari, T. Wissner und G. Richter (2006): Kinderwunsch und Wunschkinder – Möglichkeiten und Grenzen der IVF-Behandlung. ETHIK IN DER MEDIZIN, 18, S. 51-62.

[17] Vgl. U. Meister, C. Finck, Y. Stöbel-Richter, G. Schmutzer, und E. Brähler (2005): Knowledge and attitudes towards preimplantation genetic diagnosis in Germany. Human Reproduction, 20 (1), 231-238.

[18] Eine ausführliche Darstellung findet sich in dem umfangreichen bislang unveröffentlichten Forschungsbericht an das BMBF, der auf Anfrage zur Verfügung gestellt werden kann.

[19] Vgl. T. Krones und G. Richter (2005) a.a.O. (Anm. 6)

[20] Vgl. D. Birnbacher (2006): Bioethik zwischen Natur und Interesse. Suhrkamp, S. 29ff.

[21] Vgl. Wiesemann, C. (2005) Individualethik-Gattungsethik-Beziehungethik.In: M. Düwell, J. Neumann (Hrsg.): Wieviel Ethik verträgt die Medizin? S. 277-289; Wiesemann, C. (2006) Von der Verantwortung, ein Kind zu bekommen. Eine Ethik der Elternschaft. München.

Pränataldiagnostik – von der Individualmedizin zur „Eugenik von unten"?

von Wolfram Henn

Medizinische Entwicklungen: Pränataldiagnostik als Standardverfahren

Seit ihrer Einführung in den siebziger Jahren sind vorgeburtliche genetische Untersuchungen zum festen Bestandteil der Pränatalmedizin geworden und haben sich auch im Bewußtsein der Öffentlichkeit als Standardverfahren der Schwangerenbetreuung etabliert. In etwa jeder zehnten Schwangerschaft wird eine genetische Pränataldiagnostik durchgeführt; davon ist nur ein kleiner Teil innerhalb von Hochrisikoschwangerschaften auf bestimmte, in der jeweiligen Familie bereits aufgetretene Erbleiden gerichtet. Bei der überwiegenden Mehrheit vorgeburtlicher genetischer Untersuchungen handelt es sich dagegen um Chromosomenanalysen aus Fruchtwasserproben von Schwangeren außerhalb individuell genetisch belasteter Familien; nur von diesen soll im weiteren die Rede sein.

Diese „Routine-Fruchtwasseruntersuchungen" beziehen sich in erster Linie auf Chromosomenfehlverteilungen, die in der elterlichen Keimzellbildung spontan entstehen und aus biologischen Gründen mit zunehmendem mütterlichem Alter häufiger werden. Das bekannteste Beispiel dafür ist die Trisomie 21, die zum Down-Syndrom führt. Sie tritt mit einer Häufigkeit von etwa 1:700 Neugeborenen auf und umfaßt etwa die Hälfte aller Chromosomenanomalien, die mit dem Leben vereinbar sind.

Die Wahrscheinlichkeit für eine 25 Jahre alte Schwangere, daß ihr erwartetes Kind das Down-Syndrom hat, liegt bei etwa 1:1200, für eine 35jährige bei 1:400 und eine 40jährige bei 1:100. Die eingriffsbedingte Komplikationsrate einer Fruchtwasserpunktion liegt rein zahlenmäßig in derselben Größenordnung wie die Wahrscheinlichkeit einer 35jährigen Schwangeren, ein Kind mit einer Chromosomenstörung zu bekommen. Auch wenn hier zwei völlig unterschiedliche Risikoqualitäten verglichen werden, hat sich daraus die mütterliche „Altersindikation" entwickelt, nach der jeder Frauenarzt gehalten ist, Schwangeren mit erhöhtem Alter eine pränatale Chromosomenanalyse anzubieten [1]. Eine genetische Beratung, in der das Für und Wider der Diagnostik umfassend erörtert wird, ist aber die Ausnahme: Nach einer aktuellen Studie wurden nur 13,2% der Schwangeren vor einer Fruchtwasserpunktion genetisch beraten [2].

Folgerichtig nehmen etwa 65% aller über 35jährigen Schwangeren eine Amniozentese in Anspruch, so daß die genetische Pränataldiagnostik schon rein quantitativ längst den Status eines Standardverfahrens angenommen hat. Nach einem pathologischen Chromosomenbefund wird die weit überwiegende Zahl der Schwangerschaften abgebrochen; beim Down-Syndrom sind es nach unseren eigenen Erfahrungen etwa 90%, wobei trotz flächendeckender zeitnaher Angebote nur von etwa 20% der Schwangeren nach der pränatalen Diagnose „Down-Syndrom" eine genetische Beratung in Anspruch genommen wird. Offenbar hat sich in der Pränatalmedizin ein weitgehender Automatismus etabliert, der von der vorgeburtlichen Diagnose ohne weiterführende Beratung oder auch nur Innehalten – die dreitägige Wartefrist vor Abbrüchen nach der Konfliktindikation des § 218a Abs. 1 des Strafgesetzbuches gilt nach Pränataldiagnostik nicht – schnellstmöglich zum Schwangerschaftsabbruch führt. Inwieweit hinter diesem post-pränataldiagnostischen Defizit an genetischer Beratung der originäre Wunsch der Schwangeren steht, „es möglichst schnell hinter sich zu bringen", oder aber mangelnde Hinweise der betreuenden Ärzte auf Beratungsmöglichkeiten, muß der Spekulation überlassen bleiben. Die wenigen Eltern, die sich nach der pränatalen Diagnose „Down-Syndrom" zum Austragen des behinderten Kindes entschließen, tun dies offenbar überwiegend aus schon vor der Schwangerschaft bestehenden ethischen oder religiösen Überzeugungen heraus. [3]

An dieser Stelle muß darauf hingewiesen werden, daß nach wie vor Schwangerschaftsabbrüche aus medizinischer Indikation, zu denen diejenigen nach Pränataldiagnostik zählen, gegenüber Abbrüchen nach der fristgebundenen Konfliktindikation, die zumeist gesunde werdende Kinder betreffen, nur eine kleine Minderheit darstellen [4]. Auch ihre absolute Zahl hat in den vergangenen Jahren leicht abgenommen, unter anderem im Zusammenhang mit der gestiegenen Bereitschaft von Schwangeren, angesichts einer Fehlverteilung der Geschlechtschromosomen des werdenden Kindes mit ihren meist milden gesundheitlichen Folgen die Schwangerschaft fortzusetzen [5].

Mit dem sogenannten nicht-invasiven Suchtest („Nackenfaltenscreening" per Ultraschall; „Triple-Test" und verwandte Verfahren an mütterlichem Blut) stehen seit einigen Jahren Methoden zur Verfügung, bereits am Ende des ersten Schwangerschaftsdrittels und zunächst ohne das Komplikationsrisiko einer Fruchtwasserpunktion eine rechnerische Orientierungshilfe über das individuelle Risiko speziell für das Down-Syndrom beim werdenden Kind zu erhalten. Die hierbei erhobenen Werte können zwar angesichts einer Sensitivität von etwa 85% [6] eine kindliche Chromosomenstörung weder sicher nachweisen noch ausschließen, führen aber bei auffälligen Ergebnissen im Sinne eines auch nur leicht statistisch erhöhten individuellen Risikos zumeist zur Inanspruchnahme einer Amniozentese durch die Schwangere. Insofern stellen sie zweifellos eine Vorstufe der genetischen Pränataldiagnostik dar.

Auf der Kostenseite sind die nicht-invasiven Suchtests von der Patientin selbst zu tragende „individuelle Gesundheitsleistungen", die nichtsdestoweniger auf hohe Akzeptanz stoßen und eine Tendenz begründet haben, genetisch orientierte vorgeburtliche Untersuchungen aus der ursprünglichen Risikoklientel älterer Schwangerer heraus in die jüngeren Jahrgänge auszuweiten. Allerdings hat dies nicht zu einer absoluten Erhöhung der Zahl invasiver genetischer Pränataldiagnostiken geführt, weil die Suchtests in der Summe offenbar häufiger dazu führen, daß eine in Erwägung gezogene Amniozentese nicht durchgeführt wird als umgekehrt. Allgemein ist an humangenetischen Einrichtungen über die vergangenen Jahre ein stetiger Rückgang der Zahl von Fruchtwasseruntersuchungen zu verzeichnen.

Häufig übersehen wird die Tatsache, daß die in jeder Schwangerschaft zur allgemeinen Vorsorge gehörenden Ultraschalluntersuchungen ebenfalls eine Form von genetischer Pränataldiagnostik darstellen, die in die Indikation zu einem Schwangerschaftsabbruch einmünden kann – dann nämlich, wenn dabei Fehlbildungen des werdenden Kindes entdeckt werden.

Für die kommenden Jahre sind auf der technologischen Ebene zwei Entwicklungen zu erwarten, die auf eine Ausweitung pränatalen genetischen Screenings ausgerichtet sind: Zum einen wird versucht, die vereinzelt im Blut der Mutter zirkulierenden fetalen Zellen auszusondern und einer genetischen Analyse zuzuführen, wodurch sich, so die Zielvorstellung der daran seit Jahren arbeitenden Forscher, pränatale Chromsomenanalysen ohne das Komplikationsrisiko der Fruchtwasserpunktion realisieren ließen [7]. Zum anderen soll mittels DNA-Chips ermöglicht werden, in einem automatisierten Verfahren simultan eine Vielzahl genetischer Parameter, beispielsweise Anlageträgerschaften für monogene Erbleiden, pränatal zu erkennen und damit eine „unspezifische Risikoabklärung" [8] zu ermöglichen.

Gesellschaftliche Rezeption: Das Down-Syndrom als Paradigma der „vermeidbaren" Behinderung

Im Einklang mit den vollzogenen medizinischen Entwicklungen und den oft auch in der Laienpresse breit dargestellten Projektionen scheint sich im Bewußtsein von Schwangeren in Deutschland allgemein die Einstellung zu verfestigen, daß genetische Pränataldiagnostik ein normaler, ja sogar unverzichtbarer Teil der Schwangerschaftsvorsorge sei.

Die überwiegende Mehrzahl der Schwangeren, insbesondere nach entlastendem Befund, erlebt sie offenbar als Gewinn an Sicherheit und Entscheidungsautonomie: Nach einer Untersuchung von Nippert (1999) stimmten 95,5% der Schwangeren nach entlastendem Befund einer Amniozentese der Aussage zu, der Vorteil der vorgeburtlichen Untersuchung liege darin, daß Frauen entscheiden könnten, ob sie ein Kind mit einer vorgeburtlich feststellbaren Erkrankung oder Behinderung bekommen wollten oder nicht. [9]

Dieser postulierte Gewinn an Entscheidungsautonomie für die Schwangeren ist aber vor dem Hintergrund gesellschaftlicher Erwartungshaltungen zu betrachten. Tatsächlich wird im Bewußtsein der Öffentlichkeit die technische Möglichkeit der Durchführung pränataler Diagnostik weitgehend mit einem Erfordernis gleichgesetzt, solche Untersuchungen auch in Anspruch zu nehmen und als deren Konsequenz Schwangerschaften nach der pränatalen Diagnose einer zu erwartenden Behinderung des Kindes abzubrechen. Spätestens an dieser Stelle nimmt der Begriff „Eugenik von unten" [10] im Kontext der Pränataldiagnostik in der Gesellschaft reale Konturen an.

Symptomatisch für dieses soziale Klima sind die Erfahrungen von Müttern von Kindern mit Down-Syndrom, von denen uns 26% über Vorwürfe aus ihrem Umfeld berichteten, die Geburt ihres Kindes hätte doch „verhindert" werden können; unter Müttern, die bereits pränatal die Diagnose gekannt hatten, waren es sogar 40%. [11] Dabei spielt sicherlich eine wesentliche Rolle, daß das Down-Syndrom als häufigste und bekannteste Chromsomenanomalie und insbesondere als „Zielgröße" der erwähnten, inzwischen den meisten Schwangeren routinemäßig angebotenen, pränatalen Suchtests geradezu zum Paradigma einer pränatal diagnostizierbaren und zumeist zum Schwangerschaftsabbruch hinleitenden Behinderung geworden ist. Es verwundert daher nicht, daß derzeit etwa 82% der deutschen Allgemeinbevölkerung die Zulässigkeit von Pränataldiagnostik auf das Down-Syndrom befürworten und etwa 75% erklären, diese gegebenenfalls selbst in Anspruch nehmen zu wollen [12]. Es verwundert ebenfalls nicht, daß die auf die pränatale Erkennung des Down-Syndroms ausgerichteten Strategien der genetischen Routine-Pränataldiagnostik bereits zu einer Abnahme des Anteils von Schülern mit Down-Syndrom in Sonderschulen geführt haben, und dies trotz des weiterhin ansteigenden Durchschnittsalters der Schwangeren in Deutschland [13].

Die ebenso verbreitete wie weithin sozial akzeptierte vorgeburtliche Ablehnung von Menschen mit Down-Syndrom steht im geradezu paradoxen Kontrast zu ihren objektiv verbesserten Lebens- und Entwicklungschancen nach der Geburt. Während noch vor wenigen Jahrzehnten nur eine Minderheit der betroffenen Neugeborenen das Erwachsenenalter erreichte, liegt die Lebenserwartung heute bei über 58 Jahren, mit einer Tendenz zur weiteren Annäherung an die Sterbetafeln der Allgemeinbevölkerung [14]. Dies ist zum einen in Fortschritten der Medizin begründet, etwa bei der Behandlung angeborener Herzfehler, von denen etwa die Hälfte aller Kinder mit Down-Syndrom betroffen sind, zum anderen aber auch im erst seit etwa zwanzig Jahren etablierten Konsens, diese Möglichkeiten der Lebensverlängerung betroffenen Menschen auch tatsächlich zukommen zu lassen. Noch ausgeprägter haben sich die psychosozialen Perspektiven von Kindern mit Down-Syndrom verbessert. So hat etwa die Verwahrung in Heimen weithin dem Besuch von Regelkindergärten und integrativer Beschulung Platz gemacht, und das Erlernen von Lesen und Schreiben ist längst von der Ausnahme zur Regel geworden. Eine Langzeitstudie von Lenzen macht den Bewußtseinswandel auch in der Öffentlichkeit deutlich: 1969 waren nur 18% der Befragten der Meinung, ein Kind mit Down-Syndrom solle im Elternhaus und nicht in einem Heim aufwachsen, im Jahr 2000 waren es 70%. [15]

Diese verbesserten Rahmenbedingungen für das Leben mit einem behinderten Kind spiegeln sich unmittelbar im Erleben der Eltern wider. In einer Erhebung zur Einstellung von Müttern zu ihren behinderten Kindern fanden wir bezüglich der psychologischen Parameter Angst, Schuldgefühle und emotionalem Streß keine signifikanten Unterschiede zwischen Müttern von Kindern mit Down-Syndrom zu Müttern gesunder Kinder. Weiterhin zeigte sich, daß eine nach der Geburt erfolgte genetische Diagnosesicherung für die Eltern einen wesentlichen Beitrag für die psychische Bewältigung des Lebens mit ihrem behinderten Kind darstellt: Die Angstparameter bei Müttern von Kindern mit gesichertem Down-Syndrom sind wesentlich geringer ausgeprägt als die bei Müttern von Kindern mit vergleichbar ausgeprägter Beeinträchtigung ungeklärter Ursache [16]. Die Sinnhaftigkeit der genetischen Diagnostik zur Abklärung von Behinderungen nach der Geburt des Kindes steht dementsprechend auch aus der Sicht der betroffenen Familien selbst außer Frage.

Legislative Erfordernisse: § 218, Gendiagnostikgesetz und was noch?

Bezüglich der Pränataldiagnostik geben die günstigen psychologischen Befindlichkeitsdaten der Mütter von Kindern mit Down-Syndrom aber doch zum Nachdenken Anlaß. Nach dem für die medizinische Indikation zum Schwangerschaftsabbruch und damit auch die Indikationsstellung zur genetischen Pränataldiagnostik maßgeblichen § 218a Abs. 2 StGB ist ein Abbruch dann nicht rechtswidrig, wenn er „... angezeigt ist, um eine Gefahr für das Leben oder die Gefahr einer schwerwiegenden Beeinträchtigung des körperlichen oder seelischen Gesundheitszustandes der Schwangeren abzuwenden, und die Gefahr nicht auf andere für sie zumutbare Weise abgewendet werden kann."

Diese Formulierung entstammt der Reform des Strafrechts von 1995, in der die bis dahin bestehende, unter anderem von Behindertenverbänden zu Recht als diskriminierend kritisierte, „embryopathische" Indikation zum Schwangerschaftsabbruch in die zuvor allein eine unmittelbare Gefährdung der Mutter umfassende medizinische Indikation aufgenommen wurde. Beckmann bemerkte dazu ebenso sarkastisch wie treffend, der Gesetzgeber habe einen Weg gewählt, „die embryopathische Indikation gewissermaßen in der medizinischen Indikation zu ‚verstecken'". [17] Inhaltliches Kriterium des geltenden Strafrechts für einen zulässigen Schwangerschaftsabbruch bei erwarteter Behinderung des Kindes und davon ausgehend für eine medizinische Indikationsstellung nach Pränataldiagnostik ist seither die Frage, ob der Schwangeren das Leben mit ihrem Kind seelisch zumutbar wäre oder nicht.

Wie verträgt sich damit die in unserem Gesundheitssystem fest etablierte, vor allem auf das Down-Syndrom ausgerichtete Routine-Pränataldiagnostik mit sehr hoher resultierender Abbruchrate bei auffälligem Befund, bei gleichzeitig empirisch nachgewiesener meist nur geringer psychischer Belastung der Mütter von geborenen Kindern mit Down-Syndrom? Offensichtlich kaum, jedenfalls nicht auf einem Niveau, das vor diesem rechtlichen Hintergrund flächendeckendes pränatales „Down-Syndrom-Screening" angezeigt erscheinen ließe.

Vertretbar kann hier doch allenfalls eine höchst individuelle Entscheidung der Schwangeren für oder gegen eine vorgeburtliche Untersuchung mit der Option eines Schwangerschaftsabbruches sein, wobei diese grundsätzliche Wahlfreiheit in der Gesellschaft im Ganzen und auch unter Eltern behinderter Kinder weithin akzeptiert ist. Unabdingbare Voraussetzung für eine verantwortungsvolle, im ethischen Sinne autonome Entscheidung über die Inanspruchnahme von Pränataldiagnostik ist aber eine hinreichende Kenntnis von Aussagekraft und Risiken des Untersuchungsverfahrens, der physischen und psychischen Aspekte eines Schwangerschaftsabbruchs in etwa der 18. Schwangerschaftswoche sowie insbesondere des bei einem Kind mit Down-Syndrom realistischerweise zu erwartenden Gesamtbildes von Fähigkeiten und Defiziten mit den zugehörigen Therapie- und Förderungsmöglichkeiten.

Hieran mangelt es aber in unserer deutschen Realität, wie die eingangs erwähnten Beratungsdefizite deutlich belegen. Fatal wirkt sich hier ein rechtlicher Nebeneffekt der Reform des Abtreibungsstrafrechts aus: Seit der Überführung der früheren embryopathischen in die medizinische Indikation zum Schwangerschaftsabbruch ist eine zu erwartende Behinderung des werdenden Kindes rechtlich einer lebensbedrohlichen Erkrankung der Schwangeren selbst gleichgestellt – mit dem Effekt, daß vor einem Abbruch nach Pränataldiagnostik keine verpflichtende Beratung und auch keine Bedenkzeit vorgeschrieben ist wie vor einem Abbruch aufgrund einer sozialen Konfliktlage nach § 218a Abs. 1 StGB. Paradoxerweise ist folglich bezüglich der Beratungserfordernisse vor einem Schwangerschaftsabbruch ein erwartungsgemäß gesundes werdendes Kind stärker geschützt als ein erwartungsgemäß behindertes; der Gedanke an eine, wenn auch wohl unbeabsichtigte, pränatale Diskriminierung behinderter Menschen liegt hier nicht fern.

Um diesem Zustand abzuhelfen, wäre eine Nachbesserung des § 218f. StGB erforderlich, mit der Etablierung einer kompetenten, medizinische wie psychosoziale und ethische Aspekte umfassenden Pflichtberatung und einer Bedenkzeit auch vor Schwangerschaftsabbrüchen aus medizinischer Indikation, wie es von verschiedenen Seiten schon des längeren gefordert wird [18, 19]. Aus ethischer Sicht mag dem der Zweifel entgegengehalten werden, ob sich Entscheidungsautonomie wirklich durch Pflichtberatungen erzwingen läßt. Diese liberale Position wird beispielsweise vom Bundesverband Pro Familia vertreten, der Pflichtberatungen auch vor Schwangerschaftsabbrüchen aus medizinischen Gründen als „Entmündigung" der betroffenen Frauen ablehnt [20]. Ich meine aber, daß die Güterabwägung zwischen dem Recht der Schwangeren auf Nichtwissen durch Nicht-Beratung, mit der damit verbundenen Gefahr einer von sachlich falschen

Prämissen ausgehenden Entscheidung zum Abbruch, und der Chance des werdenden Kindes auf durch eine Beratung entstehende Akzeptanz durch die Mutter eine Beratungspflicht nahelegt. Diese Bewertung entspricht sicherlich den eigentlichen Intentionen des Gesetzgebers, wie sie sich in den Vorschriften zur Schwangerenkonfliktberatung widerspiegeln: „Die Beratung dient dem Schutz des ungeborenen Lebens." [21]

Nichtsdestoweniger kann es nicht mit der Forderung nach einer Reform des § 218 sein Bewenden haben, schon weil der politische Wille, diese undankbare Materie erneut anzupacken und den 1995 mühevoll erarbeiteten Kompromiß in Frage zu stellen, trotz einzelner Vorstöße aus der Union doch recht gering ist. Überdies liegt der sinnvollste Zeitpunkt für die Beratung einer Schwangeren oder eines Elternpaares über die genetische Pränataldiagnostik als Maßnahme, die zur medizinischen Indikationsstellung zum Schwangerschaftsabbruch hinführen kann, nicht erst zum Zeitpunkt des Vorliegens eines auffälligen Befundes, sondern bereits vor dem diagnostischen Eingriff – aber dieser kommt in der Systematik des Strafgesetzbuches erst gar nicht vor. Es müssen also andere legislative Wege beschritten werden, um Pränataldiagnostik generell als Option für Schwangere zu erhalten, aber in ihrer Indikationsstellung auf medizinisch relevante Aspekte zu begrenzen und sie auf dem Wege obligater individueller Beratung der Sogwirkung des Routineverfahrens zu entziehen.

Mit dem seit 2001 geplanten und seit Oktober 2004 als Diskussionsentwurf des Bundesgesundheitsministeriums vorliegenden Gendiagnostikgesetz steht nun endlich ein gesetzgeberisches Instrument zur Verfügung, den Mißständen wenigstens teilweise abzuhelfen [22].

Nach diesem Entwurf dürfen vorgeburtliche genetische Untersuchungen nur zu medizinischen Zwecken erfolgen; pränatale Vaterschaftsdiagnostik wird, außer nach Vergewaltigung, untersagt. Ebenso ausgeschlossen wird die pränatale Geschlechtsbestimmung außerhalb medizinischer Fragestellungen. Vor jeder genetischen Pränataldiagnostik muß eine genetische Beratung unter Hinweis auf die Möglichkeit einer Beratung nach dem Schwangerschaftskonfliktgesetz erfolgen; entsprechende Untersuchungen an nicht oder eingeschränkt einwilligungsfähigen Schwangeren erfordern eine genetische Beratung des Vertreters.

Mit diesen Regelungen wird zunächst eine Grauzone der Pränataldiagnostik geklärt: Anfragen von Schwangeren nach pränataler Vaterschafts- oder Geschlechtsdiagnostik sind keineswegs selten, und bislang hatte die Ablehnung solcher Ansinnen durch die Ärzte, angesichts des Verzichtes der aktuellen Fassung von § 218 f. StGB auf eine Liste zulässiger Untersuchungsindikationen, keine klare rechtliche Grundlage [23].

Weiterhin werden damit die zuvor genannten Beratungsdefizite vor Schwangerschaftsabbrüchen nach Pränataldiagnostik in der einzig richtigen Weise angegangen, nämlich mit einer Pflicht zur genetischen Beratung nicht erst nach der Diagnosestellung, sondern schon vor der Fruchtwasserpunktion. Mit dem Querverweis auf die Schwangerenkonfliktberatung wird auch die bisherige rechtliche Abgrenzung zwischen medizinischer und psychosozialer Beratung zumindest ansatzweise überbrückt, wobei aber doch festzuhalten ist, daß auch in der gegenwärtigen Praxis zahlreiche informelle Kooperationen zwischen genetischen Beratungsstellen und Einrichtungen der Schwangerenkonfliktberatung bestehen.

Aber auch mit dem Gendiagnostikgesetz, sollte es in der vorgesehenen Form kommen, wird die Problematik der Entindividualisierung von Pränataldiagnostik nicht ganz gelöst: Mit der flächendeckenden Einführung der nicht-invasiven Suchtests werden die Weichen zur Amniozentese nicht erst kurz vor der geplanten Fruchtwasserpunktion gestellt. Erfahrungsgemäß nämlich erzeugt ein auffälliges – wie erörtert seinem Wesen nach keineswegs aus sich heraus krankhaftes – Suchtestergebnis einen solchen psychischen Druck bei der Schwangeren, daß danach eine ergebnisoffene Beratung über die Inanspruchnahme der Amniozentese kaum noch möglich ist. Insofern müßte eine ausführliche Beratung bereits vor dem Suchtest erfolgen – das wiederum wird das Gendiagnostikgesetz nicht sicherstellen können, da die Suchtests keine genetischen Untersuchungen im Sinne des Gesetzentwurfes sind.

Folgerichtig müßte also auf anderem Wege eine adäquate Beratung aller Schwangeren bereits vor dem Suchtest sichergestellt werden, mit dem Ziel einer hinreichend ausführlichen und verständlichen Darstellung von dessen Zielsetzung, Aussagekraft und möglichen Konsequenzen. Eine individuelle Aufklärung auf solchem Niveau, die über schriftliche „Aufklärungsbögen" hinausginge, ist aber unter den gegebenen zeitlichen und finanziellen Zwängen der Schwangerenvorsorge in gynäkologischen Praxen schlicht illusorisch [24]. Für humangenetische Beratungen vor jedem pränatalen Suchtest – sicher in der Sache die optimale Lösung – fehlt es ebenfalls auf absehbare Zeit an finanziellen und personellen Ressourcen, zumal die Reformen an den deutschen Universitäten in jüngster Zeit zu einer dramatischen Schrumpfung der Ausbildungskapazitäten für genetische Berater geführt haben. Hier tut eine Offensive in der ärztlichen Weiterbildung dringend not.

Am mühevollsten, aber langfristig am nachhaltigsten ließe sich der Automatismus der unreflektierten Pränataldiagnostik durch einen Bewußtseinswandel aufbrechen, und zwar bei Ärzten wie auch in der Öffentlichkeit. Für die Mediziner gilt es, mehr Distanz zu defensivmedizinischen Reflexen zu gewinnen: Natürlich ist es haftungsrechtlich immer die sicherste Lösung, möglichst viel Diagnostik zu veranlassen, um nicht irgendwann den Vorwurf eines Versäumnisses zu riskieren, aber es ist ethisch wie rechtlich klar, daß ein informed dissent – also der aufgeklärte Verzicht einer Patientin auf eine angebotene medizinische Maßnahme – einer aufgeklärten Einwilligung durch informed consent gleichwertig ist. In der Öffentlichkeit, speziell unter künftigen und aktuellen Schwangeren, gilt es, von der Illusion Abschied zu nehmen, daß gesunde Kinder durch die Segnungen der pränatalen Medizin „machbar" geworden seien: An der Tatsache, daß die überwiegende Mehrzahl aller Behinderungen vor, während oder nach der Geburt erworben und daher keiner genetischen Pränataldiagnostik zugänglich sind, wird sich auch künftig nichts ändern.

Fußnoten

[1]   Bundesärztekammer (1998): Richtlinien zur pränatalen Diagnostik von Krankheiten und Krankheits-dispositionen, in: Deutsches Ärzteblatt 95: A-3236-3242.

[2]   I. Nippert, H. Neitzel, J. Schmidtke: Qualitäts- und Qualifikationssicherung im Rahmen genetischer Beratung und Diagnostik am Beispiel ausgesuchter Testverfahren - eine interdisziplinäre prospektive Untersuchung, 2005. Zit. nach dem Protokoll der Expertenanhörung der Enquêtekommission „Ethik und Recht der modernen Medizin" zur Pränataldiagnostik, 2005.

[3]   Lenhard W., Ebert H., Breitenbach E., Schindelhauer-Deutscher H.J., Henn W. (2006) Rahmenbe-dingungen zur Fortsetzung einer Schwangerschaft in Erwartung eines Kindes mit Down-Syndrom. Vierteljahresschrift für Heilpädagogik und ihre Nachbargebiete 75: 40-50.

[4]   Nach Mitteilung des Statistischen Bundesamtes fanden im Jahre 2004 insgesamt 3.308 Schwanger-schaftsabbrüche aus medizinischer Indikation (einschließlich mütterlicher Erkrankung) statt, dagegen 126.313 nach der Beratungsregelung wegen eines Schwangerschaftskonfliktes (1999: medizinisch 3.661; Konflikt: 126.776).

[5]   Meschede, D., Louwen, F., Nippert, I., Holzgreve, W., Miny, P., Horst, J. (1998) Low rates of pregnancy termination for prenatally diagnosed Klinefelter syndrome and other sex chromosome polysomies. American Journal of Medical Genetics 80:330-334.

[6]   Malone, F.D., Canick, J.A., Ball, R.H., et al. (2005) First-trimester or second-reimester or both, for Down's syndrome. New England Jopurnal of Medicine 353: 2001-2011.

[7]   Mergenthaler, S., Babochkina, T., Kiefer, V., et al. (2005) FISH analysis of all fetal nucleated cells in maternal whole blood: improved specificity by the use of two Y-chromosome probes. J Histochem Cytochem 53: 319-322.

[8]   So R. Ullmann in der Anhörung der Enquêtekommission „Ethik und Recht der modernen Medizin" des 15. Deutschen Bundestages am 30.5.2005.

[9]   Nippert, I. (1999): Entwicklung der pränatalen Diagnostik. In: Pichlhofer, G. (Hrsg.) Grenzverschie-bungen. Politische und ethische Aspekte der Fortpflanzungsmedizin. Frankfurt/M., S 63-80.

[10]   Kettner, M. (2003) Zwischen „Eugenik von unten" und „reproduktiver Freiheit" – ein Dilemma im liberalen Staat. In: Hornschuh, T. et al. (Hrsg.): Schöne - gesunde - neue Welt? Universität Bielefeld, IWT-Paper 28. http://bieson.ub.uni-bielefeld.de/volltexte/2003/113/html/

[11]   Lenhard W., Ebert H., Schindelhauer-Deutscher H.J., Henn W., Breitenbach E. (2005) Der Januskopf der Diagnostik: Eltern von Kindern mit Behinderung im Spannungsfeld zwischen Unsicherheit und Ausgrenzung. Geistige Behinderung 44: 99-114

[12]   Krones, T., Schlüter, E., El Ansari, S., Wissner, T., Zoll, R., Richter, G.: Präimplantationsdiagnostik, Pränataldiagnostik und Schwangerschaftsabbruch. Gynäkologische Endokrinologie 2: 245-250.

[13]   Wilken, E.: Pränatale Diagnostik und Häufigkeit des Down-Syndroms. In: Frühförderung interdisziplinär 21 (2002), 157-162

[14]   Glasson, E.J., Sullivan,. S.G., Hussain, R., Petterson, B.A., Montgomery, P.D., Bittles, A.H.. (2002) The changing survival profile of people with Down's syndrome: implications for genetic counselling. Clinical Genetics 62: 390-393.

[15] Lenzen, H. / EMNID: Image von Menschen mit Down-Syndrom; zit. nach: van den Daele, W. (2005) Vorgeburtliche Selektion: ist die Pränataldiagnostik behindertenfeindlich? Leviathan 23: 97-122.

[16] Lenhard, W., Breitenbach, E., Ebert, H., Schindelhauer-Deutscher, H.J., Henn, W. (2005) The psychological benefit of diagnostic certainty for mothers of children with disabilities: Lessons from Down syndrome. American Journal of Medical Genetics A 133: 170-175.

[17] Beckmann, R. (1998) Der „Wegfall" der embryopathischen Indikation. Medizinrecht 1998: 155-161.

[18] Henn, W./ Arbeitsgruppe „Reproduktionsmedizin und Embryonenschutz" in der Akademie für Ethik in der Medizin (2001) Embryonenschutz: Keine Entscheidung ohne qualifizierte Beratung. Deutsches Ärzteblatt 98: A2088-A2089.

[19] Deutsche Gesellschaft für Gynäkologie und Geburtshilfe (2004) Positionspapier der DGGG: „Pränataldiagnostik - Beratung und möglicher Schwangerschaftsabbruch". http://www.dggg.de

[20] Dr. Gisela Notz, Vorsitzende des Pro Familia-Bundesverbandes, am 11.11.2004 (Pro Familia-Pressemitteilung Nr. 15/2004).

[21] § 5 Abs. 1 SchKG.

[22] Bundesministerium für Gesundheit und Soziale Sicherung: Diskussionsentwurf: Gesetz über genetische Untersuchungen am Menschen (Gendiagnostikgesetz – Gen DG); Stand 15.10.2004. BMGS 312-1600-1.

[23] Henn, W. (2005) Der Diskussionsentwurf des Gendiagnostikgesetzes – ein Meilenstein der Patientenautonomie? Ethik in der Medizin 17: 34-38.

[24] Brand, A. (1999) Screening auf genetische Erkrankungen: Pro und Contra. In: Schwinger, E., Dudenhausen, J.W. (Hrsg.) Molekulare Medizin und Genetische Beratung. Frankfurt/M.

Selbstbestimmung durch Mutmaßungen über den Sterbewillen?

von Rainer Beckmann

Anfang November 2004 hat Bundesjustizministerin Brigitte Zypries einen Gesetzentwurf zur Regelung von Patientenverfügungen vorgestellt [1], der das Ziel verfolgt, „zur Stärkung der Patientenautonomie" beizutragen. [2] Die ursprüngliche Absicht, den Entwurf als Regierungsvorlage im Deutschen Bundestag einzubringen, wurde inzwischen aufgegeben. Damit hat sich die Auseinandersetzung mit dem Entwurf des Justizministeriums aber nicht erledigt. Der Gesetzentwurf dient nunmehr den Franktionen der Regierungskoalition als Grundlage für eigene Überlegungen. Aufgrund schwerwiegender Mängel können die Regelungsvorschläge des Ministeriums nicht zur Nachahmung empfohlen werden.

I. Unberechtigte Kritik

Doch bevor diese Mängel im einzelnen aufgezeigt werden sollen, ist auf einige Vorwürfe einzugehen, die zu Unrecht in den Vordergrund der Debatte gerückt werden. Hierdurch entsteht die Gefahr, daß sich die Diskussion auf Streitfragen konzentriert, die von untergeordneter Bedeutung sind. Aufgrund des Zwischenberichts der Enquête-Kommission „Ethik und Recht der modernen Medizin" zur Regelung von Patientenverfügungen [3] sind vor allem folgende Aspekte strittig: die Form von Patientenverfügungen (Schriftform) und ihre sachliche Reichweite.

1. Schriftlichkeit

In der Debatte über Patientenverfügungen spielte immer wieder die Schriftform als Gültigkeitskriterium eine Rolle. Daß es sinnvoll ist, eine Patientenverfügung schriftlich abzufassen, ist unbestritten [4]. Fraglich ist nur, ob der Gesetzgeber die Schriftform ausdrücklich zu einer Wirksamkeitsvoraussetzung machen sollte.

Während sich die Mehrheit der Enquête-Kommission dafür ausgesprochen hat [5], verzichtet der Gesetzentwurf aus dem Justizministerium in § 1901 a Abs. 1 BGB [6] bewußt auf eine solche Festlegung. Letztlich ist diese Frage jedoch nicht von entscheidender Bedeutung. Bei der Festlegung der Schriftform als Wirksamkeitsvoraussetzung von Patientenverfügungen handelt es sich eher um ein Scheinproblem mit geringer Praxisrelevanz. Alle verbreiteten Informationen über Patientenverfügungen empfehlen die Schriftform und alle existierenden Formulare entsprechen naturgemäß dieser Forderung. Darüber hinaus betonen diejenigen, die die Schriftform vorschreiben wollen, ausdrücklich, daß mündliche Erklärungen nicht unwirksam sein sollen, sondern bei der Ermittlung des „mutmaßlichen Willens" berücksichtigt werden müssen. [7] Damit hat die Schriftform in diesem speziellen Fall nicht den Charakter einer echten Wirksamkeitsvoraussetzung, wie sie etwa den Formvorschriften des BGB zukommt. Auch eine mündlich abgegebene Erklärung soll nicht unbeachtlich sein, sondern als Willenserklärung des Patienten berücksichtigt werden. [8] Erfüllt aber eine mündlich abgegebene Erklärung alle sonstigen „Qualitätskriterien", die eine praktische Umsetzung von Patientenverfügungen erleichtern sollen (wie z. B. vorherige Beratung, Aktualität, Konkretheit etc. [9]), dann wird auch diese als tatsächlicher Patientenwille beachtet werden müssen. Schriftform oder Mündlichkeit entscheiden daher nicht über die Wirksamkeit der Verfügung, sondern nur über die Art und Weise, wie der Verfügungsinhalt nachgewiesen wird (Urkunden- oder Zeugenbeweis). [10]

2. Reichweitenbeschränkung

In Anlehnung an einen Beschluß des 12. Zivilsenats des Bundesgerichtshofs zur Wirksamkeit von Patientenverfügungen [11] hat die Enquête-Kommission ferner vorgeschlagen, daß nur solche Verfügungen verbindlich sein sollen, die Fallkonstellationen betreffen, „in denen das Grundleiden irreversibel ist und trotz medizinischer Behandlung nach ärztlicher Erkenntnis zum Tode führen wird". [12] Paragraph 1901a Abs. 2 S. 2 des BMJ-Gesetzentwurfs hebt dagegen hervor, daß Patientenverfügungen auch dann verbindlich sein und durchgesetzt werden sollen, „wenn eine Erkrankung noch keinen tödlichen Verlauf genommen hat". [13] In der Begründung hierzu wird die erwähnte BGH-Entscheidung ebenso wie die auf ihr fußende Stellungnahme der Enquête-Kommission abgelehnt. [14]
Eine sogenannte Reichweitenbeschränkung für Patientenverfügungen läßt sich in der Tat nicht schlüssig begründen. Nach den allgemeinen Regeln für Heilbehandlungen sind medizinische Maßnahmen, die in die körperliche Unversehrtheit des Menschen eingreifen, ohne dessen Einwilligung nicht zulässig. Jeder Patient kann daher Heilmaßnahmen ablehnen. Der Arzt darf seinem Patienten keine Behandlungen aufzwingen, die dieser nicht wünscht. Zwischen einem aktuell und unmittelbar geäußerten Willen und einer vorausverfügten Willenserklärung kann hinsichtlich der rechtlichen Verbindlichkeit kein Unterschied gemacht werden, wenn sie von vergleichbarer Qualität sind. Vorausverfügungen sind zwar mit Unsicherheiten

behaftet und bedürfen deshalb besonderer Sorgfalt bei der praktischen Umsetzung. [15] Erweist sich aber nach eingehender Prüfung aller Umstände (z. B. Informiertheit des Patienten, Entscheidungsfähigkeit zum Zeitpunkt der Willensbildung, kein Anzeichen für einen Widerruf), daß der Patientenwille eindeutig ist und die aktuell anstehende Entscheidungssituation trifft, ist nicht ersichtlich, weshalb er „wegen Überschreiten der zulässigen Reichweite" mißachtet werden dürfte. Die prinzipielle Problematik von Verfügungen, die noch nicht erlebte künftige Situationen betreffen (s. u. II. 1.), spricht entweder gegen die Verbindlichkeit jeder Vorausverfügung oder muß als „Risiko" des Verfügenden akzeptiert werden. Auf keinen Fall kann man aber diese Unwägbarkeiten nur für „irreversibel tödliche Erkrankungen" akzeptieren, für alle anderen Fallgestaltungen dagegen nicht. [16]

Der Vorwurf an den Gesetzentwurf des Bundesjustizministeriums, er habe sich „völlig vom Zusammenhang mit einer zum Tode führenden Krankheit entfernt" [17], ist zwar an sich zutreffend, geht aber am Thema vorbei. Regelungsgegenstand des Gesetzentwurfs ist nicht die „Sterbehilfe" oder die Behandlung Todkranker, sondern die Verbindlichkeit und Umsetzung von Patientenverfügungen. Hier offenbart sich eine in der Gesamtdebatte um Behandlungsabbruch und Sterbehilfe häufiger anzutreffende begriffliche Unschärfe, die „passive" Sterbehilfe mit dem Verzicht auf medizinische Maßnahmen in Patientenverfügungen gleichsetzt. Tatsächlich ist aber das Verlangen, bestimmte Maßnahmen zu unterlassen, nicht auf die Sterbephase oder Fallkonstellationen mit irreversibel tödlichen Krankheiten beschränkt. Die Ablehnung von Behandlungsmaßnahmen kann jede Krankheit und jedes Stadium einer Erkrankung betreffen. Der Patientenwille ist in allen Situationen zu beachten. Der Patient hat ein Recht, „bezüglich seines Körpers und seiner Gesundheit wissentlich sogar Entscheidungen zu treffen, die nach allgemeiner oder wenigstens herrschender ärztlicher Meinung verfehlt sind". [18]

Eine andere Frage ist es, ob man Patientenverfügungen, die Festlegungen für Situationen außerhalb irreversibel tödlich verlaufender Erkrankungen enthalten, propagieren sollte. Vor solchen Festlegungen ist grundsätzlich zu warnen. Welche Belastungen sich ein Patient durch Behandlungen und Eingriffe in seine körperliche Unversehrtheit zumuten will, kann aber letztlich nur er selbst entscheiden. Es wäre vermessen, wenn der Gesetzgeber verbindlich festlegen wollte, in welchen Situationen der Wunsch nach Behandlungsverzicht bzw. Behandlungsabbruch „zulässig" oder „unzulässig" sein soll. Die logische Konsequenz einer „Reichweitenbeschränkung" wäre es, Patienten gegen ihren erklärten Willen zu behandeln, wenn sie sich in ihrer Verfügung nicht an die gesetzliche „Reichweite" halten. Dies ist mit dem Recht auf körperliche Unversehrtheit (Art. 2 Abs. 2 S. 1 GG) und dem Selbstbestimmungsrecht (Art. 2 Abs. 1 GG) nicht vereinbar. [19]

3. Keine „Legalisierung der gezielten Tötung"

Unzutreffend ist es schließlich, wenn der Eindruck erweckt wird, der Gesetzentwurf führe geradewegs zum Einstieg in die „aktive Sterbehilfe". Die Behauptung, es gehe „um nichts weniger als die Legalisierung der gezielten Tötung durch Unterlassen medizinischer Maßnahmen" [20], ist nicht nur zugespitzt, sondern irreführend. Das Unterlassen medizinischer Maßnahmen muß in vielen Fällen nicht nur rechtlich erlaubt sein, sondern ist auch ethisch geboten, da sonst jede Form der medizinisch-technischen Lebensverlängerung verpflichtend wäre. Eine solche Maximal-„Therapie" wird nach heute allgemeiner Auffassung gerade nicht für wünschenswert gehalten. Sie ist vielmehr bei entgegenstehendem Willen des Patienten unzulässig. Den einverständlichen Behandlungsabbruch zur „gezielten Tötung" umzudefinieren geht nicht nur an der Realität vorbei, sondern setzt das Bemühen um Behandlungs-begrenzung zu Unrecht mit „gezielter Tötung" gleich. [21]

Das bedeutet nicht, daß gegenüber dem Gesetzentwurf überhaupt keine Beden-ken in bezug auf eine Nähe zur aktiven Sterbehilfe bestünden. Sie sind aber nicht darin begründet, daß der konsentierte Behandlungsverzicht als zulässig akzeptiert wird [22], sondern darin, daß zu einer grundsätzlichen Überbewertung der Selbst-bestimmung (II.), ein Verkennen ihrer Grenzen (III.) und massive Versäumnisse bei der praktischen Umsetzung von Patientenverfügungen bzw. der Ermittlung des „mutmaßlichen Willens" (IV) hinzukommen.

II. Überbewertung der Selbstbestimmung

Der Gesetzentwurf des Justizministeriums will die Patientenverfügung als eigenes Rechtsinstitut im Betreuungsrecht verankern, hierdurch die Rechtssicherheit in diesem Bereich erhöhen und insgesamt die Selbstbestimmung stärken. Von seinem Grundansatz her transportiert das Gesetzgebungsvorhaben gegenüber dem Bürger die Botschaft, Patientenverfügungen seien das „richtige" Modell der „Vorsorge" zur Erhaltung der Autonomie auch in schwierigen Lebensphasen. Richtig ist zwar, daß Patientenverfügungen im voraus getroffene Entscheidungen formal verbind-lich festhalten können. Sie sind aber keineswegs geeignet „Planungssicherheit am Lebensende" zu garantieren und können gesellschaftliche Fehlentwicklungen verstärken.

1. Unwägbarkeiten in bezug auf die künftige Entscheidungssituation

Zunächst fehlt es jeder Vorausverfügung an der Unmittelbarkeit der Entscheidungs-situation. Es stehen daher zum Zeitpunkt der Erstellung der Verfügung nicht alle Informationen zur Verfügung, die für eine optimale Entscheidung erforderlich wären. Dies gilt vor allem für frühzeitig abgefaßte Patientenverfügungen, da aufgrund des zeitlichen Abstands zur späteren Anwendungssituation auch die Unsicherheit über deren Umstände und die dann bestehenden Behandlungsmög-lichkeiten erheblich ist.

Wird eine Patientenverfügung dagegen erst im Alter oder nach dem Beginn einer Erkrankung erstellt, können die dann bestehenden Begleitumstände bereits die Freiheit der Willensentscheidung beeinträchtigen. Einsamkeit, die Angst vor befürchteten Krankheitssymptomen oder eine als leidvoll empfundene Situation sind keine guten Ratgeber, wenn es darum geht, den Wunsch nach Unterlassung bestimmter Behandlungsmaßnahmen zu äußern. „Leid" kann durch schlechte Symptomkontrolle (insbesondere in der Schmerztherapie), mangelhafte Pflege und soziale Isolierung verursacht sein. Das Begehren nach Behandlungsverzicht beruht daher nicht immer und nicht ausschließlich auf autonomer Willensentscheidung, sondern auf vielfältigen heteronomen Umfeldbedingungen. Es sollte die primäre Aufgabe des Gesetzgebers sein, diese Bedingungen durch gesundheitspolitische Maßnahmen positiv zu beeinflussen, statt mit einer gesetzlichen Regelung von Patientenverfügungen mehr oder minder deutlich darauf hinzuweisen, daß man den individuellen Krankheitsverlauf durch Behandlungsverzicht „abkürzen" könne. Es ist daher zu befürchten, daß die Propagierung von Patientenverfügungen indirekt den Ausbau der Palliativmedizin und der hospizlichen Versorgung hemmt. [23] Während die geplante Änderung des Betreuungsrechts keine Kosten verursacht, erfordern Verbesserungen im Bereich der Palliativmedizin und des Hospizwesens nicht zuletzt den Einsatz finanzieller Mittel. Angesichts der chronischen Ebbe im Staatshaushalt ist fraglich, ob sich nach einer gesetzlichen Regelung von Patientenverfügungen auch hierfür noch eine parlamentarische Mehrheit finden wird.

2. Gefahr der negativen Selbstbewertung alter und kranker Menschen

Das Instrument der Patientenverfügung ist auch mit der Gefahr negativer Selbstbewertungen durch alte und kranke Menschen verbunden. Behandlungsverzichtserklärungen definieren häufig implizit bestimmte Krankheitszustände als nicht mehr lebenswert (z. B. Demenz, Alzheimer, dauerhafte Bewußtlosigkeit, Bettlägerigkeit, Angewiesensein auf künstliche Ernährung). Hierin spiegeln sich auch soziale Einstellungen und Einflüsse wieder. In unserer Gesellschaft wird nicht nur jungen Menschen tagtäglich und multimedial eine „Fit for Fun"-Gesinnung vermittelt, sondern es werden auch gegenüber der älteren Generation „Werte" wie Konsum, Fitness und Agilität als wesentliche Lebensinhalte bzw. Lebensziele angepriesen. Dies trägt massiv dazu bei, daß sich kranke und pflegebedürftige Menschen an den Rand gedrängt fühlen. Wer den Anforderungen der modernen Spaßgesellschaft nicht mehr genügt, muß den Eindruck gewinnen, unnütz, überflüssig und letztlich unerwünscht zu sein. Dieser ohnehin bestehende Trend wird durch die zahlreichen Patientenverfügungsformulare, die für schwerwiegende Krankheitszustände einen Behandlungsverzicht als Wahlmöglichkeit vorsehen, verstärkt. Krankheiten, die einen hohen Aufwand an Pflege, Betreuung und medizinischer Versorgung erfordern, erscheinen als „vermeidbar". Es wird zwar niemand verpflichtet, für den Fall des Eintretens eines solchen Zustandes auf Behandlung zu verzichten. Durch die gesetzliche Regelung von Patientenverfügungen – die überwiegend solche Behandlungsverzichte enthalten – wird aber der negativen Selbsteinschätzung alter und kranker Menschen weiter Vorschub geleistet. Je akzeptierter, „normaler" und geregelter Behandlungsverzichtserklärungen sind, desto deutlicher wird ein sozialer Druck entstehen, sich dem Trend des „sozialverträglichen Frühablebens" anzuschließen. Selbstbestimmung mündet dann merkwürdigerweise in „Selbstentsorgung".

3. Realistische Einschätzung des Wunsches nach Selbstbestimmung

Schließlich sollte die so oft geäußerte Forderung nach mehr Selbstbestimmung kritisch hinterfragt und in der richtigen Dimension gesehen werden. Es ist nicht so, daß sich die Patienten per se eine größere Kompetenz zutrauen, über ihre medizinische Behandlung zu entscheiden, als sie dem Arzt schon von Berufs wegen zukommt. Unterschiedliche Vorbildung und Beschäftigung mit dem Thema führt auch zu unterschiedlicher Entscheidungskompetenz. Der bloße Verweis auf die „Autonomie" des Patienten hilft wenig. Selbstbestimmung im eigentlichen Sinne bedarf der Information: je informierter der Patient, desto besser kann er im echten Sinn selbstbestimmt handeln. Hierin sind sich alle einig. Eine verpflichtende Beratung sieht aber weder der BMJ-Entwurf noch der Zwischenbericht der Enquête-Kommission „Ethik und Recht der modernen Medizin" vor.

Patientenverfügungen sind von sehr unterschiedlicher Qualität. Nicht jede Patientenverfügung beruht auf umfassender und vollständig verstandener Information. Deshalb kann auch ihr Verbindlichkeitsgrad nicht immer gleich hoch sein. Formell mag die Entscheidung des Patienten immer „verbindlich" sein. Der Sache nach muß man aber davon ausgehen, daß viele Verfügungen nicht in optimaler Weise auf einer informierten Entscheidung (entsprechend dem informed consent) beruhen. Ergeben sich insoweit Zweifel, kann der Wortlaut einer Verfügung nicht entscheidend sein. Umso wichtiger ist eine angemessene Regelung der Umsetzung von Patientenverfügungen (s. dazu unten, IV.).

Viele Patienten sind sich bewußt, daß ihre „Selbstbestimmung" nicht im luftleeren Raum stattfindet, sondern nur im Rahmen einer sachgerechten Information von ärztlicher Seite sinnvoll ausgeübt werden kann. So befürwortet die Mehrheit der Patienten auch nicht ein alleiniges Bestimmungsrecht über die medizinische Behandlung, sondern eine gemeinsame Entscheidungsfindung mit dem Arzt. [24] Diese ist bei Vorausverfügungen naturgemäß nicht in dem Maße möglich, wie bei einer aktuellen Entscheidungsfindung. Außerdem wollen mehr Patienten den Arzt allein über die Behandlung entscheiden lassen, als selbst das letzte Wort für sich zu reklamieren.[25]

Die bloße Propagierung und gesetzliche Regelung von Patientenverfügungen wird aufgrund der genannten Umstände nicht zu einem Zuwachs an Autonomie bei den Patienten führen. Dem Entwurf liegt vielmehr eine formale Überbewertung der Selbstbestimmung zugrunde, wobei er den Trend zu negativen Selbstbewertungen alter und kranker Menschen verstärken wird. Hierauf muß im Rahmen einer gesellschaftspolitischen Einschätzung des Gesetzgebungsvorhabens hingewiesen werden. Vor allem sollte der Gesetzgeber beachten, daß die Probleme eines menschenwürdigen Sterbens nicht primär durch Patientenverfügungen gelöst werden können, sondern durch den Ausbau der Palliativmedizin und des Hospizwesens. [26]

III. Grenzen der Selbstbestimmung

Der Gesetzentwurf des Justizministeriums beschränkt sich nicht darauf, den Umgang mit Patientenverfügungen zu regeln, sondern bestimmt auch den Maßstab, der gelten soll, wenn keine oder eine die aktuelle Situation nicht hinreichend konkret treffende Patientenverfügung vorliegt. Entscheidend soll der „mutmaßliche Wille" des Patienten sein. [27] Der Gesetzentwurf stimmt insoweit mit der herrschenden Auffassung in der Rechtswissenschaft überein, die seit 1994 auch vom Bundesgerichtshof für die Problematik des „Sterbenlassens" anerkannt ist. [28]

Nach dieser Ansicht soll für den Fall der Entscheidungsunfähigkeit anhand verschiedener Kriterien ein so genannter mutmaßlicher Wille des Patienten ermittelt werden und für die weitere Behandlung maßgebend sein. Auch das Unterlassen medizinisch indizierter Behandlungsmaßnahmen zur Lebensverlängerung soll bei entsprechendem „mutmaßlichen Willen" gerechtfertigt sein.

Tatsächlich ist aber eine Willensermittlung bei Personen, die nicht mehr entscheidungsfähig sind, unmöglich. Jede Willensentscheidung setzt eine Willensbildung voraus. Wenn eine solche Willensbildung krankheitsbedingt nicht mehr erfolgen kann, kommt auch kein Wille zustande, der ermittelt werden könnte. Die zur „Ermittlung" des „mutmaßlichen Willens" üblicherweise genannten Kriterien ermöglichen allenfalls eine Wahrscheinlichkeitsaussage darüber, ob sich der Betroffene für eine bestimmte Behandlungsalternative oder einen Behandlungsverzicht entscheiden würde, wenn er es noch könnte. Der BGH nennt als Kriterien frühere Äußerungen des Patienten, seine religiöse Überzeugung, seine sonstigen persönlichen Wertvorstellungen, seine altersbedingte Lebenserwartung oder das Erleiden von Schmerzen. [29] Aus allgemeinen Äußerungen zum Thema Tod und Sterben, der religiösen Überzeugung, persönlichen Wertvorstellungen und ähnlichen unspezifischen Kriterien läßt sich aber praktisch nie mit Sicherheit ableiten, wie sich der Patient in einer konkreten Situation tatsächlich entscheiden würde. All diese Überlegungen bleiben hypothetisch. [30]

Das Konzept des „mutmaßlichen Willens" führt im Ergebnis dazu, daß bereits dann lebenserhaltende Maßnahmen nicht ergriffen oder abgebrochen werden können, wenn eine nicht näher spezifizierte (aber wohl „überwiegende") Wahrscheinlichkeit dafür spricht, daß der betroffene Patient diese abgelehnt hätte. Mit unsicheren Wahrscheinlichkeitsmutmaßungen kann aber ein Behandlungsabbruch nicht gerechtfertigt werden. Die Mutmaßung kann zutreffen, kann aber auch falsch sein. In bezug auf die umgekehrte Situation – im Falle lebensrettender Eingriffe – wird ein mögliches Verfehlen des wirklichen Willens mit dem Argument begegnet, daß der „Autonomie des Patienten" am besten gedient sei, „wenn man die Lebensrettung zuläßt, die ihm die nachträgliche Entscheidung – selbst die für den Tod – offenhält" [31]. Bei der „mutmaßlichen Einwilligung" in die Beendigung lebenserhaltender Maßnahmen, ist die nachträgliche Entscheidung für das Leben dagegen nicht mehr möglich. Von daher kann ein Wahrscheinlichkeitsurteil, das deutlich unterhalb der Schwelle praktischer Gewißheit („an Sicherheit grenzende Wahrscheinlichkeit") bleibt, bei Entscheidungen über Leben und Tod nicht akzeptiert werden.

R. BECKMANN

Wie fragwürdig die „Ermittlung" des „mutmaßlichen Willens" in der Praxis ist, zeigt zum Beispiel der „Kemptener Fall", der dem BGH-Urteil von 1994 zugrunde lag. [32] Die nach der BGH-Entscheidung von der 2. Strafkammer des LG Kempten durch Zeugenaussagen ermittelten Äußerungen der Betroffenen waren eher allgemein gehalten und lagen zum Teil viele Jahre zurück. Inwieweit das Bemühen einiger Zeuginnen, den angeklagten Sohn der Patientin strafrechtlich zu entlasten, auch auf die Darstellung der bezeugten Äußerungen bzw. „Einstellung" der Patientin abfärbte, wurde vom Gericht nicht näher ergründet. Obwohl das Gericht die einzelnen Feststellungen für sich genommen nicht für aussagekräftig genug hielt, um auf einen „mutmaßlichen Willen" schließen zu können, und die Äußerungen außerdem jeweils in Situationen depressiver Stimmung erfolgt waren, kam es in einer „Gesamtschau" zu dem Ergebnis, daß eine dem Verhalten des Angeklagten zustimmende „Grundeinstellung" der Patientin deutlich werde.

Solche allgemeinen und letztlich die konkrete Entscheidungssituation – Einstellung der künstlichen Ernährung – nicht betreffenden Erwägungen stellen keinen „Willen" dar, der als solcher den Abbruch einer medizinisch zur Lebenserhaltung erforderlichen Maßnahme rechtfertigen kann. Selbst bei klar bewiesenen früheren Aussagen, die eine Ablehnung von Behandlungsmaßnahmen nahelegen, könnte sich der Patient jetzt konkret doch anders entscheiden. Zum Selbstbestimmungsrecht gehört es auch, sich heute anders entscheiden zu können, als man es sich gestern, vor einem Jahr oder vor zehn Jahren vorgestellt hat. Dies mag weniger wahrscheinlich sein, als das Festhalten an der „bisherigen Linie". Ein Sinneswandel kann aber keineswegs ausgeschlossen werden, solange eine klare Festlegung mit Bindungswirkung für die Zukunft (d. h. eine Patientenverfügung) nicht vorliegt. Das gilt nach der Rechtsprechung auch für „unvernünftige" Entscheidungen oder den Verzicht auf Behandlungsmaßnahmen, die geeignet wären, die Gesundheit des Patienten wiederherzustellen. [33] Gleiches muß dann auch für einen vielleicht als „unvernünftig" anzusehenden, aber durchaus möglichen Sinneswandel gelten, der eine frühere kritische Einstellung zu lebensverlängernden Maßnahmen in der konkreten Situation unerwartet revidiert.

Über die Rechtsfigur des „mutmaßlichen Willens" drohen beiläufige, situationsbedingte, eher pauschale und ohne Bindungswillen abgegebene Meinungsäußerungen im nachhinein zu Mosaiksteinen einer „Gesamtschau" zu werden, aus der sich dann eine Legitimation zum Behandlungsabbruch ergeben soll. Schon die sicherlich verbreitete Wunschvorstellung eines „sanften" und „natürlichen" Todes, die viele Menschen im Laufe ihres Lebens mehr oder weniger deutlich zum Ausdruck bringen dürften, kann ohne großen Aufwand in den Wunsch nach Beendigung konkreter lebensverlängernder Maßnahmen umgedeutet werden – auch wenn hierfür eine reale Willensbasis fehlt. Zurecht ist daher zu befürchten, der „mutmaßliche Wille" werde „leicht zur Fiktion und zum praktischen Instrumentarium, diejenige Entscheidung als dem mutmaßlichen Willen des Betroffenen entsprechend und damit als vom hochrangigen Selbstbestimmungsrecht legitimiert darzustellen, die dem Handelnden die genehmste ist". [34] Der Versuch, das Selbstbestimmungsrecht auch bei einem entscheidungsunfähigen Patienten über das Konzept des „mutmaßlichen Willens" zur

Geltung zu bringen, überschreitet prinzipiell die Grenzen, die der Selbstbestimmung in der Realität gezogen sind. [35] Bei dauerhaft zu selbständigen Entscheidungen unfähigen Patienten, die keine eindeutigen Vorausverfügungen erlassen haben, ist definitiv das Ende der Selbstbestimmung erreicht. Der „mutmaßliche Wille" ist tatsächlich kein Wille, sondern eine reine Mutmaßung. [36] Als Alternative zum Konzept des „mutmaßlichen Willens" wäre vielmehr eine objektive Interessen- und Güterabwägung im Sinne des Wohls des Patienten vorzunehmen. In der ganz ähnlichen Situation der Betreuung hat der Gesetzgeber ebenfalls das „Wohl" des Betreuten zum entscheidenden Maßstab erhoben (vgl. § 1901 Abs. 2 BGB). [37]

IV. Umsetzung von Patientenverfügungen und Ermittlung des „mutmaßlichen Willens"

Angesichts der mit Patientenverfügungen verbundenen Unwägbarkeiten und der prinzipiellen Zweifel am Konzept des „mutmaßlichen Willens" (II. und III.) kommt der Umsetzung von Patientenverfügungen und dem Verfahren zur Ermittlung des „mutmaßlichen Willens" besondere Bedeutung zu. [38] Gerade in diesem Bereich vermag der Gesetzentwurf des Justizministeriums in keiner Weise zu überzeugen.

1. Der Lösungsansatz des Gesetzentwurfs

Liegt eine Patientenverfügung vor, soll der Betreuer oder Bevollmächtigte den in ihr zum Ausdruck kommenden Willen des Patienten unmittelbar durchsetzen (§ 1901 a Abs. 2 S. 1, Abs. 3). Voraussetzung ist, daß die Verfügung „eine Einwilligung oder Nichteinwilligung in bestimmte Untersuchungen des Gesundheitszustandes, Heilbehandlungen oder ärztliche Eingriffe enthält, die auf die konkrete Situation zutrifft" (§ 1901 a Abs. 2 S. 3).

Liegt dagegen keine Entscheidung des Betroffenen vor, soll ein ausdrücklich und schriftlich zum Verzicht auf lebensverlängernde Behandlungen bevollmächtigter Vertreter alleine (§ 1904 Abs. 4) bzw. ein gerichtlich bestellter Betreuer im Einvernehmen mit dem Arzt nach dem „mutmaßlichen Willen" des Patienten (§ 1904 Abs. 3) entscheiden können. Nur wenn zwischen Betreuer und Arzt ein Dissens über den „mutmaßlichen Willen" des Patienten besteht, ist die Genehmigung des Vormundschaftsgerichts erforderlich.

Die Gesetzestechnik rückt zwar die grundsätzliche Genehmigungspflicht für den Abbruch ärztlicher Maßnahmen in den Vordergrund (§ 1904 Abs. 2). Hiervon werden aber anschließend erhebliche Ausnahmen gemacht (Abs. 3 und 4). Diese betreffen gerade die schwierigsten Fallgestaltungen, in denen keine bzw. keine klaren Äußerungen des Patienten zur Verfügung stehen. Dennoch soll ein Bevollmächtigter allein und ansonsten der Betreuer gemeinsam mit dem Arzt über einen eventuellen Behandlungsabbruch entscheiden können.

2. Plausibilität dieses Konzepts

Die Prüfung, welcher Wille des Patienten in einer gegebenen Situation vorliegt und umgesetzt werden soll (Anwendungsprüfung der Patientenverfügung bzw. Ermittlung des mutmaßlichen Willens), kann grundsätzlich auf drei unterschiedliche Arten erfolgen:

- durch Alleinentscheidung des rechtlichen Vertreters (A 1),
- durch Beratung des rechtlichen Vertreters mit anderen Personen im Einzelfall („Konsil") (A 2) oder
- durch ein institutionalisiertes Gremium (A 3).

Während im ersten Fall keine weiteren Regelungen erforderlich sind, müßte im dritten Fall die Zusammensetzung und die Verfahrensweise des Gremiums näher festgelegt werden. Die Lösung A2 wäre vergleichsweise informell und käme mit wenigen Rahmenbedingung aus.

Hinsichtlich der gerichtlichen Kontrolle bzw. Überprüfung der Entscheidung kommen ebenfalls grundsätzlich drei Verfahrensweisen in Betracht:

- keine gerichtliche Kontrolle (B 1),
- gerichtliche Kontrolle in Konfliktfällen (B 2),
- gerichtliche Kontrolle in allen Fällen (B 3).

Kombiniert man alle Möglichkeiten, erhält man insgesamt 9 theoretische Regelungsoptionen. Davon sind allerdings prima facie nur drei plausibel (s. Tabelle: [1], [2] und [3]). So wäre es z. B. wenig überzeugend, in allen Fällen von einer Alleinentscheidung einer einzelnen Person auszugehen und gleichzeitig auf jegliche gerichtliche Kontrolle zu verzichten (A 1/B 1) oder eine spezielle Kommission mit besonderer Zusammensetzung und hohem Sachverstand mit der Entscheidungsfindung zu beauftragen und gleichzeitig in allen Fällen auch noch das Vormundschaftsgericht einzuschalten (A 3/B 3). Plausibel wäre es dagegen, Entscheidungen einzelner mit einer regelmäßigen Kontrolle durch das Vormundschaftsgericht zu kombinieren (A 1/B 3; [1]) oder die Entscheidungsfindung ganz einem institutionalisierten Expertengremium zu übertragen (A 3/B 1; [3]). Wird statt dessen ein Mehrpersonen-Beratungsgespräch („Konsil") favorisiert, wäre die

Tabelle: Mögliche Kombinationen von Entscheidungskompetenz und Beteiligung des Vormundschaftsgerichtes (VormG)

	A 1 Alleinentscheidung	A 2 Beratung/Konsil	A 3 institut. Gremium
B 1: ohne VormG	Bevoll- mächtigter	Betr. und Arzt (Konsens)	[3]
B 2: Entscheidung des VormG in Konfliktfällen		Betr. und Arzt (Dissens) [2]	
B 3: immer VormG	[1]		

Anrufung des Vormundschaftsgerichts in Konfliktfällen – wenn sich ein allseitiges Einvernehmen nicht herstellen läßt – sinnvoll (A 2/B 2; [2]).

Der Lösungsansatz des Gesetzentwurfs liegt in der tabellarischen Matrix überwiegend im linken oberen Bereich. Dargestellt sind die Fallgruppen, in denen der „mutmaßliche Wille" zu ermitteln ist. Soweit eine konkrete, nicht widerrufene Patientenverfügung vorliegt, überläßt der Gesetzentwurf des BMJ ebenfalls allein dem rechtlichen Vertreter (dem Bevollmächtigten oder Betreuer) die Interpretation und Umsetzung (Option A 1 /B 1).

Diese Konzentration auf ein bis zwei Entscheidungspersonen, die entweder gar nicht oder nur im Dissensfall einer vormundschaftsgerichtlichen Kontrolle unterliegen, sind von der oben dargestellten Systematik her im deutlich „unplausiblen Bereich" angesiedelt.

3. Schwache Kontrollmechanismen, hohe Mißbrauchsgefahr

Betrachtet man die Konzeption des Gesetzentwurfs im Detail, ergeben sich nicht nur Schwachstellen, sondern massive Defizite, die mit der Verpflichtung des Staates zum Schutz des Lebens aus Art. 2 Abs. 2 S. 1 GG nicht mehr vereinbar sind. Mißbrauchsgefahren scheinen die Entwurfsverfasser nicht zu sehen oder nicht sehen zu wollen. Kontrollmechanismen sind entweder unterentwickelt oder fehlen ganz.

a) Fälle mit Patientenverfügung

Es ist anzunehmen und ergibt sich auch indirekt aus § 1901 a Abs. 2 S. 3 des Gesetzentwurfs, daß es unklare und nicht hinreichend konkrete Patientenverfügungen gibt, die nur im Rahmen der Ermittlung des „mutmaßlichen Willens" als Indiz für den Willen des Patienten verwendet werden können. Ob dies der Fall ist, ist nicht von vornherein klar, sondern ergibt sich erst durch die Wahrnehmung und ggf. Interpretation der Verfügung selbst. Nach dem Gesetzentwurf trifft der Betreuer bzw. der Bevollmächtigte allein die Entscheidung, ob eine eindeutige oder eine unklare Patientenverfügung vorliegt (§ 1901 a Abs. 2 S. 1; Abs. 3). Die rechtlichen Vertreter des Patienten sind jedenfalls vom Gesetz nicht verpflichtet, sich mit irgendeiner anderen Person zu beraten oder eine solche in die Entscheidungsfindung einzubeziehen. Schon hierin liegt ein Mangel, da sich der rechtliche Vertreter die alleinige Zuständigkeit zur Durchsetzung der Patientenverfügung quasi selbst „verleiht". Eine rechtliche Kontrolle durch das Vormundschaftsgericht ist nicht vorgesehen. Diese Regelung wäre nur verständlich, wenn davon ausgegangen werden könnte, daß der Wille des Patienten in einer Patientenverfügung immer klar und eindeutig erkannt werden könnte und die Übereinstimmung mit der aktuellen Entscheidungssituation quasi „von selbst" ins Auge springt. Das ist der Idealfall, aber keineswegs der Normalfall.

Die alleinige Erstentscheidungskompetenz des Bevollmächtigten bzw. Betreuers über den Inhalt einer Patientenverfügung kann bei Auftreten eines Bevollmächtigten und unter Beachtung der fehlenden Formvorschriften zu kuriosen Konsequenzen führen. So könnte z. B. ein Bevollmächtigter nicht nur eine mündlich erteilte Vollmacht [39], sondern auch eine mündlich erklärte Patientenverfügung behaupten, die einen Behandlungsverzicht hinsichtlich lebensverlängernder Maßnahmen enthält. Zwar schreibt der Gesetzentwurf in § 1904 Abs. 4 vor, daß die Vollmacht schriftlich erteilt sein muß, wenn ein Bevollmächtigter z. B. die Einwilligung in lebensverlängernde Maßnahmen verweigern will. Eine Einwilligung bzw. Nichteinwilligung des rechtlichen Vertreters in ärztliche Maßnahmen ist nach der Konzeption des Gesetzentwurfs aber von vornherein überflüssig (und daher § 1904 nicht einschlägig), wenn eine – auch mündliche – Patientenverfügung vorliegt. Sie ist als Wille des Betroffenen unmittelbar gem. § 1901a Abs. 2 durchzusetzen. Von daher würde auch bei behaupteter mündlicher Bevollmächtigung und mündlicher Patientenverfügung eine vormundschaftsgerichtliche Kontrolle (gem. § 1904) nicht stattfinden.

Es ist zwar zu vermuten, daß in der Praxis die Behauptung der mündlichen Bevollmächtigung in Kombination mit einer mündlichen Patientenverfügung regelmäßig nicht ausreichen wird, um einen Behandlungsabbruch zu erreichen. Hier dürfte bei dem mit einem solchen Verlangen konfrontierten Arzt nicht nur Unbehagen, sondern auch Widerstand zu erwarten sein. Genaugenommen könnte der Arzt aber nicht einmal durch Anrufung des Vormundschaftsgerichts der als bevollmächtigt auftretenden Person Einhalt gebieten. Denn das Gericht müßte eigentlich seine Zuständigkeit verneinen, weil (angeblich) eine Patientenverfügung vorliegt und deshalb eine genehmigungsbedürftige Entscheidung im Sinne von § 1904 nicht zu treffen ist. Dieses absurde Ergebnis kann keinen Bestand haben. Das Gesetz muß unabhängig von der zu erwartenden Reaktion des Arztes dafür Sorge tragen, daß ein Mindestmaß an rechtlicher (Präventiv)-Kontrolle gegeben ist.

b) Fälle ohne oder mit nicht hinreichend konkreter Patientenverfügung, in denen der „mutmaßliche Wille" ermittelt werden soll

Liegt eine konkret auf die Behandlungssituation bezogene Patientenverfügung nicht vor, dann bedürfen Entscheidungen in bezug auf (lebens-)gefährliche ärztliche Maßnahmen grundsätzlich gem. § 1904 Abs. 1 und 2 des Entwurfs der Genehmigung durch das Vormundschaftsgericht. Von diesem Grundsatz werden jedoch erhebliche Ausnahmen gemacht.

(1) Einem speziell hierzu bevollmächtigten Vertreter soll gem. § 1904 Abs. 4 die Alleinentscheidungskompetenz zustehen. Die Gesetzesbegründung führt aus, die Stellung des Bevollmächtigten werde gestärkt und „unbeschadet einer Einschaltung des Vormundschaftsgerichts im Wege der Mißbrauchskontrolle von einer Genehmigungsbedürftigkeit seiner Entscheidungen abgesehen". [40] Weshalb Entscheidungen eines Bevollmächtigten grundsätzlich genehmigungsfrei sein sollen, wird nicht mitgeteilt. In der Einzelbegründung zu § 1904 Abs. 4 wird zwar angeführt, daß der Bevollmächtigte vom Patienten „in Ausübung seiner grundrechtlich gewährleisteten Privatautonomie selbst beauftragt" sei. [41] Aber auch das ist keine sachliche Begründung für die Genehmigungsfreiheit seiner Entscheidungen im Gegensatz zu denen eines Betreuers (§ 1904 Abs. 3). Der Unterschied in der Rechtsgrundlage,

auf der die Stellung des Bevollmächtigten bzw. des Betreuers als Vertreter des Patienten beruht (rechtsgeschäftliche Vollmachterteilung/gerichtliche Bestellung), macht aus dem Bevollmächtigten nicht automatisch auch den „besseren" Vertreter. Der Gesetzentwurf geht unausgesprochen davon aus, daß ein rechtsgeschäftlich mit Vollmacht ausgestatteter Vertreter auch in einem besonderen Vertrauens- bzw. Näheverhältnis zu dem Patienten steht und deshalb in besserer Weise dessen Willen interpretieren und umsetzen kann. Das mag in gewissem Umfang zutreffen, ist aber keine allgemein empirisch belegte Tatsache.

Als Bevollmächtigte dürften in aller Regel nahe Angehörige des Patienten in Betracht kommen. Dies könnte dafür sprechen, daß Bevollmächtigte häufig, aber nicht immer, Kenntnisse über die Einstellungen des Patienten haben und daß insoweit ein Näheverhältnis besteht, welches einen gewissen Vertrauensvorschuß rechtfertigen könnte. Gleiches trifft aber auch auf die überwiegende Zahl der Betreuungsfälle zu, da die Vormundschaftsgerichte in aller Regel nahe Angehörige mit der Betreuung beauftragen. [42] Von daher bleibt die unterschiedliche Behandlung von Betreuern und Bevollmächtigten unverständlich.

(2) Soweit ein Betreuer nur im Einvernehmen mit dem Arzt dem Abbruch lebensverlängernder Maßnahmen zustimmen darf (§ 1904 Abs. 3), ist durch die Einbeziehung einer weiteren Person eine gewisse soziale Kontrolle der Entscheidung sichergestellt. Dies kann aber kaum als ausreichend angesehen werden. Es ist zu beachten, daß es sich hier um Fälle handelt, in denen aus verschiedenen Indizien der „mutmaßliche Wille" des Patienten ermittelt werden soll. In Hinblick auf diese Umstände, die – abgesehen von einer unkonkreten Patientenverfügung – in der zurückliegenden Lebensspanne des Patienten liegen, kann der behandelnde Arzt nur sehr selten etwas beitragen und wird im wesentlichen auf das vertrauen müssen, was ihm der Betreuer vorträgt. Es ist deshalb zu erwarten, daß sich Betreuer und Arzt eher auf schwacher Tatsachenbasis über einen „mutmaßlichen Willen" des Patienten einigen werden, als daß der Arzt sich zum „Besserwisser" aufspielt und das Gericht einschaltet.

(3) Soweit es sich in beiden Fallkonstellationen (§ 1904 Abs. 3 und 4) bei den rechtlichen Vertretern um Angehörige handelt, darf auch nicht übersehen werden, daß Interessenkonflikte auftreten können. Nahe Angehörige gehören meistens zum Kreis der potentiellen Erben und sind persönlich von dem Krankheitsfall betroffen – sei es, daß sie sich in der Betreuung und Pflege des Patienten selbst engagieren, sei es, daß sie „nur" in allgemeiner Form „mitleiden". In beiden Fällen besteht die Gefahr, daß bei der Frage, was der „mutmaßliche Wille" des Patienten sein könnte, frühere Äußerungen und Einstellungen nicht immer nur objektiv betrachtet werden. Nicht die Sorge um den Betroffenen, sondern die Sorge um den Nachlaß oder der – durchaus nachvollziehbare – Wunsch nach eigener Entlastung könnte hier die „Abkürzung" der Behandlung nahelegen.

(4) Hinzu kommt, daß die hier geforderten Entscheidungen irreversibel sind. Wird eine lebenserhaltende Maßnahme beendet, stirbt der Patient innerhalb von Minuten, Stunden oder Tagen. Gerade bei derartigen Entscheidungen sind hohe Anforderungen an die Sorgfalt bei der Entscheidungsfindung zu stellen. Es wäre

grob fahrlässig, wenn der Gesetzgeber die genannten Aspekte vernachlässigen und die ohnehin zweifelhafte Rechtsfigur des „mutmaßlichen Willens" in der Praxis weitgehend der Alleinentscheidung entweder von Bevollmächtigten oder von Betreuern überläßt, denen der Arzt nicht widerspricht. Wenn schon der „mutmaßliche Wille" als Legitimationsgrundlage für die Beendigung einer lebensverlängernden Maßnahme ausreichen soll, dann müßte entweder die personelle Basis der Entscheidungsfindung vergrößert [43] oder eine stärkere gerichtliche Kontrolle vorgeschrieben werden. [44]

Auf keinen Fall ist es ausreichend, auf das allgemeine Amtsermittlungsprinzip im Bereich der Freiwilligen Gerichtsbarkeit zu verweisen (§ 12 FGG), nach dem jeder das Vormundschaftsgericht auf mögliche Ungereimtheiten und Gefahren aufmerksam machen kann und dieses dann von Amts wegen in Ermittlungen eintreten muß. [45] Diese Art der „Mißbrauchskontrolle" ist davon abhängig, daß ein Dritter die einschlägige FGG-Vorschrift kennt und rechtzeitig von der Absicht erfährt, die Behandlung abzubrechen. Das ist keineswegs immer zu erwarten. Der Gesetzgeber hat vielmehr den normalen Verfahrensablauf so zu gestalten, daß angesichts der bedrohten Rechtsgüter von vornherein ausreichende Schutzmechanismen zur Verfügung stehen.

(5) Völlig unverständlich ist schließlich, daß der Bevollmächtigte nicht nur ohne gerichtliche Kontrolle agieren können soll (s. o.), sondern nach dem Gesetzeswortlaut bei seinen Entscheidungen nicht einmal den „mutmaßlichen Willen" des Patienten berücksichtigen muß. Während in § 1904 Abs. 3 die Übereinstimmung mit dem „mutmaßlichen Willen" als Maßstab für die Entscheidungen eines Betreuers genannt wird, verweist § 1904 Abs. 4 lediglich auf § 1904 Abs. 1 S. 1 und Abs. 2. Das heißt, daß ein im Sinne von § 1904 Abs. 4 bevollmächtigter Vertreter sich immer dann, wenn eine eindeutige Verfügung des Patienten nicht vorliegt, willkürlich für oder gegen eine Weiterbehandlung entscheiden könnte. [46] Selbst wenn also alle Indizien für einen Willen zur Fortsetzung lebensverlängernder Maßnahmen sprechen, ja auch dann, wenn nicht nur eine Lebensverlängerung, sondern sogar eine Heilung möglich wäre, könnte der Bevollmächtigte die Behandlungsmaßnahmen abbrechen lassen. [47] Man kann nur hoffen, daß sich in der Rechtswirklichkeit niemand einem solchen Verlangen beugen würde. Doch zuallererst ist es Sache des Gesetzgebers, derartige Regelungen nicht zum Gesetz zu machen.

Daß durch die Bestimmungen des Gesetzentwurfs die Pflicht des Staates zum Schutz des Lebens umgesetzt und ein Verfahren, „das auf eine sorgfältige Ermittlung des Patientenwillens gerichtet ist", etabliert werde, wie es in der Gesetzesbegründung heißt [48], ist angesichts der geschilderten Regelungen nicht nachvollziehbar.

IV. Fazit: Schwerwiegende Mängel

Zusammenfassend muß festgestellt werden, daß der vom Bundesjustizministerium zur Diskussion gestellte Gesetzentwurf zur Regelung von Patientenverfügungen mit schwerwiegenden Mängeln behaftet ist:

- Der Entwurf ist geprägt von einer weitgehenden Verabsolutierung der Selbstbestimmung. In der Theorie ist dem kaum zu widersprechen. Die Unwägbarkeiten der Praxis bei der Erstellung, Interpretation und Umsetzung von Patientenverfügungen mahnen aber eher zur Vorsicht. Patientenverfügungen stellen keine Garantie für ein menschenwürdiges Sterben dar. Es ist Aufgabe des Gesetzgebers, das Gesundheitswesen so zu organisieren, daß alle Patienten darauf vertrauen können, bei schweren Krankheitszuständen und in der Sterbephase würdig behandelt zu werden – egal, ob sie eine Patientenverfügung verfaßt haben oder nicht. [49] Der Tendenz zur negativen Selbstbewertung, die sich aus der Beschäftigung mit dem Thema Patientenverfügungen für alte und kranke Menschen ergeben kann, ist entgegenzuwirken.

- Die Erhebung des „mutmaßlichen Willens" zum gesetzlich anerkannten Maßstab, der über Fortsetzung oder Abbruch lebenserhaltender Maßnahmen entscheidet, begegnet grundlegenden rechtlichen Bedenken.

- Schließlich unterschreitet der Entwurf das gebotene Niveau des Lebensschutzes beim praktischen Umgang mit Patientenverfügungen und der Ermittlung des „mutmaßlichen Willens". Gerade die Kombination von Mutmaßungen als Entscheidungsgrundlage und die Anerkennung einer Entscheidungskompetenz einzelner (Bevollmächtigter oder Betreuer im Einvernehmen mit dem Arzt) ist ungeeignet, den Schutz des Lebens in Krankheit und Alter ausreichend zu gewährleisten.

Die Aussage von Justizministerin Zypries, der Gesetzentwurf stelle eine „Richtungsentscheidung gegen eine Legalisierung der aktiven Sterbehilfe" dar [50], erscheint angesichts dieser Mängel wenig überzeugend. Formell mag die Aussage richtig sein: Eine Legalisierung der aktiven Sterbehilfe findet nicht statt. Wer aber ohne nennenswerte soziale oder rechtliche Kontrolle das Sterbenlassen von Patienten aufgrund von Mutmaßungen über ihren Willen ermöglicht – in manchen Fällen sogar ohne jede inhaltliche Vorgabe – , gibt den Schutz nicht mehr entscheidungsfähiger alter und kranker Menschen weitgehend preis. Der Deutsche Bundestag wäre deshalb gut beraten, der Vorlage aus dem Ministerium in den wesentlichen Punkten nicht zu folgen.

Anmerkungen

[1]   Entwurf eines 3. Gesetzes zur Änderung des Betreuungsrechts, Stand 1.11.04; im Internet als PDF-Dokument auf der Seite der Akademie für Ethik in der Medizin unter: www.aem-online.de/main.htm; zitiert als „BMJ-Entwurf".

[2]   So die Überschrift der Presseerklärung anläßlich der Vorstellung des Gesetzentwurfs am 5.11.2004; im Internet unter www.bmj.bund.de/media/archive/791.pdf.

[3]   BT-Drs. 15/3700; zitiert als „EK-Zwischenbericht". Im Internet unter: www.bundestag.de/parlament/kommissi-onen/ethik_med/berichte_stellg/04_09_13_zwischenbericht_patientenverfuegungen.pdf.

[4]   Vgl. auch BMJ-Entwurf, S. 17.

[5]   Vgl. EK-Zwischenbericht, S. 40 f.

[6]   Vgl. BMJ-Entwurf, S. 16. Alle weiteren Paragraphenangaben beziehen sich, soweit nicht anders angegeben, auf den Gesetzentwurf (§§ 1901 a und 1904 BGB).

[7]   So auch der EK-Zwischenbericht, S. 41.

[8]   Die im Zwischenbericht der Enquête-Kommission genannte Parallele zu den anderen Formvorschriften des BGB ist deshalb nicht haltbar. Der Formmangel im Fall der Patientenverfügung soll gerade nicht zur Formnichtigkeit führen, wie sie z. B. beim Grundstückskauf oder beim Testament Folge der Nichteinhaltung der gesetzlich vorgeschriebenen Form ist (s. §§ 125 S. 1; 2247 Abs. 1 BGB).

[9]   Vgl. EK-Zwischenbericht, S. 41 f; Broschüre „Patientenverfügung" des Bundesministeriums der Justiz, Berlin 2004, S. 8 f., 25f.

[10]   Vgl. auch Beckmann, Sondervotum zum Zwischenbericht Patientenverfügungen der Enquête-Kommission, BT-Drs. 15/3700, S. 58. Sollte die Schriftform im weiteren Verlauf des Gesetzgebungsverfahrens doch Eingang in das Gesetz finden, wird dies an den eigentlichen Problemen wenig ändern. Von einem „der am schwersten wiegenden Bedenken" zu sprechen (so Tolmein, „Gewissensfragestunde", FAZ 4.1.2005) ist sicherlich übertrieben.

[11]   Vgl. BGH NJW 2003, S. 1588 ff.

[12]   EK-Zwischenbericht, S. 38 f.

[13]   BMJ-Entwurf, S. 3.

[14]   Vgl. a.a.O., S. 18 ff.

[15]   S. hierzu den EK-Zwischenbericht, S. 35 ff u. 41 ff.

[16]   Zur in sich widersprüchlichen Argumentation der Mehrheit der Enquête-Kommission in Bezug auf die Reichweitenbeschränkung vgl. Beckmann (Fn. 10), S. 56 f.

[17]   Riedel, Zeitschrift für Biopolitik 4/2004, S. 214. Ähnlich der EK-Zwischenbericht, eine „Ausweitung" von Patientenverfügungen auf Fälle jenseits irreversibel tödlicher Grundleiden würde Ärzte verpflichten „in einer Weise zu handeln, daß der Tod eines Patienten bzw. einer Patientin nicht durch dessen Leiden oder Krankheit verursacht würde, sondern durch ein Unterlassen im Hinblick auf vitale Lebensfunktionen", S. 38.

[18]   BGH NJW 1980, 1334; vgl. auch BGH NJW 1980, 2752 f. Die Beschränkung der Reichweite von Patientenverfügungen durch den 12. Zivilsenat (Anm. 11) ist in der Fachliteratur ganz überwiegend auf Ablehnung gestoßen, vgl. Verrel, NStZ 2003, 451; Borasio/Putz/Eisenmenger, DÄBl. 2003, S. A-2062; Kutzer, ZRP 2003, 213; Hufen, ZRP 2003, 249.

[19]   Vgl. hierzu auch Beckmann (Anm. [10]), S. 57.

[20]   So Riedel, Zeitschrift für Biopolitik 4/2004, S. 214, bezogen auf die fehlende Reichweitenbeschränkung; wohl übereinstimmend die Auffassung der Bundestagsabgeordneten Christa Nickels und Antje Vollmer (Bündnis 90/Die Grünen) nach Darstellung von Tolmein, „Gewissensfragestunde", FAZ 4.1.2005.

[21]   Daß die Argumentation von Riedel widersprüchlich ist, zeigt sich an der Formulierung, es sei die Frage zu stellen, „inwieweit das Selbstbestimmungsrecht auf Handlungen anderer ausgedehnt werden

kann, die sich zur Unterlassung von Handlungen bereit finden müssen, um die in einer Vorausverfügung ausgedrückte Selbstbestimmung umzusetzen" (Zeitschrift für Biopolitik 4/2004, S. 216). Es geht eben nicht um „Handlungen" anderer, die sich zur „Unterlassung von Handlungen" bereit finden müssten, sondern allein um Unterlassungen.

[22] Das ist – mit im Detail unterschiedlichen Begründungen – herrschende Meinung auch im Strafrecht. Vgl. Schönke/Schröder-Eser, StGB, 26. Aufl. 2001, Vorbem. §§ 211 ff., Rz. 28; Achenbach, Jura 2002, S. 545 f.; Roxin, Medizinstrafrecht, 2. Aufl. 2001, S. 100 ff.; jeweils m.w.N.

[23] Noch deutlicher die Einschätzung von Rest, Patientenverfügungen - Einstieg in die Euthanasie durch die Hintertür?, in: Beckmann/Löhr/Schätzle (Hrsg.): Sterben in Würde, 2004, S. 180: „Patientenverfügungen führen unmittelbar zur gesellschaftlichen Akzeptanz von schlechter Schmerztherapie, zu Einsparungen bei psychosozialen Hilfen, zur sozialen Erwünschtheit von Selbsttötung und Selbstentsorgung und zu Einsparungen im Gesundheitswesen für Schwerstkranke, sowie zum Verzicht auf bzw. zur Einsparung von Betreuung und Begleitung."

[24] Vgl. van Oorschot u.a., Patientenverfügungen aus Patientensicht, Ethik in der Medizin 2/2004, S. 117: 52 Prozent (Tumorpatienten). Ähnliche Ergebnisse zeigen Untersuchungen in den USA, vgl. Sahm, „Wollen Sie Patient zweiter Klasse sein?", FAZ 5.11.2004.

[25] Vgl. van Oorschot u.a. (Anm. 23), S. 117: 30 % wollen die Entscheidung dem Arzt überlassen, 18 % selbst entscheiden.

[26] Vgl. hierzu die Beiträge von Arnold und Klaschik/Ostgate in: Beckmann/Löhr/Schätzle (Anm. 22), S. 29 ff. bzw. 73 ff.

[27] Vgl. BMJ-Entwurf, S. 4, § 1904 Abs. 3.

[28] BGHSt 40, S. 257 ff.

[29] Vgl. BGHSt 40, 263.

[30] Zu den einzelnen Kriterien und ihrer mangelnden Substanz vgl. Beckmann, Gibt es ein „Recht auf selbstbestimmtes Sterben", in: Beckmann/Löhr/Schätzle (Anm. 22), S. 213 f.

[31] Roxin, Strafrecht, Allgemeiner Teil, Bd. I (1997), § 18 Rz. 25.

[32] Vgl. zum Folgenden Tolmein, Selbstbestimmungsrecht und Einwilligungsfähigkeit, 2004, S. 48 ff.

[33] Vgl. BGHSt 11, 114; BGH NJW 1980, 1334; 1980, 2752; BGHZ 90, 111.

[34] Taupitz, Empfehlen sich zivilrechtliche Regelungen zur Absicherung der Patientenautonomie am Ende des Lebens?, Verhandlungen des 63. Deutschen Juristentages, 2000, S. A 38 (Hervorh. im Orginal).

[35] Von daher ist es auch nicht richtig, den „mutmaßlichen Willen" als von Art. 2 Abs. 1 GG geschützt anzusehen (so etwa Hufen, NJW 2001, S. 852).

[36] Kritik an der Rechtsfigur des „mutmaßlichen Willens" auch bei Höfling, JuS 2000, S. 116 f.; Laufs, NJW 1998, S. 3400.

[37] In der Praxis muß die Orientierung am Wohl nicht unbedingt in allen Fällen zu ganz anderen Ergebnissen führen als bei der Suche nach dem „mutmaßlichen Willen". Der Grundansatz ist aber ein anderer. Nur wenn man sich bewußt bleibt, daß es bei entscheidungsunfähigen Patienten ohne Vorausverfügung letztlich nicht um Selbst-, sondern um Fremdbestimmung geht, kann diese verantwortungsbewußt ausgeübt werden.

R. BECKMANN

[38] Insoweit ist der Ansatz von Wunder, Sorgfaltskriterien für die materielle und verfahrensmäßige Ermittlung des „mutmaßlichen Willens" zu entwickeln (MedR 2004, S. 319 ff.), nachvollziehbar. Er läßt aber die grundsätzliche Problematik unberührt.

[39] Die Vollmachterteilung ist grundsätzlich formlos möglich, vgl. § 167 BGB.

[40] BMJ-Entwurf, S. 21.

[41] BMJ-Entwurf, S. 24. Außerdem sei die Erteilung von Vorsorgevollmachten „nach ganz allgemeiner Auffassung zu fördern und die Stellung des Bevollmächtigten zu stärken". Worin sich diese „allgemeine Auffassung" gründet, wird nicht mitgeteilt.

[42] Nach einer Zusammenstellung der Deutschen Hospiz Stiftung, Anlage zum Hospiz Info Brief 7/2004 (Dez. 2004), waren in etwa drei Vierteln aller dokumentierten Entscheidungen von Amts- und Landgerichten nahe Angehörige als Betreuer bestellt.

[43] Etwa in Form eines „Konsils" (vgl. BT-Drs. 15/3700, S. 43 f.). Der Grundgedanke ist, alle Personen, die zur Erforschung des Willens des Betroffenen beitragen können, an einen Tisch zu bekommen: den rechtlichen Vertreter, den Arzt, das Pflegeteam, die Verwandten und ggf. weitere Personen. Sollte dieser Personenkreis zu einem einmütigen Ergebnis kommen, würde sich eine zusätzliche Einschaltung des VormG m.E. erübrigen.

[44] Die Vor- und Nachteile einer solchen Lösung können hier nicht diskutiert werden.

[45] So der BMJ-Entwurf, S. 21, 23.

[46] Ähnlich schon Stackmann, MedR 2003, S. 497: „Denn der Verfügende nimmt ganz bewußt das Risiko auf sich, der Entscheidungswillkür seines Vertreters ausgeliefert zu sein". Ob sich die betroffenen Patienten dieses Risikos tatsächlich so bewußt sind, muß bezweifelt werden.

[47] Ein unmittelbarer Rückgriff auf das Wohl des Patienten als allgemeine Richtschnur im Betreuungsrecht (vgl. § 1901 Abs. 2 S. 1 BGB) wäre nicht möglich, da keine Betreuung, sondern eine grundsätzlich vorrangige Bevollmächtigung gegeben ist. Es wäre zu überlegen, ob nicht gem. § 1896 Abs. 2 BGB die Bestellung eines (Ergänzungs-)Betreuers notwendig wäre, weil durch einen inhaltlich ungebundenen Bevollmächtigten die Gesundheitsangelegenheiten des Patienten nicht „ebenso gut wie durch einen Betreuer besorgt werden können". Dies entspräche wohl nicht der Konzeption des Gesetzentwurfes, die gerade auf eine Privilegierung des Bevollmächtigten in inhaltlicher und verfahrensmäßiger Hinsicht angelegt ist.

[48] BMJ-Entwurf, S. 10.

[49] Bei einer repräsentativen Befragung in der Gesamtbevölkerung lag der Anteil an Personen, die eine Patientenverfügung verfaßt haben, im Jahr 2001 bei 2,5 %. Selbst bei Tumorpatienten mit einer voraussichtlichen Lebenserwartung von bis zu einem Jahr lag die Quote im Jahr 2003 lediglich bei 12 % (vgl. van Oorschot u. a. (Anm. 23), S. 115, 118).

[50] Presseerklärung (Anm. [2]), S. 2.

Das Risiko für eine weltweite Influenzaepidemie ist eine internationale und interdisziplinäre Herausforderung

von Reinhard Kurth und Susanne Glasmacher

Gegenwärtig ist das Risiko für eine weltweite Influenzaepidemie so hoch wie seit Jahrzehnten nicht. Die Bewältigung einer solchen Pandemie und die bestmögliche Vorbereitung auf einen solchen Fall stellen eine internationale und interdisziplinäre Herausforderung dar und erfordern innerhalb eines Landes eine enge Vernetzung der Akteure und Strukturen. Wichtige Planungsgrundlage für Deutschland ist der 2005 vom Robert Koch-Institut veröffentlichte und von Bund und Ländern getragene Nationale Influenzapandemieplan.

Im Gegensatz zu den Influenzaviren, die in der jährlichen Grippewelle zirkulieren, wird eine Pandemie durch ein neuartiges Influenzavirus verursacht. Da dieser Erreger noch nie (oder seit Jahrzehnten nicht) in der menschlichen Bevölkerung vorkam, kann sich das Immunsystem nicht vorbereiten und daher auch nicht schützen. Eine Pandemie führt deshalb zu einer Erkrankungs- und Sterberate, die übliche, auch schwere Influenzawellen, übertrifft.

Die bedeutendste Pandemie im vergangenen Jahrhundert war die sogenannte spanische Grippe von 1918, mit geschätzten 20 bis 50 Millionen Todesfällen weltweit, davon rund 300.000 in Deutschland. Die Pandemien 1957 und 1968 verursachten jeweils rund eine Million Todesfälle weltweit.

Die Auswirkungen einer zukünftigen Pandemie lassen sich nur unter Vorbehalt schätzen, weil man die Eigenschaften eines Erregers und seine Verbreitung in der Bevölkerung nicht vorhersagen kann. Modellrechnungen für Deutschland reichen von 48.000 bis 160.000 Todesfällen.

Menschen, Schweine, Vögel

Woher kommen solche neuartigen Influenzaviren? Influenzaviren gibt es nicht nur beim Menschen, sondern auch bei Schweinen, Pferden und insbesondere Vögeln, wobei sie sich jeweils an die Wirtsart anpassen. Bei Vögeln bezeichnet man sie auch als aviäre Influenzaviren. Sogenannte hochpathogene aviäre Influenzaviren sind aggressive Erreger und führen zu schweren Schäden an den Tierbeständen, weil ein Großteil des infiziertem Geflügels an der Krankheit verendet. Daher kommt auch der Begriff „Geflügelpest". In der Umgangssprache werden die Begriffe Geflügelpest und Vogelgrippe synonym verwendet. Mit Vogelgrippe wird eigentlich generell jede Erkrankung des Geflügels durch aviäre Influenzaviren bezeichnet. Seitdem in den letzten Jahren beobachtet wurde, daß bei Vögeln vorkommende Influenzaviren auch Erkrankungen bei Menschen hervorrufen, werden auch menschliche Erkrankungen durch diese Viren als Vogelgrippe bezeichnet. Menschen können in aller Regel nur sehr schwer durch Vogel-Influenzaviren infiziert werden.

Der Ausbruch der Geflügelpest vor allem in Südostasien seit Anfang 2004 ist in seinem Ausmaß und der geographischen Verbreitung historisch einmalig. Er hat massive ökonomischen Folgen für die Landwirtschaft in den betroffenen Ländern, da zig Millionen Hühner an der Seuche verendeten oder gekeult wurden, um die Verbreitung des Virus aufzuhalten. Auch die Folgen für die Menschen sind fatal. Seit Dezember 2003 starben in Ägypten, Aserbaidschan, China, Indonesien, Irak, Kambodscha, Thailand, Türkei und Vietnam insgesamt mehr als 110 Menschen an der Vogelgrippe, die meisten Todesfälle traten in Vietnam und Indonesien auf. In Deutschland wurde Anfang 2006 das Virus bei Wildvögeln und in einem Nutztierbestand nachgewiesen. Wichtiger als einzelne Erkrankungen bei Wildvögeln (mit denen Bürger normalerweise keinen Kontakt haben) oder einzelne Ausbrüche in Nutztierbeständen in Industrieländern sind aber große Ausbrüche bei Geflügel in Regionen mit engem Kontakt zwischen Geflügel und Mensch, insbesondere in Südostasien.

Erfolgreiche Viren

Viren können sich nur in lebenden Zellen vermehren, weil sie keinen eigenen Stoffwechsel besitzen. Der Erreger veranlaßt die Synthesemaschinerie der infizierten Zelle, das virale Erbgut zu vervielfältigen und die Bauteile des Virus herzustellen. Viren besitzen ein sehr plastisches Genom, das heißt die Fähigkeit zur schnellen Veränderung ihres Erbguts. Veränderungen an einzelnen Genbausteinen, sogenannte Punktmutationen, ereignen sich laufend bei der Vervielfältigung der Erbsubstanz DNA (Desoxyribonukleinsäure) und noch viel häufiger bei der Vermehrung von RNA, einer DNA-Variante, die viele Viren als Träger der Erbinformation verwenden. Die Enzyme, die die RNA vervielfältigen, besitzen nämlich kein Korrektursystem gegen den Einbau eines falschen Bausteins in eine wachsende RNA-Kette. Auch durch den Verlust von Erbgutstücken (genomische Deletionen) können sich Viren aufgrund ihres meist extrem kleinen Erbguts schnell verändern. Eine schlagartige Veränderung des Erbguts kann sich auch durch den Austausch von DNA- oder RNA-Abschnitten mit verwandten Viren ergeben, die zufällig in dieselbe Körperzelle eingedrungen sind. Durch ihre Fähigkeiten zur schnellen Veränderung des Erbguts können Viren Selektionsvorteile besonders effektiv und schnell realisieren und müssen von allen Mikroorganismen als evolutionär am erfolgreichsten eingestuft werden.

So gut wie immer führen Erbgutveränderungen zu einer reduzierten Fitneß oder gar zum Tod des Mikroorganismus. Diesen scheinbaren Nachteil gleichen Viren durch ihre hohe Vervielfältigungsrate aus, und gelegentlich kommt es auch zu Mutationen, die zu einer erhöhten Fitneß führen. Dadurch können sich krankmachende Eigenschaften verstärken oder verringern, letzteres ist viel häufiger. Erbgutveränderungen können es einem Erreger auch ermöglichen, neue Tierarten zu befallen und sich damit einen neuen Lebensraum zu erobern. Viren sind in ihrer parasitären Beziehung zur Wirtszelle außerordentlich spezialisiert. Fast jeder Schritt in ihrem Lebenszyklus ist abhängig von entsprechenden Eigenschaften der Wirtszelle, die diesen Schritt ermöglichen muß. Wegen ihres kleinen Erbguts und ihrem komplizierten Vermehrungszyklus sind daher fast alle Mutationen von evolutionärem Nachteil, aber eben nicht alle.

Problematische Besonderheit

Influenzaviren verwenden RNA (Ribonukleinsäure) als Träger der Erbinformation. Daher ist ihre Mutationsfähigkeit ausgeprägt, sie verändern sich stetig, und das Immunsystem erkennt die Erreger zunehmend schlechter. Dieses Phänomen der langsamen Veränderung (die sogenannte Antigendrift) ist der Grund, warum die Schutzimpfung gegen Influenza jedes Jahr erneuert werden muß. Problematischer ist aber eine andere Besonderheit der Influenzaviren, ihr segmentiertes Erbgut. Das bedeutet, die Gene sind auf acht einzelnen RNA-Stücken angeordnet. Die beiden wichtigsten Erbanlagen für Virulenz und Immunantwort enthalten die Bauanleitung für zwei Proteine auf der Oberfläche des Virus, Hämagglutinin (H) und Neuraminidase (N). Es sind 16 Varianten (Subtypen) des Hämagglutinins und neun der Neuraminidase bekannt. Die in den letzten Jahrzehnten in der Bevölkerung zirkulierenden Influenzaviren gehören zu den Subtypen H1N1 und H3N2, die hochpathogenen Vogelinfluenzaviren gehören zu den H5- oder H7-Subtypen.

Treffen zwei Influenzasubtypen in einem Wirt zusammen, so können sie durch den Austausch von Genen ihre Eigenschaften neu zusammenstellen. Dann entstehen Erreger mit völlig neuen Eigenschaften (dieses Ereignis wird als Antigenshift bezeichnet), gegen die die Bevölkerung noch keine Immunität besitzt und aktuelle

Impfstoffe nicht schützen. Schweine gelten als die klassischen Mischgefäße, weil sie sich mit Influenzaviren der Vögel und des Menschen anstecken können. Daher ist die zum Beispiel in Südchina zu beobachtende gleichzeitige Haltung von Geflügel und Schweinen auf engstem Raum ein Bedrohungspotential.

Stilles Reservoir erobert

Der Erreger der Geflügelpest in Asien, H5N1, hat sich inzwischen nicht nur bei Hühnern massiv ausgebreitet. Haus-Enten sind widerstandsfähig geworden gegenüber einer Infektion mit einigen H5N1-Stämmen und werden nicht mehr krank. Da sie aber trotzdem das Virus über Kot und Sekrete ausscheiden, hat sich der Erreger ein kaum kontrollierbares stilles Reservoir erobert und kann daher immer wieder Geflügelpestausbrüche verursachen. Es ist außerdem bekannt, daß Enten das Virus inzwischen länger ausscheiden als früher. Auch das Wirtsspektrum von H5N1 ist breiter geworden. H5N1-Viren wurden inzwischen bei (verendeten) Tigern und Leoparden in einem Zoo in Thailand nachgewiesen, die offenbar mit infiziertem Geflügel gefüttert worden waren. In den Niederlanden gelang eine experimentelle Infektion von Katzen mit H5-Viren. Im Februar und im März 2006 wurde H5N1 nach dem Auftreten bei Wildvögeln bei insgesamt drei verendeten streunenden Katzen auf Rügen beobachtet, die sich offenbar in einem Gebiet mit besonders hoher Virusbelastung (Wittower Fähre) infiziert hatten, in diesem Zeitraum wurde auf Rügen auch die weltweit erste Infektion bei einem Steinmarder nachgewiesen. Bei Schweinen – als potentielles Mischgefäß für die Entstehung eines neuen Influenzavirus besonders wichtig – wurden bei einzelnen Tieren in Asien Antikörper gegen H5N1 gefunden, nicht aber das Virus selbst. Eine experimentelle Untersuchung zeigte 2005, daß sich Schweine zwar infizieren lassen, aber das Virus anscheinend (unter experimentellen Bedingungen) nicht leicht zwischen Schweinen weitergegeben wird. Infektionen bei Säugetieren, insbesondere bei Hauskatzen mit ihrem engen Kontakt zum Menschen, könnten die Anpassung des Virus an den Menschen erleichtern, der ja auch ein Säugetier ist. In den vergangenen Jahren sind die H5N1-Stämme in Geflügel und auch in Mäusen (einem Labormodell für Säuger) pathogener geworden.

Es ist weitgehend unklar, welche genetischen Veränderungen notwendig sind, damit das H5N1-Virus leicht von Mensch zu Mensch übertragbar wird. Zwar wurde bei zwei publizierten Erkrankungen eine Mensch-zu-Mensch-Übertragung als wahrscheinlich angenommen (September 2004 in Thailand; Februar 2005 in Vietnam). Diese Fälle sind jedoch seltene Ausnahmen und gingen mit einem intensiven und engen Kontakt zwischen den betroffenen Menschen einher. Die effiziente Übertragung von Mensch zu Mensch ist die entscheidende Voraussetzung für die Entstehung einer Pandemie. Diese Fähigkeit könnten die Viren durch ständige Änderungen ihres Erbguts oder – schlagartig – durch den Austausch ganzer Gene mit humanen Influenzaviren erlangen.

Risiko Massentierhaltung

Eine Influenzapandemie muß aber nicht unbedingt aus Südostasien kommen, auch wenn die Wahrscheinlichkeit für diese Ursprungsregion groß ist. Auch in Europa gibt es hochpathogene aviäre Influenzaviren, wie sich bereits bei dem großen Geflügelpestausbruch in den Niederlanden und Belgien im Frühjahr 2003 zeigte. Der Ausbruch ist nicht nur durch Massentierhaltung erleichtert worden, sondern möglicherweise auch durch die Freilandhaltung von Geflügel. Vorbeiziehende Wildenten, Möwen und andere Wasservögel scheiden Influenzaviren mit dem Kot aus und können darüber Hausgeflügel anstecken. Bei dem Ausbruch in den Niederlanden und Belgien erkrankten auch 266 Menschen nach einer Infektion mit dem aus erkranktem Geflügel stammenden Influenzavirus (H7N7) an Bindehautentzündungen oder in einzelnen Fällen grippeähnlichen Symptomen, bei 78 von ihnen lag ein positiver Nachweis von H7N7 vor. Ein Tierarzt starb an der Erkrankung.

Das Robert Koch-Institut hatte die Gesundheitsbehörden in den grenznahen Bundesländern informiert, in engem Kontakt mit den niederländischen Behörden gestanden und Empfehlungen zum Infektionsschutz veröffentlicht, zunächst im Internet. Die Internetseiten des Robert Koch-Instituts mit über zwanzig Millionen Seitenabrufen im Jahr sind eine der wichtigsten Plattformen in Deutschland für Informationen zu Infektionskrankheiten. Empfohlen wurden für Personen mit engem Kontakt zu kranken Tieren geeignete Schutzmaßnahmen. Dazu gehören in erster Linie geeignete Schutzkleidung, Schutzhandschuhe, Mundschutz und Schutzbrille, außerdem eine prophylaktische antivirale Therapie mit sogenannten Neuraminidasehemmern. Eine Influenza-Schutzimpfung (mit dem aktuellen humanen Impfstoff) von nicht geimpften Personen mit möglichem Kontakt zu erkrankten Tieren sollte Doppelinfektionen mit den aktuell zirkulierenden humanen Influenzaviren und dem Erreger der Geflügelpest verhindern und damit das Risiko, daß sich durch Gentausch neue Virusvarianten ausbilden (Reassortment) und ein neues, für Menschen gefährlicheres Virus entstehen könnte. Die zum Schutz der Beschäftigten zu treffenden technischen, organisatorischen und persönlichen Maßnahmen wurden vom Ausschuss für Biologische Arbeitsstoffe bekanntgegeben und in die Empfehlungen des Robert Koch-Instituts integriert. Auf deutscher Seite war 2003 ein einziger Bauernhof von H7N7 betroffen, im Frühjahr 2006 war dann erstmals in Deutschland, in Sachsen, ein Nutztierbestand von H5N1 betroffen.

Zur Geflügelpest im Tierbestand arbeitet das Friedrich-Loeffler-Institut/Bundesinstitut für Tiergesundheit. Die Einschätzung möglicher Risiken für den Verbraucher durch tierische Produkte nimmt das Bundesinstitut für Risikobewertung vor (Hinweise auf ein nennenswertes Risiko gibt es nicht). Mit beiden Einrichtungen arbeitet das Robert Koch-Institut eng zusammen. Beide Institute sind Ressortforschungseinrichtungen und gehören zum Geschäftsbereich des Bundesministeriums für Ernährung, Landwirtschaft und Verbraucherschutz (BMELV), von dem die Vorgaben zur Bekämpfung der Geflügelkrankheit kommen. Mit einer prinzipiellen Weiterführung der Stallpflicht für Geflügel, die Ende 2005 eingeführt worden war, reagierte das BMELV Ende April 2006 auf die fortgesetzte Bedrohung durch Vogelgrippeviren in den Wildvogelbeständen in Deutschland. Ausnahmen werden unter anderem zugestanden, wenn der Geflügel haltende Betrieb sich nicht an einem Risikostandort befindet, also nicht in der Nähe von Feuchtbiotopen, Seen oder Flüssen, an denen sich Wildvögel sammeln.

Maßnahmen auf europäischer Ebene

Um Vogelgrippe-Ausbrüche in Europa besser zu verhindern und zu kontrollieren, hat die Europäische Kommission am 28. April 2005 eine neue Regelung (Council Directive) vorgeschlagen. Danach wurden die Mitgliedsstaaten aufgefordert, Überwachungs- und Kontrollmaßnahmen für schwach pathogene aviäre Influenzaviren einzuführen oder zu verstärken. Die bestehenden Regelungen aus 1992, die damit ersetzt werden, forderten Kontrollmaßnahmen nur für hochpathogene Influenzaviren. Aber diese könnten sich aus Erregern geringerer Pathogenität entwickeln, wie sich jüngst bei einem H7N3-Ausbruch in Kanada zeigte.

Überwachung und Bekämpfung der Influenza bei Tieren sind ein Schlüssel, um das Risiko der Entwicklung eines für den Menschen bedrohlichen Pandemievirus zu verringern. Die Surveillance von Influenzaviren bei Tieren, insbesondere Vögeln und Schweinen, ist aus mehreren Gründen von Bedeutung. Zum einen ist es wichtig zu wissen, welche Subtypen in welchen Tiergattungen in welcher Häufigkeit nachweisbar sind und wie sich diese Verteilung über die Zeit verändert. So könnten Subtypen bzw. Stämme erkannt werden, die sich durchzusetzen beginnen und einen Evolutionsvorteil erlangt haben. Außerdem ist eine Routinesurveillance in der Massentierhaltung von Hühnern und Schweinen sinnvoll, damit Viren, die auf den Menschen übertragen werden können, möglichst frühzeitig entdeckt werden. Das Wildvogelmonitoring des Friedrich-Loeffler-Instituts wird inzwischen in verstärktem Maß fortgeführt.

Impfung für die Hühner

Eine Veränderung von Maßnahmen in der Landwirtschaft kann aber auch nachteilig für die Menschen sein. Der interdisziplinäre Dialog ist daher essentiell. In der Vergangenheit wurden die betroffenen Geflügelbestände gekeult, um Ausbrüche unter Kontrolle zu bringen. Der existierende Impfstoff wurde nicht eingesetzt, weil man sonst infizierte und geimpfte Tieren nicht voneinander unterscheiden kann, eine auch für den Export nicht unerhebliche Frage. Beide Gruppen besitzen nämlich Antikörper gegen das Virus (gegen das Wildvirus beziehungsweise das Impfvirus). Mit Antikörpern bekämpft das körpereigene Abwehrsystem Eindringlinge in den Organismus. Auch wenn sich der Erreger nicht mehr nachweisen läßt, findet man noch die Antikörper, quasi die Fußspuren des Abwehr- oder Immunsystems. Wären Vögel geimpft, so könnten sie außerdem als stilles Reservoir für H5N1 dienen, weil sie sich trotz Impfung infizieren können, ohne krank zu werden. Das erhöhte das Risiko, daß die Viren in geimpften Vögeln unbemerkt mutieren und sich zu einem Pandemievirus weiterentwickeln, oder daß der gefährliche Erreger unbemerkt in alle Welt exportiert wird. Der Einsatz von sogenannten ungeimpften „Sentinel-Tieren", die zusammen mit geimpftem Geflügel gehalten werden und nach einer Infektion erkranken würden, eröffnet zwar zusätzliche diagnostische Möglichkeiten. Das Verfahren ist aber nach Ansicht des Friedrich-Loeffler-Instituts aus organisatorischen Gründen im Praxiseinsatz problematisch.

Nachdem H5N1 in Asien inzwischen aber in Wildvögeln und Hausgeflügel, zum Beispiel Enten, weitverbreitet ist, könnte das Virus immer wieder zurückkommen, egal wie häufig Geflügelbestände gekeult werden. Im Frühjahr 2005 forderten die Nahrungs- und Landwirtschaftsorganisation der Vereinten Nationen (FAO) und die Weltorganisation für Tiergesundheit (OIE) daher, zukünftig aus ethischen, ökologischen und ökonomischen Gründen von einer Massenkeulung von Geflügel abzusehen und auf Impfungen zu setzen. In einigen asiatischen Ländern wird Geflügel inzwischen geimpft, mit den beschriebenen Nachteilen. Das Friedrich-Loeffler-Institut forscht an Impfstoffen und Diagnostika, die eine leichte und verläßliche Unterscheidung von geimpften und ungeimpften Tieren ermöglicht und auch an großen Tierzahlen in Geflügelhaltungen angewendet werden kann. Die Bundesregierung hat im Frühjahr 2006 eine Forschungsvereinbarung zu von Tieren auf Menschen übertragbaren Krankheiten (Zoonosen) beschlossen, in dem auch die Impfstoffentwicklung im Veterinärbereich verstärkt gefördert wird.

Das Europäischen Zentrum für die Prävention und Bekämpfung von Krankheiten

Das Pandemierisiko hat auch die europäischen Aktivitäten im Infektionsschutz für die Bevölkerung stärker in den Vordergrund gerückt. In Ergänzung zur Weltgesundheitsorganisation gibt es auf der Ebene der Europäischen Gemeinschaft seit 1998 Bestrebungen, die nationalen Institutionen und Strukturen besser miteinander zu vernetzen und zu koordinieren (Decision 2119/98/EC). Im Ergebnis wurde ein EU-Netzwerk für die epidemiologische Überwachung (Surveillance) von Infektionskrankheiten etabliert mit krankheitsspezifischen Teilnetzen, etwa das vom Robert Koch-Institut koordinierte European Network for Diagnostics of Imported Viral Diseases (ENIVD) oder das in den Niederlanden koordinierte European Influenza Surveillance Scheme (EISS). Außerdem einigten sich die Europäer auf eine gemeinsame Liste zu überwachender Krankheiten, die Festlegung einheitlicher Falldefinitionen und die Einrichtung eines Frühwarnsystems.

Nach den ersten Erfahrungen, die durch diese intensive Kooperation der nationalen Surveillance-Einrichtungen gewonnen wurden, entstand die Idee für ein eigenes Europäisches Zentrum für die Überwachung und Kontrolle von Krankheiten. Das Europäische Parlament stimmte am 10. Februar 2004 einem Kommissionsvorschlag vom Juli 2003 zu, der die Einrichtung eines Europäischen Zentrums für die Prävention und Bekämpfung von Krankheiten (European Centre for Disease Prevention and Control, ECDC) vorsah. Der Ministerrat billigte die Entscheidung nur wenige Wochen später.

Im Mai 2005 hat das Zentrum in Stockholm seine Arbeit aufgenommen. Der Bestand an festen Mitarbeitern soll relativ klein sein. Geplant ist ein Kern von etwa 50 Personen, die auf Experten aus den einzelnen Mitgliedsstaaten im Sinne eines Beratergremiums zurückgreifen und deren vorhandenes Wissen bündeln können. Hierfür müssen effektive und gezielt gestaltete Kommunikationsstrukturen aufgebaut werden. Die Finanzierung erfolgt aus Mitteln der EU. Der Verwaltungsrat setzt sich aus Vertretern der EU-Staaten, der Kommission und des Europäischen Parlaments zusammen.

Das Zentrum erhält keine Regulierungsbefugnis. Die derzeitige Planung sieht vor, daß der Schwerpunkt der Arbeit des Zentrums bei übertragbaren Erkrankungen und Seuchenausbrüchen unbekannter Herkunft liegt – zumindest bis klar ist, worum es sich handelt. Eine der zentrale Aufgaben ist die epidemiologische Surveillance und die Bildung beziehungsweise der Ausbau von Labornetzwerken. Die bestehenden krankheitsspezifischen EU-Netzwerke umfassen nicht alle Infektionskrankheiten, die EU-weit erfasst werden sollen. Zudem sind die einzelnen Initiativen in ihren Arbeitsabläufen und dem Aufbau nicht unbedingt vergleichbar. Das neue Zentrum soll auf der Basis der bestehenden Netzwerke und der bereits vorhandenen Expertise in den Mitgliedsländern die bisherigen Ansätze vereinheitlichen, vertiefen und ausbauen, außerdem werden Qualitätssicherungsmaßnahmen für mikrobiologische Laboratorien unterstützt.

Seit der offiziellen Einweihung am 27. Mai 2005 gewährleistet das ECDC eine 24stündige Verfügbarkeit von Seuchenexperten an sieben Tagen der Woche, um Seuchengefahren rechtzeitig zu erkennen und rasch reagieren zu können. Die entsprechenden Aktivitäten sollen durch das Zentrum koordiniert werden. Die Verantwortung für die im Detail zu ergreifenden Maßnahmen soll aber bei den einzelnen Mitgliedsstaaten und der Kommission bleiben. Das in den Mitgliedsstaaten vorhandene wissenschaftliche Sachverständigenwissen soll für jeweils bestimmte Fragestellungen bedarfsgerecht gebündelt werden. Hierzu wird das Zentrum auf die EU-weiten Netzwerke und wissenschaftliche Expertenarbeitsgruppen (Scientific Ad Hoc Panels) zurückgreifen.

EU-Teams, die in Krisensituationen schnell zusammengestellt werden können, sollen auf Anfrage von betroffenen Staaten zur Aufklärung von Ausbrüchen in europäische Länder aufbrechen können. Die Experten sollen auch über die Grenzen der Europäischen Union hinaus handeln können und bei Bedarf auch Drittländern, z. B. Beitrittskandidaten, Unterstützung bei der Bewältigung von Seuchenausbrüchen gewähren. Insbesondere sollen internationale Organisationen wie die WHO unterstützt werden. Trainingsprogramme für die epidemiologische Surveillance und aufsuchende Epidemiologie sollen zentral unterstützt und koordiniert werden.

Plan für Deutschland

Die Weltgesundheitsorganisation hatte 1999 ihre Mitgliedsstaaten aufgerufen, vorbereitende Planungen auf nationaler Ebene für eine Influenzapandemie zu treffen und einen ersten Musterplan veröffentlicht. Schon Mitte der neunziger Jahre gab es im Robert Koch-Institut erste Überlegungen dazu, auch die Länder befaßten sich damals mit dem Thema. Durch Beschluß der 74. Gesundheitsministerkonferenz vom 21./22.06.2001 wurde das Bundesministerium für Gesundheit gebeten, in Abstimmung mit den Ländern einen nationalen Pandemieplan für das Gebiet der Bundesrepublik Deutschland zu erarbeiten. Im Oktober 2001 wurde unter Federführung des Robert Koch-Instituts eine Expertengruppe ,Influenza-Pandemieplanung' eingerichtet. Die Arbeitsgruppe sollte unter Berücksichtigung der föderalen Organisation der Bundesrepublik Deutschland sowie der grundsätzlichen Zuständigkeit der Länder und Gemeinden für die Durchführung der Maßnahmen zum Infektions- und Katastrophenschutz einen Plan erarbeiten. Ein erster Entwurf des Pandemieplans wurde den Ländern im Februar 2004 übergeben und von den zuständigen Gremien in zahlreichen Sitzungen beraten. Für die Veröffentlichung Anfang 2005 wurden Vorschläge der Sonderarbeitsgruppe ,Pandemieplan Influenza' der Arbeitsgemeinschaft der Obersten Landesgesundheitsbehörden der Bundesländer (AOLG) eingearbeitet und gemeinsame Empfehlungen zur Umsetzung formuliert.

Vordringlich ist ein Impfstoff

Der Plan enthält gemeinsame Empfehlungen des Bundes und der Länder zur Vorbereitung auf eine Pandemie und für Maßnahmen im Pandemiefall. Bund und Länder halten insbesondere die möglichst frühzeitige Verfügbarkeit eines Impfstoffs im Falle einer Pandemie für vordringlich. Die Bundesregierung hat bereits Verträge mit den Impfstoffherstellern abgeschlossen, die für die gesamte Bevölkerung eine frühestmögliche Bereitstellung eines Impfstoffs gewährleisten und unterstützt die Entwicklung eines pandemischen Impfstoffs. Wichtige Vorarbeiten wurden angegangen, damit man im Notfall so rasch wie möglich mit der Impfstoffproduktion beginnen kann.

Man kann zum Beispiel nicht voraussetzen, daß ein Impfstoff für eine Pandemie genauso funktioniert wie jener für die jährliche Routineimpfung. Für die sinnvolle neuartige Herstellung in Zellkulturen fehlen die praktischen Erfahrungen. „Reverse Genetik" würde eine schnellere Herstellung eines Saatvirus für die Impfstoffherstellung möglich machen. Dabei werden die benötigten Impfviren maßgeschneidert und gleichsam künstlich hergestellt, indem harmlosen Impfviren die für die Immunantwort entscheidenden Gensegmente übertragen werden. Aber die mit diesem Verfahren produzierten Impfviren gelten als genetisch modifizierte Organismen, für die besondere Umgangsgenehmigungen und Sicherheitsvorkehrungen erforderlich sind. Bisher erfolgt die Herstellung eines Impfvirus im Embryo eines Hühnereis durch natürliche Neukombination (Reassortierung) eines Impfstammes mit der Virusvariante, gegen die ein Impfstoff produziert werden soll.

Insgesamt gibt es so viele Unklarheiten, daß ein pandemischer Impfstoff erst ein eigenes Zulassungsverfahren durchlaufen müßte. Inzwischen werden nach Angaben des Paul-Ehrlich-Instituts, dem Bundesamt für Sera und Impfstoffe, Prototyp-Impfstoffe von mehreren Herstellern entwickelt und in klinischen Studien erprobt. Die erste arzneimittelrechtliche Zulassung wird noch im ersten Halbjahr 2006 erwartet. Im Pandemiefall könnte dann sehr rasch der eigentliche pandemische Impfstoff zugelassen werden. Weltweit bemühen sich eine Reihe von Staaten um die Entwicklung eines Impfstoffes. Die USA haben sogar mehrere Millionen Dosen eines experimentellen Impfstoffs bestellt. Damit gehen sie aber das Risiko ein, daß der bevorratete Impfstoff nicht auf das Pandemievirus paßt. Einige Hersteller arbeiten auch an der Entwicklung von Influenza-Impfstoffen der zweiten Generation. Diese sollen eine breitere Wirksamkeit besitzen und daher gegen eine Reihe von Virusstämmen innerhalb einer Gruppe, eines sogenannten Virussubtyps (zum Beispiel H5N1), schützen. Sie werden gelegentlich auch „Driftimpfstoffe" genannt. Sie könnten vor Auftreten einer Pandemie produziert und eventuell auch angewendet werden, wenn der die Pandemie auslösende Virussubtyp mit ausreichender Wahrscheinlichkeit vorausgesagt werden kann.

Die Zahl der Impfstoffdosen, die die Hersteller im Pandemiefall produzieren könnten, hängt maßgeblich davon ab, wieviel Impfstoff für die üblichen Influenzawellen hergestellt wird. Ein besseres Impfverhalten trüge daher indirekt dazu bei, besser für den Pandemiefall vorzusorgen. Die Pandemien des letzten Jahrhunderts zeigen allerdings, daß die Infektionen in Wellen erfolgen, in mehrmonatigem Abstand. Ein Impfstoff wird erst gegen die zweite Welle herstellbar sein. Ob Impfstoffe der zweiten Generation hier einen Ausweg bieten und vor einer drohenden Pandemie eine Bevorratung für die gesamte Bevölkerung finanzierbar wäre, ist offen.

Prioritäten beim Impfen

Ziel der Impfprävention im Rahmen einer Pandemie ist der möglichst rasche und vollständige Impfschutz der gesamten Bevölkerung vor dem pandemischen Virus. Jedoch wird auch bei deutlich beschleunigter Impfstoffproduktion und Zulassung zunächst nicht ausreichend Impfstoff für die gesamte Bevölkerung zur Verfügung stehen. Hieraus ergibt sich die Notwendigkeit einer Priorisierung der zu impfenden Gruppen. Dies empfiehlt auch die WHO in ihrem Pandemieplan von 1999. Die Kriterien für eine Priorisierung müssen klar und transparent sein und begründet werden. Die Entscheidungen müssen bundesweit nach einer einheitlichen Praxis gefällt und im gesellschaftlichen Konsens getroffen werden.

Ziel einer Prioritätenliste muß eine Impfstoffverteilung sein, die den höchsten Nutzen für die Minderung der Morbidität und Mortalität verspricht. Dies kann am ehesten durch ein funktionierendes Gesundheitswesen erreicht werden. Die Expertengruppe „Influenza-Pandemieplanung" am Robert Koch-Institut hat sich dafür ausgesprochen, daß der Aufbau eines ausreichenden Immunschutzes im Falle sehr knapper Impfstoffressourcen prioritär für das Personal im (akuten) ambulanten und stationären medizinischen Versorgungsbereich gewährleistet werden soll. Dafür gibt es mehrere Gründe. Durch den ständigen Kontakt zu erkrankten Patienten, Kollegen und Besuchern besteht für diese Berufsgruppe eine erhöhte Gefahr einer Influenzainfektion. Außerdem kann dort bei einer eigenen Infektion das Virus auf Personen mit erhöhtem Risiko, Kollegen sowie Angehörige und andere Bevölkerungsgruppen übertragen werden. Und letztendlich gefährdet der durch eine Influenzaerkrankung verursachte Personalausfall nicht nur die medizinische Versorgung von Influenzakranken, sondern auch von Kranken, die nicht an Influenza erkrankt sind und den Arzt wegen anderer Beschwerden aufsuchen oder in ein Krankenhaus eingeliefert werden. Zum medizinischen Personal zählen in Deutschland insgesamt knapp vier Millionen Menschen.

An zweiter Stelle stehen die Berufsgruppen zur Aufrechterhaltung der öffentlichen Infrastruktur und Sicherheit, deren Arbeitsfähigkeit für die Allgemeinheit besonders wichtig ist. Zu dieser Berufsgruppe zählen in Deutschland bundesweit etwa drei Millionen Menschen. Die Reihenfolge, in der diese Berufsgruppe geimpft werden kann, hängt von der Menge der verfügbaren Impfstoffdosen ab. Auf Landesebene kann im Bedarfsfall bei einer Pandemie eine weitere Priorisierung innerhalb dieser Berufsgruppen erfolgen. Insgesamt müßten zur Sicherstellung der medizinischen Versorgung und Aufrechterhaltung der essentiellen Infrastruktur rund sieben Millionen Personen vorrangig geimpft werden. Dies entspricht 8,5 Prozent der Gesamtbevölkerung.

Die Pandemien im 20. Jahrhundert zeigen, daß eine Vorhersage, welche Gruppen vordringlich von einer Impfung profitieren, nur begrenzt möglich ist. Weitere Präzisierungen für die Impfung bestimmter Bevölkerungsgruppen sollten im Pandemiefall daher aufgrund von epidemiologischen Gesichtspunkten des Pandemievirus vorgenommen werden. Da die Entscheidung einer Priorisierung jedoch vielschichtig ist, sollten bereits im Vorfeld Kriterien entwickelt werden, mit deren Hilfe dieser Entscheidungsprozeß objektiviert werden kann. Eine flexible Anpassung der Empfehlungen an die tatsächliche Situation muß hierbei gewährleistet werden. Würde im Verlauf einer Pandemie zum Beispiel ersichtlich, daß bestimmte Altersgruppen besonders hohe Komplikations- und Mortalitätsraten aufweisen, müßte die Impfstrategie möglicherweise geändert werden.

Die einzige Möglichkeit

Bis ein Impfstoff zur Verfügung steht, wären antivirale Arzneimittel die einzige Möglichkeit, bei bereits Infizierten kausal den möglicherweise fatalen Folgen einer Infektion entgegenzuwirken. Untersuchungsergebnisse lassen vermuten, daß die beiden schon lange verfügbaren antiviralen Arzneimittel Amantadin und (das in Deutschland nicht zugelassene) Rimantadin bei therapeutischer Anwendung schnell zu Resistenzen führen würden und damit unwirksam wären. Von den neueren Neuraminidase-Hemmern nimmt man an, daß sie gegen alle Influenza-A-Viren wirken und nicht so schnell Resistenzen auftreten. Allerdings könnte die Produktion dieser Neuraminidasehemmer nicht in kurzer Zeit erhöht werden, um die gesamte Bevölkerung zu versorgen. Um so wichtiger ist es, möglichst rasch das Verfügbare vertraglich zu regeln. Nach Modellrechnungen des Robert Koch-Instituts könnten bei einer Therapie aller Erkrankten mit antiviralen Arzneimitteln je nach Erkrankungsrate 90.000 bis 300.000 Krankenhauseinweisungen und 24.000 bis 80.000 Todesfälle verhindert werden (bei einer Erkrankungsrate zwischen 15 und 50 Prozent).

Die Auswirkungen einer zukünftigen Pandemie können nur unter Vorbehalt geschätzt werden, weil man die Eigenschaften eines Erregers und seine Verbreitung in der Bevölkerung nicht vorhersagen kann. Die derzeitige Mortalitätsrate der Vogelgrippe von über 50 Prozent ist bei einem Pandemievirus nicht zu erwarten. Die Anpassung eines neuen Influenzavirus an den Menschen ging bislang immer mit einer Verringerung der Pathogenität einher. So verursachte der Erreger der Spanischen Grippe (ein H1N1-Subtyp) eine Sterblichkeit von zwei bis drei Prozent, ein Vielfaches einer üblichen grassierenden Influenzawelle, an der in Deutschland jedes Jahr geschätzte 10.000 Menschen sterben.

Hinsichtlich ihrer Ausbreitungsdynamik und den zu erwartenden Erkrankungs- und Todesfällen stellt eine Influenzapandemie wahrscheinlich das Ereignis mit dem höchsten Gefahren-, Risiko- und Vulnerabilitäts-Potential unter den Bedrohungen durch Infektionserreger dar. Bei einem derartigen Geschehen ist eine bundeseinheitlich koordinierte Abwehr erforderlich, die aufbauen muß auf einer engen Vernetzung der Strukturen von Bund, Ländern und Gemeinden mit den für den Gesundheitsschutz zuständigen Behörden, Einrichtungen und Organisationen. Das konkrete Vorgehen in einer Pandemiesituation schlägt nach einer Gefahrenabschätzung eine Bund-Länder-Koordinierungsgruppe vor, die beim Bundesinnenministerium angesiedelt ist. Sie setzt sich aus Vertretern der zuständigen Fachressorts des Bundes und der Länder zusammen.

Ein Aktionsplan, der die Maßnahmen vor einer Pandemie und im Pandemiefall detailliert zusammenfaßt, ist im April 2005 fertiggestellt und als Teil 3 des Influenzapandemieplans veröffentlicht worden. Dabei führen die Länder das Infektionsschutzgesetz aus. Bei ihnen liegt auch die Finanzierung der Maßnahmen, etwa die Bevorratung mit antiviralen Arzneimitteln. Die zu treffenden Vorbereitungen der Länder und Gemeinden sind vielfältig. Der Aktionsplan sieht zum Beispiel die Erstellung von Pandemieplänen in den Ländern und Stadt- sowie Landkreisen vor. Um im Pandemiefall rasch Bettenkapazitäten verfügbar zu haben, sollte in den Städten und Landkreisen mindestens ein geeignetes Hospital zur Behandlung von Influenza-Erkrankten vorgesehen werden.

Auch die Krankenhäuser selbst sind gefordert, Konzepte zum Management einer Pandemiesituation zu entwickeln. Dabei sind verschiedene Aspekte zu berücksichtigen. Dazu gehört der Handlungsablauf, zum Beispiel hinsichtlich einer Triage. Das ist eine Zuordnung zu Gruppen, im engeren Sinne eine Auswahl von Verletzten nach zunehmender Verletzungsschwere. Eine Triage hat das Ziel, verfügbare Behandlungskapazität denjenigen Patienten bevorzugt zukommen zu lassen, deren Überlebenschancen durch die Behandlung am wahrscheinlichsten verbessert werden. Wichtig bei der Konzeptentwicklung der Hospitäler sind auch Fragen der Ausstattung und Bevorratung (z. B. Beatmungsgeräte, Antibiotika), des Personalmanagements, der Sicherung stationärer Versorgungskapazitäten, außerdem Schulung und Training.

Schlüsselrolle für die ambulante Versorgung

Bei einer wahrscheinlichen Erkrankungsrate von 30 Prozent bei einer Pandemie – das wären rund 24 Millionen Patienten in Deutschland – kommt auch der amublanten Versorgung eine Schlüsselrolle zu. Wann immer möglich sollte ein Patient zu Hause versorgt werden, um die Krankenhäuser zu entlasten. Notwendig ist daher die Planung der ambulanten Versorgung, die Entwicklung von Ablaufplänen und die Vorbereitung von ambulanten Versorgungseinrichtungen sowie Alten- und Pflegeheimen für den Pandemiefall.

Jeder ist auf den anderen angewiesen, so auch der Öffentliche Gesundheitsdienst und der Katastrophenschutz. Der Aktionsplan sieht die Information und Einweisung der Krisen- und Katastrophen-Reaktionsstrukturen der Städte und Gemeinden durch Gesundheitsämter vor. Das infektiologische und infektionsepidemiologische Fachwissen in den Krisenstäben ist sicherzustellen, bestehende Katastrophen- und Notfallpläne sollen auf ihre Pandemietauglichkeit überprüft und angepaßt werden.

Was kann der einzelne tun? Die Vorbereitung auf eine Influenzapandemie benötigt die Unterstützung der gesamten Gesellschaft. Dies wird vor allem von Personen und Institutionen erwartet, die mit der Planung und/oder Umsetzung von Maßnahmen zur Vorsorge oder Schadensbegrenzung im Falle einer Influenzapandemie betraut sind oder sein könnten. Dazu zählen politische und sonstige Entscheidungsträger auf Bund-, Länder- oder kommunaler Ebene ebenso wie die Mitarbeiter im Öffentlichen Gesundheitswesen, in den Krankenhäusern, der ambulanten medizinischen Versorgung und der niedergelassenen Ärzteschaft.

Das Robert Koch-Institut steht bei der Umsetzung des Aktionsplans fachlich und beratend zur Verfügung und koordiniert die Fortschreibung des Pandemieplans. Außerdem wird das Institut auch selbst aktiv, etwa bei der Verstärkung der Influenzaüberwachung. Eine Verstärkung der Kompetenzen des Bundes in der Seuchenabwehr ist durchaus diskussionswürdig. Das würde den Abstimmungsbedarf verringern und schnelleres Handeln erlauben. Drei Pandemien im vergangenen Jahrhundert zeigen, daß es nicht die Frage ist, ob eine Pandemie kommt, sondern wann. Optimismus ist kein Ersatz für Vorsorge.

Im Labor des Lebens – Von der Vogelgrippe zur Seuchenpolitik des 21. Jahrhunderts

von Wolf R. Dombrowsky

Lebst Du noch oder ist alles nur Simulation? So oder ähnlich ließe sich in Abwandlung der Werbung eines großen schwedischen Möbelhauses auch zur Vogelgrippe fragen. Längst nämlich hat die H5N1-Pandemie stattgefunden: Als Szenario in unseren Köpfen und als dessen schrittweise Umsetzung in – die oder der Realität. So ganz läßt es sich kaum mehr unterscheiden. Lange vor 22 toten Graugänsen bei Neuwied und vier verendeten Wildgänsen bei Rosdorf (Landkreis Göttingen) war 2003 vom französischen Fernsehen die Vogelgrippe als Doku-Simulation ausgestrahlt worden. Ihr hinkt die Wirklichkeit nur noch nach – Schritt für Schritt, von Land zu Land. „Gefährliches Vogelgrippevirus bisher in 14 Staaten nachgewiesen" bilanzierte DIE WELT (26.10.2005:5), exakt acht Tage nachdem der französische Thriller auch im deutschen Fernsehen zu sehen war („Virus im Paradies", WDR, 18.10.2005, 22:10h). Und dann, endlich, fielen auch in Deutschland die ersten Vögel tot vom Himmel...

Ineinander verschränkt ereignet sich Zweierlei. Eine Möglichkeit – die Mutation eines Erregers – wird zum Fait accompli für ein Horror-Szenario, das in einer eigentümlichen Allianz wohligen Gruselns aller Beteiligten in die Realität eingeführt wird, ohne einzutreten, dann aber auf noch eigentümlichere Art doch eintritt, ohne zum Szenario zu werden. Ein grandioses Kunststück und eine exzellente Inszenierung, der die Öffentlichkeit staunend und auch ein wenig ängstlich beiwohnen darf. Der „Thrill" resultiert aus der Lust, einer Apokalypse beiwohnen zu können, ohne in ihr umkommen zu müssen, und der Angst, doch zum Opfer zu werden, falls sich das täglich anschleichende Unheil nicht stellen und auf Distanz halten läßt.

Distanz, ganz buchstäblich als Entfernungsmaß, erweist sich als idealer Thrill-Trigger, der von allen Beteiligten zum gegenseitigen Nutzen ein- und ausgeschaltet wird. Die Medien überbieten sich mit Horror-Szenario und melden stündlich die

Distanzveränderungen. Die einschlägigen Wissenschaften vermessen die Distanz-veränderungen und belegen durch sie, daß „Surveillance" der Schlüssel ist, um auch weiterhin Distanz halten zu können. Politik hält die Distanz hoch, weil sie den Abstand symbolisiert, der erfolgreiche „Seuchenpolitik" ausmacht, und die Bürger gehen auf vielfältige Abstände, weil sie, bis hinunter zum Stammtisch, die Deutungsräume öffnen, mit denen das letztlich Unverständliche dennoch lebens-weltlich interpretiert und mit Verhalten gefüllt werden kann.

Auf diese Weise wird Tamiflu zum Verkaufsschlager und manche Frage Gemein-gut – ob man noch Hähnchenfleisch essen, in die Türkei reisen oder über Geflü-gelmärkte spazieren dürfe. Dankbar nehmen die Experten die Fragen zum Anlaß, um über politische und kulturelle Distanzmaße zu räsonieren und Ratschläge für „Abstandsregeln" (zum Beispiel Stallzwang, Reisewarnungen) zu geben. Die Frage jedoch, ob man seinen Kanarienvogel noch küssen oder mit seiner Königskobra zu Bett gehen dürfe, wird nicht gestellt. Die innige Nähe deutscher Tierhalter, die nicht nur in mimetischer Verwechselbarkeit von Hund und Herrn endet, sondern auch in Distanzlosigkeiten, die in freier Wildbahn tödlich endeten, wird ganz anders erlebt als die Mensch-Tier-Beziehungen in anderen Ländern. Daß in der Türkei oder in China Kinder mit Hühnern spielen und manch anderes Getier buchstäblich Haustier ist, erregt Kopfschütteln. Doch ist selbst dieses Kopfschütteln von anderer Qualität als jenes, das sich angesichts von Designerbekleidung für Vierbeiner, Boas im Wohnzimmer und engstem Gefühlsaustausch mit Hund und Katz als Bett- und Eßgenossen zeigt. Hält man das eine nur für exzentrisch, erscheint das andere als Brutstätte globaler Gefährdung.

Tatsächlich jedoch leben Mensch und Tier überall auf der Welt in regem Aus-tausch, durchaus auch innig, gelegentlich sexuell und in vielen Fällen „anstek-kend". Worüber also erregt man sich? Und was ist der Kern der Erregung? Im Fall der Vogelgrippe scheint es das Risiko zu sein, daß durch die Nähe von Mensch und Geflügel aus einer Tier- eine Menschenkrankheit wird. Gleichwohl passieren Zoonosen, durch Viren, Bakterien, Pilze, Protozoen, Würmer und andere Parasiten oder durch Lebensmittel beinahe täglich und überall auf der Welt, ohne daß ganze Tierbestände vernichtet werden, Task-Forces um die Welt jagen und die Apokalypse vor der Tür steht. Ganz offensichtlich schreckt weder die Tatsache der Zoonose selbst, noch die Ungeklärtheit mancher zoonosischer Wirkweise. Nur wenige Zoonosen sind so aufgeklärt wie die Tollwut, die meisten sind „Schläfer", stille Potentiale, die jederzeit zu einer gefährlichen Krankheit werden können, wenn sich Bedingungen ändern. Welche Bedingungen was bedingen, weiß man häufig sowenig, wie man die Gesamtheit ihrer Wirkweisen kennt. So erscheint uns der Katzenschnupfen gegenwärtig als ungefährlich, auch wenn die Infektion durch verschiedene Bakterien, Calici-, Herpes- und andere Viren sowie Chlamydien und Mykoplasmen übertragen wird, die einzeln oder im Verbund durchaus auch dem Menschen gefährlich werden können.

Die Frage, die eigentlich gestellt werden müßte, lautet: Regen wir uns über die „Vogelgrippe" so auf, weil es eine besonders gefährliche Zoonose ist oder weil uns vielmehr das historische Modell der „Spanischen Grippe" schreckt? Interessanterwei-

W. R. DOMBROWSKY

se basieren die Erwägungen zum „Pandemieplan Deutschland" auf Hochrechnungen dieser besonders verheerenden Grippe. Sie wurde zum „Eichmaß des Bedrohlichen", obgleich keine einzige nachfolgende Grippeepidemie auch nur annähernd ihre Mortalität erreichte. Auch von den inzwischen bekannten Wirkweisen her müßte eher Entwarnung gegeben werden: In Europa haben wir es nicht mehr mit kriegsbedingten Mangellagen und den extremen Schwächungen der damaligen Wirte zu tun. Im Gegenteil: Wir verfügen über ausgezeichnete Identifizierungstechniken, eine wirkungsvolle Medizin, eingespielte internationale Instanzen, einen hervorragenden öffentlichen Gesundheitsdienst und eine koordinierte vorbeugende Planung von Bund und Ländern (Pandemieplan Deutschland). Noch nie waren die Chancen so groß wie heute, eine Pandemie vor ihrem Entstehen eliminieren zu können. Warum also die fortwährende Bezugnahme auf die „Spanische Grippe" und ein globales Horror-Szenario von Millionen Toten?

Die Antwort darauf mag befremdlich anmuten, doch birgt sie ihre eigene Rationalität. Sie erwächst Beeinflussungsstrategien, wie sie lange vor unserer Zeit dem Aristotelischen Theater und der christlichen Apokalyptik innewohnten. Dem abweichenden, frevelnden, sündigen Menschen droht schlimmste Strafe, gar kollektiver Untergang. Um verschont zu werden, muß er sich „richtig" verhalten, den Regeln und Geboten Folge leisten. In diesem Sinne fungieren auch die Szenarien der Moderne wie religiöse Droh- und Strafkatastrophen, weil durch sie Kausalmodelle transportiert und daraus abgeleitetes Verhalten mit Chance auf Durchsetzbarkeit exekutiert werden kann. Je gefährlicher eine Bedrohung erscheint, desto größer wird die Wahrscheinlichkeit, daß den Anweisungen und Maßnahmen der Experten bedingungslos Folge geleistet wird. Dies schließt die Verlockung ein, das Drohende gefährlicher erscheinen zu lassen als es ist. Riesenhafte Bedrohungen lassen wichtig werden und heldenhaft, und sie eröffnen die Arena für Kämpfe, denen alle beiwohnen wollen. Davon wiederum profitieren die Medien, nicht ohne ihrerseits der Verlockung zu erliegen, das Spektakel möglichst als Serie so lange zu verwerten, bis die nächste Apokalypse die Arenen von neuem füllt. In den ereignisloseren Zwischenzeiten vermögen auch gute Simulationen die Realität zu überbrücken, gelegentlich sogar so attraktiv zu ersetzen, daß es ihrer gar nicht mehr bedarf.

Wie störanfällig diese Matrix aus Simulation, Realität und beider Inszenierung ist, bewies der Bürgermeister von Adana. Er rief seine Mitbürger auf, nicht „in die Falle der Fremden" zu tappen, die nur die Wirtschaft der Türkei ruinieren und im Land Unruhe stiften wollen (NZZ Nr. 9 vom 12.01.2006:1). Wie Recht er mit dieser Einschätzung hat, zeigte die Europäische Union durch die Bereitstellung von wirtschaftlicher Soforthilfe (vgl. NZZ Nr. 11 vom 14./15.01.2006:7). In einem Land, in dem 35 Prozent der Bevölkerung von der Landwirtschaft und rund die Hälfte von Kleintierhaltung lebt, wäre die entschädigungslose Vernichtung ihrer Tierbestände die eigentliche Katastrophe.

Berücksichtigt man die wirtschaftlichen Aspekte der Vogelgrippe, stellen sich ohnehin ganz andere Fragen. In der Türkei sind keineswegs nur Selbstversorger betroffen, obwohl sie die politische Dimension sinnfällig und medienwirksam repräsentierten. Der industrielle Geflügelsektor ernährt rund zwei Millionen

Menschen bei einem jährlichen Umsatz von etwa 3 Mrd. US-$ (vgl. Financial Times Deutschland vom 06.01.2006:15). Ebenso einschneidend sind die Geflügelexporteure in Asien von der Vernichtung ihrer Tierbestände betroffen. Allein in Thailand, dem viertgrößten Exporteur der Welt, wurden bisher mehr als 12 Millionen Hühner und Enten vernichtet, liegt die Geflügelindustrie brach. Neben der Ernährung der eigenen Bevölkerungen exportierten Thailand und China 2005 Geflügel und Geflügelprodukte im Wert von 540 und 380 Mio. US-$. Entsprechend lange wurde versucht, das Problem herunterzuspielen, um die Wirtschaft nicht zu gefährden.

Und tatsächlich liegt noch keine Zoonose vor, sondern nur eine Wahrscheinlichkeit. Sie gründet auf reiner Kombinatorik: Wo die meisten Vögel leben, werden die meisten Viren „produziert"; wo die meisten Vögel mit den meisten Menschen auf engstem Raum zusammenleben, ist auch die Möglichkeit am größten, daß sich Vogelgrippe- und menschliche Grippeviren kombinieren. Noch hat diese Kombination nicht stattgefunden, ist die Vogelgrippe eine so genannte A-Viren-Influenza, eine Tierkrankheit. Menschen werden bislang von Influenza-B-Viren oder von Influenza A-Viren der Subtypen H1N1 und H3N2 befallen, während die Vogelpest meist durch Influenza A-Viren der Subtypen H5 und H7 übertragen wird. Zwischen 1997 und 2003 fanden sich laborbestätigte Mutanten der Typen A/H5N1 und A/H9N2 (beide Hongkong), A/H7N7 (Niederlande), A/N5N1 (China) und A/H9N2 (Hongkong), die auf den Menschen übertragen wurden und letal waren. Der Pool des Kombinierbaren wird folglich größer, doch wächst damit auch das Risiko einer Pandemie?

Ganz so einfach scheinen die Zusammenhänge nicht zu sein. Ob aus einem Infekt eine Epidemie, gar eine Pandemie werden kann, hängt keineswegs allein von kombinatorischer Wahrscheinlichkeit ab, auch nicht von den Ergebnissen einzelner Kombinationen. So ähnelt der in Rumänien, Griechenland und Rußland identifizierte Typ H5N1 dem Influenza-Erreger des I. Weltkriegs, doch hat dieser Stamm eher an Gefährlichkeit eingebüßt. Nach klassischer Lesart ergibt sich „Gefährlichkeit" in erster Linie aus der Verfassung der Wirte und ihren Lebensbedingungen, aus der Art und Weise der Übertragung und aus der „Arbeitsweise" der Symbionten. Alle drei Faktoren haben ihre eigene Dynamik, und jede ist auf eigene Weise wirksam und beeinflußbar. Von daher wäre es leichtsinnig, allein auf Dichtemaße zu achten und Asien für den wahrscheinlichsten Entstehungsort zu halten. Es gibt keinerlei Garantie, daß ein besonders gefährlicher Subtyp nicht auch an einem ganz anderen Ort, in der Einsamkeit oder aus ganz anderen Wirkkombinationen entstehen kann.

Wahr im Sinne von empirisch zutreffend ist vielmehr, daß die hier so gefürchtete Kombinatorik ein ganz wesentlicher Motor von Evolution, vielleicht sogar die Ursache des Lebendigen selbst ist. Möglicherweise also besteht unser größter Irrtum derzeit in einer falschen Perspektive. Wir fürchten, was uns, neben anderem, hervorbrachte. Wir wollen mit Macht Kombinatorik unterbrechen, gar terminieren, obwohl sie die Kommunikation darstellt, über die Bezugnahme organisiert wird.

Glaubt man dem säkularen Schöpfungsmythos des Abendlandes, (andernfalls müßte man die Evolutionslehre wieder gegen Kreationismus eintauschen), so gingen wir alle auseinander hervor, ineinander über und lange Strecken in symbiotischem

Nutznieß miteinander einher. Solches Zusammenleben unterschiedlicher Organismen bezeichnete Anton de Bary als „Symbiose". Sie kann von wechselseitigem („Mutualismus") oder einseitigem Nutzen („Metabiose") oder auch eine schadende Interaktion zwischen Symbiont und Wirt („Parasitismus") sein. Da sich jedoch das Leben zu höheren Formen entwickelte, dürfte im Mutualismus ein selektiver Vorteil und darin die bereits postulierte Ursache des Lebendigen selbst liegen.

Tatsächlich findet sich in der Natur eine generelle Tendenz zur höheren Ordnung, verbunden mit einem zunehmend organisierteren Austausch zwischen zunehmend mehr „Teilnehmern" [s. Georgescu-Roegen 1999[. Insofern ist alles Dasein „Kommunikation", wechselseitige Bezugnahme, Orientierung an Parametern, die übereinander „informieren" und „Ordnung" im Sinne von Negentropie bewirken. Dies schließt Entropie im Sinne von „Unordnung" ebensowenig aus wie scheiternde Kommunikation und fehlverlaufende Bezugnahmen. Gleichwohl weisen alle Epidemiologen darauf hin, daß dem Lebendigen nicht an Bedingungen gelegen sein kann, die ein Fortleben unmöglich machen. Sehr zutreffend hat Lars Clausen darauf eine soziale Epidemiologie gegründet und eine „ideale Seuche" konzipiert. Sie muß gewährleisten, daß die Interaktion im Wirkdreieck aus Wirt, Erreger und Übertragungsmechanismus stabilisiert und nicht kollabiert.

Im Alltagsverständnis erscheint solches Scheitern, vor allem das rapide und radikale, zuvörderst als „Krankheit", wenn sie viele zugleich betrifft als „Seuche". Womöglich trifft dieses Verständnis gar nicht den Kern. Nähert man sich den Vorgängen von „Bezugnahme" aus einer kommunikationstheoretischen Perspektive, dann bedarf es mühevoller Interaktionen, um in Kontakt zu kommen, die Signale verstehen und deuten und die „richtigen" Antworten geben zu können. Folglich bedarf Evolution unendlich langer Zeit, weil nur in kleinsten Dosierungen, winzigsten Schritten und minimaler Varianz „experimentiert" werden darf. Jede Veränderung ist riskant, sie kann Störung sein, „Lebensgefahr" werden, vor allem, wenn sie irreversibel verläuft. Jeder Wissenschaftler kennt dieses Problem aus dem Labor: Wie soll man Kausalität identifizieren, wenn mehr als eine Wirkgröße zugleich verändert wird?

Wovor man sich also zunehmend mehr fürchten muß, ist Beschleunigung und multifaktorielle Variation. Je schneller Viren mutieren oder sich rekombinieren können, desto weniger Zeit bleibt, das Wirkdreieck aus Wirt, Symbiont und Übertragung stabil und auf Bezugnahme halten zu können. Doch nicht nur die fortwährenden Mutationen der „Überträger" zwingen in den Wettlauf von Hase und Igel, auch die Dynamik des Wirkdreiecks hat sich beschleunigt und zudem in seiner Kombinatorik vervielfacht. Heute passieren die potentiellen Wirte millionenfach Landesgrenzen und Erdteile, werden millionenfach lebende Tiere und Tierprodukte verschifft, verarbeitet und verzehrt, werden die Lebensbedingungen insgesamt auf unkontrollierbare und unvorhersehbare Weise umgekrempelt.

Die industrielle Produktion von Lebensmitteln bringt Tierfarmen in Ausmaßen und Lebensdichten mit sich, die ohne massiven Einsatz von Kraftfuttermitteln, Arzneimitteln, Wachstumspräparaten und „Stabilisatoren", zum Beispiel gegen Parasiten und Pilze oder für Aussehen und Geschmack, weder ertragreich noch überlebensfähig wären. Längst müssen wir nicht nur über Tierschutz und ökologische Folgen nachdenken, sondern auch über ungewollte und ungeplante Effekte auf Erbgut, Resistenz und Vertilität – nicht nur bei unseren Nahrungslieferanten, sondern auch bei uns selbst.

Dabei geht es nicht um bloße Rückstände. Ihre Schrecken kehren beinahe saisonal wieder mit Horrormeldungen über Hähnchen- und Rindfleisch, über Zuchtlachs und Öle, über Erdbeeren und Weintrauben. Im Kontext der Epidemiologie ist es viel wichtiger, über die Veränderung von Kombinatorik und Dynamik nachzudenken. Konnte bislang noch als gesichert gelten, daß gute Ernährung, Hygiene und schnelle medizinische Versorgung die Widerstandskraft steigerten, so könnte heute schon eine gute Ernährung dazu führen, daß Krankheitsüberträger in genau dieser Ernährung die Ausgangsstoffe finden, die ihnen eine Mutation erleichtern oder gar erst ermöglichen. Ebenso droht eine immer intensivere Hygiene zunehmend kontraproduktiver zu werden. Nicht nur Krankenhäuser können ein Lied davon singen, sondern längst auch normale Haushalte, in denen der Einsatz radikaler Reinigungs- und Desinfektionsmittel von körpereigener Widerstandskraft entwöhnt. Durchaus vergleichbares gilt für die medikamentöse medizinische Versorgung. Sie führt nicht nur zu Resistenzen und unbekannten Synergien, sondern auch zu Anreicherungen in der Umwelt, die wiederum Auswirkungen auf pflanzliche und tierische Organismen haben und damit auf den „Pool" mutagener Möglichkeiten und Anfälligkeiten.

Die derzeitige öffentliche Diskussion über „Vogelgrippe" läßt diese Zusammenhänge beinahe vollkommen unberücksichtigt. Aus Gründen der Praktikabilität und des Zwangs zu öffentlich inszenierter Entschlossenheit mag „Stallzwang" und die Ausrottung von Beständen geboten erscheinen. Auch ist es eine gute Übung, um durch solche Eingriffe bestimmte administrative, wirtschaftliche und logistische Abläufe ohne die Belastungen einer tatsächlichen Pandemie zu antizipieren. Gleichwohl sollten Maßnahmen wie Stallzwang oder die prophylaktische Tötung ganzer Tierbestände nicht darüber hinwegtäuschen, daß sich dadurch zwar die Wirkdynamik des Wirkungsdreiecks örtlich und zeitlich unterbrechen, aber nicht aufheben läßt.

Tatsächlich ist das Wirkungsdreieck das Labor des Lebens. In ihm wird „erbrütet", was besser und länger lebt – auf Kosten jener Wirte und Umwelten, die im Kampf der Mutationen unterliegen. Wir haben das Vermögen, die Funktionsweise dieses Labors aufklären zu können. Der medizinische Fortschritt ist Beleg. Zunehmend aber begeben wir uns in die Gefahr, statt das Labor aufzuklären, tagtäglich mehr Unrat hineinzuschaufeln, bis wir nicht mehr sehen können, welcher Effekt sich aus welchem ergibt.

Zudem schwächen wir das Wirkdreieck ohne Not. Überwunden geglaubte Krankheiten kehren zurück, oftmals wirkmächtiger als je zuvor, weil die Impfbereitschaft der Bevölkerung sinkt. Tuberkulose, Masern und Hepatitis C stellen hohe Bedrohungspotentiale dar. Der Ferntourismus importiert Gefährdungen, die das normale medizinische Personal nicht mehr, noch nicht wieder oder noch gar nicht identifizieren kann. Gattungsüberschreitende Krankheitserreger scheinen zuzunehmen, Sprünge über die Artenschranken auf den Menschen sind nicht ausgeschlossen. Insofern besteht das eigentliche „Seuchen"risiko darin, daß sich die Kombinatorik zur Pandemiefähigkeit „kultur-endemisch", durch zivilisatorische Wirkveränderungen verbreitert. Dagegen jedoch ist eine „Impfung" grundsätzlich unmöglich. Dort bedarf es einer radikalen Wirkungsforschung, gepaart mit einer rigiden Protokollierung aller menschlichen Handlungen, die in den natürlichen Kombinatorik-Pool verändernd eingreifen. Das wird die Seuchenpolitik des 21. Jahrhunderts.

Kommen wir zum Anfang zurück. Die Frage der Simulation ist doppelt zu stellen. Als simple massenmediale Beeinflussungsmethode und als wesentlich komplizierte Methode der Natur, ihre Kombinationen zu erproben. Die Mechanismen massenmedialer Simulation sind gegenüber den bislang von vollkommen undurchschauten evolutionären Simulationen eher simpel, gleichwohl nicht zu unterschätzen. Man sollte auch mit psychologischen Effekten auf das Wirkdreieck rechnen. Wer sich ins Bockshorn jagen und sich vor Angst lähmen läßt, verändert sowohl seine rationale Reaktionsfähigkeit als auch seine Immunabwehr. Viel interessanter ist trotzdem der Mensch-Natur-Metabolismus, in dem unser Leben und Überleben ausgehandelt wird. Modellhaft ließe sich dazu der Mensch als negentropische Organisationsansiedelung um ein symbiontisches Zentralrohr für Verdauung definieren. Unser Darm ist letztlich ein noch immer nicht ganz verstandenes Wunderwerk vielfacher Symbiosen und alles Darumherum, eben jene „Organisationsansiedelung", ein ebenfalls noch unverstandener Metabolismus für Metabolismen. Dies gilt im Sinne von Stoff- wie von Formwechsel, vielleicht aber auch im Sinne der Transformation von biologischer in soziale Evolution. Um unter den Bedingungen industrieller Reproduktion „verdauen" zu können, reorganisieren wir unsere Lebensweise, unsere Körper, unsere Ernährung und unsere reaktionsfähigen Aushandelungsstoffe. Wir sind Labor in einem Labor, und wir verändern fortwährend unsere Versuchsreihen und die Labore selbst. Das ist der Seuchenherd des 21. Jahrhunderts.

Literatur

Albrecht, H.: Vorsicht, Visite! Bis zu einer Million Menschen infizieren sich Jahr für Jahr in deutschen Krankenhäusern. Nun soll die oft laxe Hygiene per Gesetz verbessert werden. DIE ZEIT, 13.01.2000)

Behling, G. (Red.): Der moderne Haushalt – Wo bleiben Hygiene und Gesundheit? Seminarband der Zentralen Informationsstelle Umweltberatung Bayern, Band 20 (GSF-Bericht 07/02)

Benecke, N.: Der Mensch und seine Haustiere. Die Geschichte einer Jahrtausende alten Beziehung. Stuttgart 1994

Bundesinstitut für Risikobewertung: Erste Ergebnisse des Internationalen Symposiums über Risikoanalyse der Antibiotikaresistenz (Bericht vom 13.11.2003)

Burnet, Macfarlane F.: Naturgeschichte der Infektionskrankheiten des Menschen. Frankfurt/M., Fischer 1971

Chargaff, Erwin: Abscheu vor der Weltgeschichte. Stuttgart: Klett Cotta 2002

Clausen, Lars: Offene Fragen der Seuchensoziologie. Österreichische Zeitschrift für Soziologie 10. Jg. Heft 3 u. 4, 1985: 241-249

de Bary, Heinrich Anton: Die Erscheinung der Symbiose. Straßburg 1869

De Vroede, E.: Menschen spielen mit Tieren: Ganswurf, Ganstritt, Hahnenschlagen. In: Becker, S./ Bimmer, A. (Hrsg.): Mensch und Tier. Kulturwissenschaftliche Aspekte einer Sozialbeziehung. Hessische Blätter für Volks- und Kulturforschung, Band 27. Marburg 1991

Georgescu-Roegen, Nicholas: The Entropy Law and the Economic Process, 1999

Kessler, Helga: Keine Pillen für die Säue. Fördern Antibiotika im Tierfutter das Auftreten resistenter Krankheitserreger beim Menschen? DIE ZEIT Nr. 40 vom 24.09.1998:51

Krauss, H., A. Weber, B. Enders, H. G. Schiefer, W. Slenczka, H. Zahner (1997): Zoonosen – Von Tier zu Mensch übertragbare Infektionskrankheiten. 2. Aufl. Deutscher Ärzte-Verlag, Köln

Krauss, H., A. Weber, M. Appel, B. Enders, A. v. Graevenitz, H. D. Isenberg, H. G. Schiefer, W. Slenczka, H. Zahner (2004): Zoonosen – Von Tier zu Mensch übertragbare Infektionskrankheiten. 3. Aufl. Deutscher Ärzte-Verlag, Köln

Leeds, A. / Vayda, A. (Hrsg.): Man, Culture and Animals. The Role of Animals in Human Ecological Adjustments. Washington 1970 (3. Auflage)

McGehee, Robert: Disease and the Development of Inuit Culture, Current Anthropology 35, 1994, 5

McNeill, William: Plagues and Peoples. Garden City, N.Y.: Anchor Press 1976

Müller-Karpe, H. (Hrsg.) : Zur frühen Mensch-Tier-Symbiose. Kolloquien zur Allgemeinen und Vergleichenden Archäologie, Bd.4. München 1983

National Institute for Public Health and the Environment: Zoonoses in Europe: a risk to public health. rivm, Bilthoven, The Netherlands 2004

Robert-Koch-Institut: Empfehlungen der Kommission für Krankenhaushygiene und Infektionsprävention beim Robert-Koch-Institut: Anforderungen an die Hygiene bei der Reinigung und Desinfektion von Flächen.

Bundesgesundheitsblatt Gesundheitsforschung, Gesundheitsschutz 47 (1) 2004 S. 51-61

Swabe, J. : Animals, Disease and Human Society. Human- animal relations and the rise of veterinary medicine. London 1999

Umweltforschungsplan des Bundesministeriums für Umwelt, Naturschutz und Reaktorsicherheit - Wasserwirtschaft: Umweltverträgliche Desinfektionsmittel im Krankenhausabwasser. Texte 1/2000

Die Auswirkungen der Umsetzung der Biopatentrichtlinie in Deutschland

von Aloys Hüttermann und Ulrich Storz

Der folgende Artikel beschäftigt sich mit der Umsetzung der EU-Richtlinie 98/44/EG, der „Biopatentrichtlinie" in Deutschland. Dabei soll jedoch nicht auf die ethischen Gesichtspunkte der Erteilung von Patenten für biotechnologische Erfindungen eingegangen werden. Statt dessen steht die tatsächliche Bedeutung der Biopatentrichtlinie und die Umsetzung in Deutschland für die tägliche Praxis auf diesem Gebiet im Vordergrund.

1. Die Umsetzung der EU-Richtlinie 98/44/EG in Deutschland

Patente werden für Erfindungen erteilt, die neu, erfinderisch, gewerblich anwendbar sind und eine technische Lehre enthalten. Die Beurteilung, ob eine Erfindung patentierbar ist, ist damit – neben den Voraussetzungen der Neuheit, erfinderischen Tätigkeit und gewerblichen Anwendbarkeit – stark an die Technizität der Lehre geknüpft.

Dieser Grundsatz ist einer der Eckpfeiler des deutschen und auch europäischen Patentrechtes. Dagegen wird in Amerika – um ein Urteil des Supreme Court zu zitieren – „anything under the sun that is made by man" [1] dem Patentschutz als zugänglich betrachtet, also zum Beispiel auch Geschäftsmethoden.

Der Technikbegriff ist jedoch keine statische, sondern eine dynamische Größe. Der technische Fortschritt beschränkt sich nicht nur auf Weiterentwicklungen in bekannten Technik-Kategorien, sondern umfaßt auch das Erschließen neuer Kategorien, die zuvor nicht als technisch betrachtet wurden. Die Patentgesetze der verschiedenen (europäischen) Länder wurden daher im Laufe seiner Geschichte immer wieder an diese Entwicklung angepaßt.

Diese Entwicklung ist gegenwärtig insbesondere auf dem Gebiet der Biologie zu beobachten. Bis vor nicht allzu langer Zeit wurden Entwicklungen aus dem Bereich der Biologie nicht als zur Technik gehörend betrachtet. Dies lag daran, daß es sich bei diesen Entwicklungen in der Regel um Pflanzensorten oder Tierrassen handelte, die mittels konventioneller Züchtungsverfahren erzeugt wurden. Diese Verfahren haben sich zwar im Laufe der Geschichte außerordentlich bewährt, sie beruhen jedoch auf im wesentlichen zufälligen Rekombinationsprozessen des elterlichen Erbgutes, die nicht wiederholbar sind. In den vergangenen dreißig Jahren hat die Biologie jedoch ein Instrumentarium entwickelt (Restriktionsendonucleasen, PCR, Sequenzier- und Syntheseverfahren etc.), das eine gezielte und wiederholbare Manipulation und Rekombination viralen, bakteriellen und/oder eukaryontischen Erbgutes ermöglicht. Diese Verfahren erfüllen damit alle Anforderungen, die an eine Technikkategorie zu stellen sind.

Biologische Erfindungen stellen jedoch die Patentgesetzgebung vor neue Herausforderungen. Zum Beispiel betreffen sie häufig biologisches Material, wie Zellen oder Nukleinsäuren, die – einzigartig im gesamten Bereich der Technik – vermehrbar sind, so daß sich die Frage nach der Erschöpfung des Patentschutzes in einer späteren Generation des Materials stellt. Auch stoßen biotechnologische Erfindungen häufig auf ethische Bedenken. Insbesondere, und darum soll es im folgenden Artikel gehen, wird häufig die Frage gestellt, ob es angemessen ist, jemandem, der einen Stoff – insbesondere Sequenzen oder Teilsequenzen eines bakteriellen, pflanzlichen, tierischen oder menschlichen Gens – aus der Natur isoliert, Patentschutz für alle möglichen Verwendungen dieses Stoffes zu geben. Diese Frage wurde im Rahmen der EU-Gesetzgebung bereits im Jahr 1998 durch die EU-Richtlinie 98/44/EG adressiert. In der Richtlinie haben die Europäische Kommission und das Europäische Parlament u.a. ihren Willen zum Ausdruck gebracht, Sequenzen oder Teilsequenzen eines Gens dem absoluten Stoffschutz zugänglich zu machen [2], so wie es für andere aus der Natur isolierte Stoffe bereits anerkannt ist.

Auch die Bundesregierung, die aufgrund des EG-Vertrages wie alle anderen EU-Staaten zur Umsetzung der EU-Richtlinie in nationales Recht verpflichtet ist, hat sich seit jeher zum absoluten Stoffschutz für Genpatente bekannt. Ein erster Gesetzesentwurf, der eine 1:1-Umsetzung der Richtlinien durch Änderung des deutschen Patentgesetzes (PatG) vorsah, scheiterte jedoch gerade an dieser Frage. Zwischenzeitlich drohte sogar eine Geldstrafe der EU, weil die Umsetzungsfrist der Richtlinie in nationales Recht, die am 30. Juli 2000 auslief, nicht eingehalten wurde und der Europäische Gerichtshof (EuGH) nach Klage der Kommission in einem Urteil feststellte [3], daß die Bundesrepublik Deutschland gegen ihre Verpflichtungen aus der Richtlinie 98/44/EG verstoßen hat.

Der von der Bundesregierung in dieser Legislaturperiode eingebrachte, unveränderte Gesetzesentwurf wurde auf Antrag der Fraktionen der SPD und Bündnis 90/Die Grünen [4] insoweit geändert, daß für Erfindungen, deren Gegenstand „eine Sequenz oder Teilsequenz eines Gens [ist], deren Aufbau mit dem Aufbau einer natürlichen Sequenz oder Teilsequenz eines menschlichen Gens übereinstimmt, deren Verwendung, für die die gewerbliche Anwendbarkeit nach Absatz 3 konkret beschrieben ist, in den Patentanspruch aufzunehmen (ist)." [5] Der dermaßen geänderte Entwurf wurde, übrigens mit breiter Zustimmung aus der Unionsfraktion, am 3.12.2004 vom Bundestag verabschiedet und durchläuft nun die weiteren Gremien der Gesetzgebung.

Der Gesetzesentwurf der Bundesregierung sah außerdem vor, daß biotechnologische Erfindungen nicht mit einem Gebrauchsmuster, also einem dem Patent ähnlich ausgestatteten, ungeprüften Recht, schützbar sein sollen. Auch diese Regelung war in der Richtlinie nicht vorgesehen [6] und ist mit der Gesetzesverabschiedung vom 3.12.2004 in das deutsche Gebrauchsmustergesetz (GbmG) aufgenommen worden. Die Bundesregierung begründet diesen Schritt damit, daß eine Gebrauchsmusteranmeldung nicht materiell auf Neuheit, gewerbliche Anwendbarkeit und erfinderische Leistung geprüft wird und deswegen die hohen Prüfungsanforderungen, die durch die in der Richtlinie geregelte Patentierungsvoraussetzung der konkreten Beschreibung der gewerblichen Anwendbarkeit eines Gens ergänzt worden seien, leicht mit einer Anmeldung als Gebrauchsmuster umgangen werden könnten [7]. Die demnächst in Deutschland geltenden gesetzlichen Regelungen für den Rechtsschutz von biotechnologischen Erfindungen gehen damit weit über die Vorgabe der EU-Richtlinie hinaus.

Die Änderungen des Patentgesetzes und des Gebrauchsmustergesetzes finden zunächst einmal nur Anwendung auf Patent- oder Gebrauchsmusteranmeldungen, die vom Deutschen Patent- und Markenamt geprüft werden, also nationale Patent- und Gebrauchsmusteranmeldungen sowie internationale Patentanmeldungen (PCT), die in Deutschland nationalisiert werden. Sie betreffen dagegen – zunächst – nicht europäische Patentanmeldungen, die nach ihrer Erteilung in Deutschland zur Wirkung gebracht werden. Die sich aus dieser Entwicklung ergebenden Notwendigkeiten und Chancen sollen hier aufgezeigt werden.

2. Die verschiedenen Schutzmöglichkeiten für chemische Substanzen

Gene, Proteine und ähnliche Stoffe sind chemische Verbindungen. Es liegt daher nahe, die für den Schutz von chemischen Verbindungen entwickelten Prinzipien auch auf diese Verbindungsklassen anzuwenden. Wie sich jedoch herausstellte, wurde sowohl in der nationalen als auch in der internationalen Gesetzgebung dieser Vorstellung nur teilweise entsprochen. Grundsätzlich kennt das Patentrecht bezüglich chemischer Stoffe drei Schutzarten bzw. -kategorien, nämlich den Stoffschutz, den Verfahrensschutz und den Verwendungsschutz.

2a. Stoffschutz:

Darunter versteht man den patentrechtlichen Schutz eines Stoffes als solchen. Schon die gewerbliche Stoffherstellung, unabhängig von dessen Verwendungszweck, ist patentverletzend. Somit werden auch neue, im Laufe der Zeit aufgefundene Verwendungen vom Patentschutz betroffen, auch wenn diese dem Patentinhaber oder der Öffentlichkeit bei Einreichung der Anmeldung unbekannt waren.

In der Geschichte des gewerblichen Rechtsschutzes war es lange Zeit fraglich, ob ein absoluter Stoffschutz für chemische Verbindungen existieren sollte. Ebenso herrschte eine Kontroverse, ob auch für Naturstoffe ein solcher Stoffschutz gewährbar sein sollte. Die dabei aufgestellten und diskutierten Grundsätze, mit denen ein Stoffschutz begründet wurde, verdienen es, hier aufgeführt zu werden, da sie auch in der Diskussion über die Erstellung und Umsetzung der Biopatentrichtlinie aufgegriffen wurden. Unter anderem wurden folgende Grundsätze aufgestellt:
- Die bloße Synthese eines neuen Stoffes könne meist nicht als erfinderisch angesehen werden, da ein Fachmann auch ohne erfinderische Tätigkeit in der Lage sei, laufend neue chemische Verbindungen herzustellen.
- Die erfinderische Tätigkeit bei der Bereitstellung eines neuen Stoffes sollte daher anhand der überraschenden Eigenschaften oder Wirkungen des entdeckten neuen Stoffes beurteilt werden. Nur wenn solche Eigenschaften oder Wirkungen vorlägen, ergäbe sich der neue chemische Stoff nicht quasi automatisch aus dem Stand der Technik von selbst.
- Naturstoffe seien als solche eigentlich Entdeckungen und sollten somit eigentlich nicht patentfähig sein. Wenn jedoch auf die Eigenschaften der chemischen Stoffe abgestellt wird, könnten diese qua Analogie trotzdem patentfähig sein, wenn sie nicht in der Literatur vorher bekannt waren.[8] Außerdem könne für eine Erfindung sprechen, daß der Stoff auf eine erfinderische Weise (spezielle Isolierungs- und Reinigungsverfahren) gewonnen worden sei. [9]

In vielen Ländern existierte jedoch für lange Zeit die Auffassung, daß Stoffschutz für Naturstoffe oder auch für chemische Stoffe generell nicht gewährbar sein sollte. Diese Auffassung veränderte sich jedoch mit der Zeit, meist zu einer Ausweitung der Schutzfähigkeit hin. So wurde zum Beispiel 1928 in einer aufsehenerregenden Entscheidung ein absoluter Stoffschutz auf das Element Wolfram vom US-Patentamt abgelehnt, mit der Begründung, es handele sich dabei um eine Entdeckung und keine Erfindung. [10] Bereits ab den achtziger Jahren des letzten Jahrhunderts wurde jedoch schon auf Gene und Gensequenzen ein absoluter Stoffschutz in den USA gewährt.

Im deutschen Recht waren lange chemische Stoffe – egal, ob nun Naturstoffe oder synthetisch hergestellte chemische Verbindungen – nicht dem absoluten Stoffschutz zugänglich. Erst durch die „Imidazoline"-Entscheidung des BGH 1972 [11] wurde in Deutschland letztendlich der absolute Stoffschutz eröffnet. Dieser wurde dann jedoch relativ weitgehend gewährt: Ein technischer oder therapeutischer Effekt brauchte danach bei einer Stofferfindung nicht in den ursprünglichen Anmeldungsunterlagen offenbart zu werden. Das technische Problem, das die Stofferfindung löst, liegt laut diesem Urteil in der Bereitstellung eines neuen chemischen Stoffes selbst. [12] Dieser absolute Stoffschutz wurde dann auch auf Naturstoffe ausgedehnt. [13] Das Europäische Patentamt (EPA) kennt ebenfalls einen absoluten Stoffschutz für chemische Verbindungen. Allerdings wurde hier der Grundsatz, daß chemische Verbindungen technisch nützliche Eigenschaften haben müßten, in gewisser Weise aufrechterhalten. Dies wird unter anderem aus folgendem Zitat aus der Entscheidung T 939/92 einer Technischen Beschwerdekammer des EPA deutlich:„...Die Kammer hat gewisse Zweifel, ob die beanspruchten Verbindungen überhaupt als technische Erfindung anerkannt werden könnten, wenn ihnen technisch nützliche Eigenschaften gänzlich fehlten (s. T 22/82, ABl. EPA 1982, 341, Nr. 6 der Entscheidungsgründe, wonach eine chemische Verbindung nicht aufgrund der bloßen potentiellen Bereicherung der Chemie patentwürdig ist und strukturelle Andersartigkeit für die Bewertung der erfinderischen Tätigkeit solange neutral und wertfrei bleibt, wie sie sich nicht in einer wertvollen Eigenschaft im weitesten Sinne, einer Wirkung oder der Verstärkung einer Wirkung manifestiert)."

2b. Verfahrensschutz:

Diese Schutzrechtskategorie bezieht sich grundsätzlich auf das Herstellungsverfahren von Stoffen, nicht auf den Stoff an sich. Somit können neue Herstellungsverfahren für bereits bekannte Stoffe ebenfalls geschützt werden. Aufgrund der geringeren Relevanz für die Umsetzung der Biopatentrichtlinie soll hier aber nicht weiter darauf eingegangen werden.

2c. Verwendungsschutz:

Diese Schutzrechtskategorie stellt ausschließlich eine bestimmte Verwendung eines Stoffes unter Schutz, nicht den Stoff an sich. Gängige Patentansprüche lauten beispielsweise „Verwendung eines Stoffes X als Bleichmittel in Waschmitteln". Neuartige und nicht naheliegende Verwendungen eines an sich bereits bekannten Stoffes unterliegen nicht dem Patentschutz, so daß Konkurrenten hierfür eigene Patente erlangen können.

Verfahrens- bzw. Verwendungsschutz als solcher, das heißt die grundsätzliche Möglichkeit, derartigen Schutz zu erlangen, wurden für chemische Verbindungen in der Geschichte des gewerblichen Rechtsschutzes so gut wie nie in Frage gestellt.

3. Übertragung dieser Prinzipien auf biologische Substanzen

Beim Entwurf der Biopatentrichtlinie wurden nun einige dieser Grundsätze angewandt, um die Möglichkeit des Schutzes für biologische Substanzen zu definieren.

Zusammenfassend kann man sagen, daß in der Richtlinie für den Schutz von Biomolekülen eine Lösung gewählt wurde, die in etwa der Haltung des EPA für den Stoffschutz von chemischen Substanzen folgt. Dies bedeutet:

- Der Grundsatz, bereits in der Bereitstellung einer DNA-Sequenz könne – analog zur „Imidazoline"-Entscheidung – eine erfinderische Tätigkeit begründet sein, besteht nicht.
- Zur Patentierung einer solchen Sequenz wird die Angabe einer gewerblichen Verwendung gefordert, die in der Patentanmeldung konkret beschrieben sein muß.
- Ein DNA-Strang als solcher ohne Angabe einer konkreten Funktion wird nicht als gewerblich anwendbar angesehen. [14]

Allerdings wird keine Aufnahme dieser Verwendung in den Anspruch gefordert. Somit wird grundsätzlich der Weg zu einem absoluten Stoffschutz ohne Beschränkung auf eine bestimmte Verwendung eröffnet.

Angemerkt sei, daß diese Regelung durchaus nicht nur Zustimmung findet. Besonders bei DNA wird ins Feld geführt, daß diese zwar ein chemisches Molekül sei, das eigentlich wichtige an einem DNA-Strang jedoch die codierte Information sei und nicht das Molekül oder der Stoff als solches. Somit könnten die für chemische Stoffe angewandten Regeln nicht einfach auf Biomoleküle, insbesondere DNA, angewandt werden. [15]

4. Umsetzung der Biopatentrichtlinie in den EPA-Regeln

Obwohl das Europäische Patentamt als solches der EU-Gesetzgebung nicht unterliegt [16], wurden bereits kurz nach der Veröffentlichung der EU-Richtlinie neue Regelungen in die Ausführungsordnung zum Europäischen Patentübereinkommen (EPÜ) aufgenommen, die Regeln 23b-e. Auf diese Weise wurde die EU-Richtlinie nahezu 1:1 umgesetzt [17]. Die Regeln gelten bereits seit dem 1.9.1999. Das EPA ist durchaus bemüht, das Patentrecht auf diesem Gebiet auch richtlinienkonform anzuwenden und nicht auf alle neuen Gensequenzen Patente zu erteilen. Als Beispiel sei die Entscheidung der Einspruchsabteilung vom 20.6.2001 genannt (Neuer Sieben-Transmembran-Rezeptor V28): „Die Offenbarung einer vorhergesagten Funktion eines Proteins zusammen mit einem Verfahren zur Verifizierung dieser Funktion ist nicht zwangsläufig geeignet, die Funktion des Proteins ausreichend zu offenbaren.

Eine in der Beschreibung enthaltene Aufzählung spekulativer Funktionen ist für sich genommen keine zuverlässige Basis, um diesem Protein eine gewerbliche Anwendbarkeit zuzuerkennen. Eine DNA-Sequenz, die für ein Protein ohne glaubhafte Funktion codiert, ist keine patentierfähige Erfindung."

Da die Regeln 23b-e erst seit ungefähr fünf Jahren gelten, was etwa der Zeitdauer eines durchschnittlichen Patentierungsverfahrens – einer Anmeldung von der Einreichung bis zur Erteilung – entspricht, ist die Rechtsprechung des EPA auf diesem Gebiet noch sehr jung. Künftig wird hier sicherlich noch mit weiteren Entscheidungen zu rechnen sein.

5. Umsetzung der Biopatentrichtlinie in deutsches Recht

Die Umsetzung der Biopatentrichtlinie am 3.12.2004 erfolgte in weiten Teilen unter vollständiger Übernahme der Richtlinie. Grundsätzlich sieht diese einen uneingeschränkten Stoffschutz für Gensequenzen gleich welcher Art vor. Diesem ist der Bundestag jedoch wie geschildert nur zum Teil gefolgt. Der wesentliche Unterschied zwischen der Umsetzung durch das EPA und den Bundestag besteht darin, daß durch die Änderung des Patentgesetzes der absolute Stoffschutz für menschliche Gensequenzen nicht eröffnet wird, da der erst „kurz vor Toresschluß" neu eingefügte §1a Abs. 4 PatG eine Einschränkung auf einen definierten Verwendungszweck verlangt. Praktisch bedeutet dies, daß neben Verfahrenspatenten, die aber eine unbedeutende Rolle spielen, nur noch Verwendungspatente für solche Gene möglich sind.

Eine Begründung hierfür gibt es in der Gesetzesbegründung nicht, da ja ursprünglich eine vollständige Übernahme der Richtlinie in diesem Punkt vorgesehen war. Als Argument wurde jedoch in der Debatte vorgebracht, dies verhindere eine „Überprivilegierung" des Erfinders / Anmelders. [18]

6. Auswirkungen in der Praxis

Die beschriebene Änderung des Patentgesetzes wird erhebliche Auswirkungen auf die Erteilungspraxis des Deutschen Patent- und Markenamts (DPMA) haben und damit auch auf die Zahl der Anmeldungen aus dem Bereich der Biotechnologie, die beim DPMA eingereicht werden.

6a. Diagnostische Verfahren

Es besteht wenig Zweifel daran, daß einer der wichtigsten Anwendungsbereiche für patentierte menschliche Gensequezen die diagnostische oder therapeutische Verwendung ist. Das in § 1a Abs. 4 PatG formulierte Erfordernis, daß die gewerbliche Anwendbarkeit einer Gensequenz in den Patentanspruch aufzunehmen ist, führt zu einem Verwendungsanspruch, der den Verfahrensansprüchen zuzurechnen ist.

Diese Vorschrift führt also in vielen Fällen in letzter Konsequenz zu einem Verfahrensanspruch, in dem die Verwendung einer Gensequenz für diagnostische oder therapeutische Zwecke beansprucht wird – mithin also ein Therapie- oder Diagnoseverfahren am menschlichen oder tierischen Körper, das gemäß § 5 Abs. 2 PatG vom Patentschutz ausgeschlossen ist.

Die deutsche Rechtsprechung [19] hat unter dem Begriff der sogenannten 2. medizinischen Indikation Ansprüche der Form „Verwendung eines Stoffs X zur Therapie der Krankheit Y" als patentierbar anerkannt und festgestellt, daß sie nicht unter den Ausschluß des § 5 Abs. 2 PatG fallen. Dies wird wohl auch für in dieser Form abgefaßte Gensequenz-Ansprüche gelten, die auf eine therapeutische Verwendung gerichtet sind.

Mit dieser Einschränkung mag sich ein Patentanmelder womöglich noch zufriedengeben. Fraglich ist jedoch, wie mit Gensequenz-Ansprüchen zu verfahren ist, die im Gegensatz zu den zuvor besprochenen auf eine diagnostische Verwendung gerichtet sind. Gemäß der Regelung des § 1a Abs. 4 PatG können diese Sequenzen nur in Zusammenhang mit ihrer diagnostischen Verwendung beansprucht werden – und fallen damit automatisch unter den Patentierungsausschluß des § 5 Abs. 2 PatG. Für diese Fälle hat die Rechtsprechung noch kein Instrumentarium entwickelt.

Akut wird dieses Problem beispielsweise bei den „expressed sequence tags" (ESTs). Hierbei handelt es sich um kurze Sequenzen, die zur Lokalisation von Genabschnitten verwendet werden und sich zum Beispiel für das Aufspüren von genetischen Defekten eignen.

Da dieses vielversprechende Verfahren gerade für die Detektion menschlicher Gendefekte verwendet wird, müssen die ESTs in ihrem Aufbau mit dem Aufbau einer natürlichen Sequenz eines menschlichen Gens übereinstimmen. Gemäß § 1a Abs. 4 PatG muß daher die gewerbliche Anwendbarkeit in den Patentanspruch aufgenommen werden – etwa in der Form „Verwendung der EST-Sequenz X für die Diagnose eines menschlichen Gendefekts Y". Ein solcher Verwendungsanspruch fiele nach derzeitigem Rechtsstand unweigerlich unter den Patentierungsausschluß des § 5 Abs. 2 PatG.

6b. Gebrauchsmuster

Für viele Erfindungen aus dem Bereich der Biotechnologie, so z.B. monoklonale Antikörper, stellt ein Gebrauchsmuster ein attraktives Schutzrecht dar, da die Anforderungen an die erfinderische Höhe wesentlich geringer sind als beim Patent. Dies kommt Stoffen, die im wesentlichen mit Standardverfahren hergestellt werden, sehr zugute. Überdies wird ein Gebrauchsmuster binnen kurzer Zeit eingetragen und entfaltet ab Eintragung den vollen Schutz. Auch unter dem Gesichtspunkt der Schutzrechtsumgehung bietet ein Gebrauchsmuster Vorteile, da der sogenannte freie Stand der Technik aufgrund der geringeren Anforderungen an die erfinderische Höhe schmaler ausfällt und daher die Gefahr, daß ein dem Schutzgegenstand äquivalenter Gegenstand – also z.B. ein ähnlicher, von einem Wettbewerber verwendeter Antikörper – dem freien Stand der Technik zuzurechnen ist und damit keine Verletzungsform darstellt, sehr viel geringer ist.

Vor diesem Hintergrund ist es umso bedauerlicher, daß biotechnologische Erfindungen vom Gebrauchsmusterschutz ausgeschlossen werden. In §1 Abs. 2 und § 2a Abs. 3 Nr.1 PatG, auf die das Gebrauchsmustergesetz in seiner geänderten Form verweist, werden biotechnologische Erfindungen als Erfindungen definiert, die Erzeugnisse zum Gegenstand haben, die aus Material bestehen, das genetische Informationen enthält und sich selbst reproduzieren oder in einem biologischen System reproduziert werden kann. Es muß zur Zeit davon ausgegangen werden, daß auch monoklonale Antikörper unter diese Definition fallen und damit dem Gebrauchsmusterschutz nicht mehr zugänglich sein werden. Diese Frage bedarf jedoch, wie so vieles, wohl einer gerichtlichen Klärung.

6c. Gebrauchsmusterabzweigung

Eine weitere, sich ergebende Änderung stellt sicherlich die nunmehr nicht mehr mögliche Gebrauchsmusterabzweigung dar. Durch eine Gebrauchsmusterabzweigung ist es möglich, aus einer deutschen oder europäischen Patentanmeldung ein Gebrauchsmuster abzuleiten. Dieses wird üblicherweise bereits wenige Monate später veröffentlicht und eröffnet dann prinzipiell dieselben Schutzrechte wie ein erteiltes Patent. Dagegen sind die Schutzmöglichkeiten, die eine noch nicht erteilte Patentanmeldung verleiht, eher gering. Eine Gebrauchsmusterabzweigung war und ist somit ein attraktiver Weg, aus einem laufenden Patenterteilungsverfahren heraus ein Schutzrecht zu erlangen, aus dem man sofort gegen potentielle Verletzer vorgehen kann. Diese Möglichkeit, die es allerdings innerhalb Europas nur in Deutschland gibt, ist zwar häufig den Anmeldern unbekannt, stellt aber ein wirkungsvolles Instrument bei der Durchsetzung von gewerblichen Schutzrechten dar.

Aufgrund der Tatsache, daß biotechnologische Erfindungen künftig vom Gebrauchsmusterschutz ausgeschlossen werden, können diese fortan auch nicht mehr auf dem Wege der Gebrauchsmusterabzweigung aus einer deutschen oder europäischen Patentanmeldung abgezweigt werden. Gerade das Bündel aus europäischer Patentanmeldung und daraus abgezweigtem deutschen Gebrauchsmuster stellte bislang für viele Anmelder aus dem Bereich der Biowissenschaften eine attraktive Kombination dar. Diese Schutzmöglichkeit wird den Anmeldern nunmehr verschlossen sein.

6d. Der Weg über Europa

Für deutsche Anmelder besteht nach wie vor die Möglichkeit, eine Patentanmeldung beim EPA einzureichen und das erteilte Patent in Deutschland zur Wirkung zu bringen. Da das beim europäischen Prüfungsverfahren maßgebliche Europäische Patentübereinkommen eine dem § 1a Abs. 4 PatG vergleichbare Regelung nicht kennt, werden vom Europäischen Patentamt auch weiterhin Stoffansprüche für Patente auf menschliche Gensequenzen erteilt werden. Da die allermeisten Patente auf diesem Gebiet über das Europäische Patentamt angemeldet und erteilt werden, scheint somit auf den ersten Blick die angesprochene Änderung des Patentgesetzes von nur untergeordneter Bedeutung.

Europäische Patente, die in Deutschland zur Wirkung gebracht werden, können jedoch von Dritten einem nationalen Nichtigkeitsverfahren unterzogen werden und bei Erfolg der Klage mit Wirkung für Deutschland nichtig erklärt werden. Das hierfür zuständige Bundespatentgericht (BPatG) hat bei der erneuten Prüfung der Patentfähigkeit zwar grundsätzlich die Maßstäbe des Europäischen

Patentübereinkommens (Art. 52 bis 57 EPÜ) zugrunde zu legen [20] und nicht die Maßstäbe des Deutschen Patentgesetzes (§ 1 - 5 PatG). Das BPatG kann dabei jedoch durchaus eine von der Rechtsauslegung des EPA abweichende Auslegung der Art. 52 bis 57 EPÜ zugrunde legen.

Dies ist in einem nicht unwichtigen Teil der Chemie von erheblicher Bedeutung, nämlich bei den sogenannten Auswahlerfindungen. So hat das EPA z.B. eine andere Auffassung als das DPMA, das BPatG bzw. der BGH bezüglich Neuheit und erteilt Patente auf sogenannte Auswahlerfindungen, also Erfindungen, in denen ein bestimmter Bereich beansprucht wird, der vollumfänglich in einen schon aus dem Stand der Technik bekannten größeren Bereich fällt. Das EPA erachtet solche Erfindungen als neu, wenn der beanspruchte Bereich im Verhältnis zu dem bereits bekannten Bereich eine enge Auswahl darstellt und überdies einen überraschenden Effekt zeigt. Da das BPatG jedoch im Unterschied zum EPA Auswahlerfindungen nicht als neu im Sinne des Art. 52 EPÜ ansieht, kann das aus einem solchen europäischen Patent hervorgegangene deutsche Patent in einem nationalen Nichtigkeitsverfahren angegriffen werden. Dieser Mißstand wird zwar schon seit längerem bemängelt, ist aber zur Zeit geltende Praxis: „Es bleibt bei der unerträglichen Situation, daß das Europäische Patentamt jährlich Tausende von Patenten auf ‚Auswahlerfindungen' erteilt, die im Inland mangels Neuheit ihres Gegenstandes nichtig sind." [21]

Es ist nicht ausgeschlossen, daß ähnliches mit einem aus einem europäischen Patent hervorgegangenen deutschen Patent passieren kann, das entgegen der Vorschrift des § 1a Abs. 4 PatG Genansprüche aufweist, die nicht auf eine bestimmte Verwendung eingeschränkt sind.

Fraglich ist dabei, ob das BPatG befugt ist, die Vorschrift des § 1a Abs. 4 PatG, die das EPÜ ja nicht kennt, zum Beispiel durch Auslegung des Erfordernis der gewerblichen Anwendbarkeit (Art. 57 EPÜ) in einem nationalen Nichtigkeitsverfahren anzuwenden. Diese Frage ist zur Zeit noch nicht zu beantworten und wird dies wohl auch solange bleiben, bis sie erstmals durch das BPatG oder den BGH aufgegriffen wird.

Es spricht jedoch einiges dafür, daß Genpatente mit reinen Stoffansprüchen, die über das europäische Verfahren erteilt und erst dann in Deutschland zur Wirkung gebracht werden, in Deutschland Bestand haben werden und auch im nationalen Nichtigkeitsverfahren nicht widerrufbar sind. Anmeldern, die an der Durchsetzung von Stoffansprüchen für Gensequenzen interessiert sind, muß daher geraten werden, ihre Anmeldungen statt beim Deutschen Patentamt lieber beim Europäischen Patentamt einzureichen, wodurch ein Abwanderungstrend weg vom DPMA hin zum EPA gefördert wird, der in den letzten zehn Jahren bereits ohnehin zu beobachten war.

6e. Andere Meinungen

Der Vollständigkeit halber sei darauf hingewiesen, daß einige Autoren [23] die Auffassung äußern, daß durch die Gesetzesnovelle der Stoffschutz für humane

Gensequenzen in Deutschland nicht eingeschränkt wird. Demnach sei die BGH-Entscheidung „Antivirusmittel" [24], die häufig zitiert wird, um zu begründen, daß der neue §1(a) PatG den absoluten Stoffschutz für humane Gensequenzen einschränkt, nicht anwendbar, da sie sich auf eine Situation beziehe, in welcher der betreffende Stoff bereits zum Stand der Technik gehörte. In einer solchen Situation sei es selbstverständlich, daß ein auf eine neue Verwendung dieses bekannten Stoffes gerichteter Anspruch nicht rückwirkend den Stoff als solches schützen könne. Allerdings entspreche es etablierter deutscher Rechtsprechung, daß ein Anspruch des Wortlauts „Stoff X für die Verwendung als ..." nicht auf diese spezielle Anwendung beschränkt sei, wenn der Stoff neu und erfinderisch ist.

Andere Autoren [25] machen darauf aufmerksam, daß die Funktion einer menschlichen Gensequenz, deren Angabe laut § 1a Abs. 3 PatG nunmehr zwingend ist, alles andere als eindeutig sei. Grundsätzlich ist es die Funktion eines Gens, als „Bauplan" für ein zu exprimierendes Protein zu fungieren. Die Expression erfolgt nicht unmittelbar, sondern über eine dazwischengeschaltete mRNA. Das Gen hat also eigentlich die Funktion einer Matrize zur Herstellung einer mRNA. Erst das Protein selbst ist der eigentliche Funktionsträger, indem es z.B. katalytische oder strukturelle Aufgaben im Körper erfüllt. Vor diesem Hintergrund, so die Autoren, sei es unklar, welche der oben genannten Funktionen ausreiche, um die Erfordernisse des § 1a Abs. 3 PatG zu erfüllen

7. Mögliche weitere Änderungen in der Zukunft

Zwei weitere Punkte, die jedoch zur Zeit nicht unmittelbar praxisrelevant sind, halten wir für bedenkenswert:

Zum einen wurde bereits gefordert, daß sich die Bundesregierung für eine Neufassung der Biopatentrichtlinie einsetzen solle. [26] Angesichts der Tatsache, daß auch andere Länder mit der geltenden Fassung der Biopatentrichtlinie nicht einverstanden sind – immerhin haben die Niederlande (erfolglos) gegen die Richtlinie vor dem Europäischen Gerichtshof geklagt [27] – bestehen durchaus gewisse Chancen, daß es zu einer Neufassung der Richtlinie kommen könnte. Dies würde sich wahrscheinlich auch auf die Praxis des EPA auswirken, welches ja die geltende Richtlinie vollständig implementiert hat.

Auf der anderen Seite sind, zwar zunächst zaghaft und auch eher von Lobbyverbänden [28], Stimmen laut geworden, die die deutsche Umsetzung für nicht vereinbar mit Artikel 27 des TRIPS-Abkommens halten. Dieser Artikel setzt für Mitgliedsstaaten der WTO Mindeststandards für die Patentierfähigkeit auf grundsätzlich allen Gebieten, einschließlich der Biotechnologie, fest und verbietet Diskriminierungen (allerdings eröffnet Abs. 2 des Artikels durchaus Ausnahmen von dieser Regel). Sollten diese Stimmen künftig an Gewicht gewinnen, bleibt abzuwarten, ob die geltende Regelung des deutschen Patentrechtes so haltbar ist oder geändert werden muß.

8. Zusammenfassung

Die Umsetzung der Biopatentrichtlinie in deutsches Recht erfolgte mit einigen Einschränkungen. Aufgrund der Tatsache, daß das europäische Patentamt diese Einschränkungen nicht kennt, hat dies in der Praxis wohl nur untergeordnete Bedeutung. Allerdings bleibt abzuwarten, ob europäische Patente, die nach deutschem Recht nicht patentfähig werden, durch Nichtigkeitsklage beseitigt werden können. Eine weitere Einschränkung ergibt sich daraus, daß nunmehr für biotechnologische Erfindungen kein Gebrauchsmusterschutz mehr möglich ist, was besonders im Hinblick auf eine Gebrauchsmusterabzweigung dem Anmelder nunmehr Möglichkeiten verschließt, die bislang ein wirksames Instrument bei der Durchsetzung von Ansprüchen gegenüber potentiellen Verletzern darstellten.

Literatur

[1] Dipl.-Chem. Dr. Aloys Hüttermann und Dipl.-Biol. Dr. Ulrich Storz, Patentanwälte in Düsseldorf bzw. Münster

[2] US Supreme Court Diamond vs. Chakrabarty

[3] Art 5 Abs. 3 der Richtlinie

[4] Rechtssache C-5/04 beim EuGH

[5] Beschlußempfehlung und Bericht des Rechtsausschusses zum Entwurf eines Gesetzes zur Umsetzung der Richtlinie über den rechtlichen Schutz biotechnologischer Erfindungen (Drucksache 15/4417 vom 01.12.2004)

[6] so die der Beschlußempfehlung hinzugefügte und als § 1a Abs. 4 PatG verabschiedete Änderung

[7] Anm.: Dies liegt vor allem daran, daß nicht in allen europäischen Ländern ein dem deutschen Gebrauchsmuster analoges Schutzrecht existiert.

[8] Begründung des Gesetzentwurfes der Bundesregierung (Drucksache 15/1709 vom 15.10.2003)

[9] Siehe dazu z.B. EPA Einspruchsabteilung 8.12. 1994 (Relaxin), abgedruckt im Amtsblatt EPO 1995, 388, 396

[10] z.B. BGHZ 100, 67ff Tollwutvirus

[11] BGHZ 58,280 vom 14.3. 1972, GRUR 1972, 541

[12] Jedoch wurde die grundsätzliche Möglichkeit eines zwingend zweckgebundenen Schutzes (d.h. ein Verwendungsschutz) in Ausnahmefällen nicht abgelehnt.

[13] BPatG vom 28.07.1977; GRUR 1978, 238 – Antamanid; BPatG vom 24.07.1978, GRUR 1978, 702 – Methonthiole.

[14] Siehe Zitat aus der Entscheidung T 939/92 einer Technischen Beschwerdekammer des EPA: „...
Die Kammer hat gewisse Zweifel, ob die beanspruchten Verbindungen überhaupt als technische
Erfindung anerkannt werden könnten, wenn ihnen technisch nützliche Eigenschaften gänzlich fehlten (s. T 22/82, ABl. EPA 1982, 341, Nr. 6 der Entscheidungsgründe, wonach eine chemische
Verbindung nicht aufgrund der bloßen potentiellen Bereicherung der Chemie patentwürdig ist und
strukturelle Andersartigkeit für die Bewertung der erfinderischen Tätigkeit solange neutral und
wertfrei bleibt, wie sie sich nicht in einer wertvollen Eigenschaft im weitesten Sinne, einer Wirkung
oder der Verstärkung einer Wirkung manifestiert)."

[15] [23] der Erwägungsgründe

[16] siehe z.B. van Raden/ von Renesse, GRUR 2002, 393

[17] Das EPA ist keine EU-Behörde, sondern eine durch das Europäische Patentübereinkommen (EPÜ)
installierte internationale Behörde. Zwar sind alle EU-Mitglieder auch Mitglieder des EPÜ, jedoch
gehören diesem auch Staaten an, wie z.B. die Schweiz oder die Türkei, die selbst keine EU-Mitglieder sind.

[18] In Regel 23b wird außerdem ausdrücklich auf die Richtlinie als ergänzende Auslegungsquelle
hingewiesen.

[19] Siehe Fußnote [5]

[20] BGH GRUR 83, 729 Hydropyridin

[21] Art II § 6 Abs. 1 Nr 1 IntPatÜG

[22] Anm. von Maiwald zur BGH „Filtereinheit", Mitt. 2002, 16, siehe auch Dinne/Stubbe: „Chemie-
Patente. Europa kontra Deutschland", Mitt. 2004, 337

[23] Bühler/Huenges, Managing Intellectual Property 4/2005

[24] BGH GRUR 1987, 794 Antivirusmittel;

[25] Krüger/Jaenichen, GRUR 2005, 984

[26] Antrag der Fraktionen SPD und BÜNDNIS 90/DIE GRÜNEN für ein modernes Biopatentrecht vom
10.03.2004 (Drucksache 15/2657)

[27] Rechtssache C-377/98 beim EuGH

[28] z. B. die Stellungnahme des Verbands forschender Arzneimittelhersteller zum Regierungsentwurf

Sicherheitserfordernisse in klinischen Studien

von Bernd Liedert, Steffen Bassus, Christian Schneider,
Ulrich Kalinke, Johannes Löwer

TGN1412 – ein dramatischer Zwischenfall, der zahlreiche Fragen aufwirft

Am 13. März 2006 begann in London eine klinische Studie, in deren Verlauf der gegen CD28 gerichtete therapeutische Antikörper TGN1412 erstmalig am Menschen getestet werden sollte. Der Wirkstoff wurde entwickelt, um in Zukunft chronisch-lymphatische Leukämie oder Autoimmunerkrankungen wie rheumatoide Arthritis zu therapieren. Acht gesunde Probanden nahmen an der Untersuchung teil, von denen sechs das Prüfpräparat injiziert wurde, während zwei Studienteilnehmer ein Placebo erhielten. In den folgenden Stunden entwickelten sich bei den mit TGN1412 behandelten Männern dramatische Krankheitserscheinungen. Bis heute sind die zugrundeliegenden pharmakodynamischen Mechanismen nicht vollständig aufgeklärt. Auch ist es unklar, warum umfangreiche präklinische Experimente keinerlei Hinweise auf die dramatischen Wirkungen von TGN1412 geliefert hatten. Aus diesen Umständen resultieren folgende Fragen: Sind klinische Studien in Deutschland ausreichend sicher? Wie gewährleisten Ärzte, Wissenschaftler und Gesetzgeber die Sicherheit klinischer Arzneimittelprüfungen? Welche zusätzlichen Maßnahmen sind denkbar, um in Zukunft ähnliche Vorkommnisse wie die im Fall von TGN1412 auszuschließen?

Der vorliegende Beitrag geht diesen Fragen nach und diskutiert medizinisch-wissenschaftliche, rechtliche und ethische Aspekte. Im besonderen wird auf die Testung biologischer Wirkstoffe und auf klinische Studien mit monoklonalen Antikörpern eingegangen. Aufgrund ihrer beeindruckenden therapeutischen Wirkungen werden immer mehr dieser Wirkstoffe für die unterschiedlichsten Indikationen entwickelt. Bisher sind am Paul-Ehrlich-Institut (PEI) 15 zugelassene monoklonale Antikörper registriert, während sich über 150 neue monoklonale Antikörper kurz vor oder in klinischen Studien zur Vorbereitung einer zentralen europäischen Zulassung befinden.

Sicherheit klinischer Studien als oberstes Rechtsgut

Bevor ein Prüfpräparat als Arzneimittel zugelassen werden kann, muß neben seiner Wirksamkeit vor allem seine Verträglichkeit am Menschen nachgewiesen worden sein. Dies erfolgt in systematischen Untersuchungen in klinischen Arzneimittelprüfungen der Phasen I bis III, welche unter Umständen auch noch nach der Zulassung von Phase IV-Studien ergänzt werden können. Die Ergebnisse aus den klinischen Prüfungen dieser vier Phasen zeigen ein umfassendes Bild der Eigenschaften des Prüfmedikamentes auf.

Ethische und rechtliche Grundlage der Testung von Arzneistoffen am Menschen ist die „Deklaration des Weltärztebundes von Helsinki" aus dem Jahre 1964 in ihrer derzeitigen gültigen Fassung vom Oktober 2000. Der Sicherheit der Studienteilnehmer wird in diesem Dokument eine zentrale Rolle eingeräumt. In Artikel 16 heißt es: „Jedem medizinischen Forschungsvorhaben am Menschen hat eine sorgfältige Abschätzung der voraussehbaren Risiken und Belastungen im Vergleich zu dem voraussichtlichen Nutzen für die Versuchsperson oder andere vorauszugehen." Weiter wird in Artikel 18 ausgeführt: „Medizinische Forschung am Menschen darf nur durchgeführt werden, wenn die Bedeutung des Versuchsziels die Risiken und Belastungen für die Versuchsperson überwiegt."

Die Ausführungen der Helsinki-Deklaration wurden 2005 als Prinzipien wörtlich in das „Handbook for Good Clinical Research Practice" der WHO übernommen. Die Richtlinien der „International Conference on Harmonisation of Technical Requirements for Registration of Pharmaceuticals for Human Use" (ICH) stellen sicher, daß diese grundsätzlichen ethischen Erwägungen im Alltag der klinischen Studienpraxis umgesetzt werden. Die ICH ist eine Organisation, in der Experten der Zulassungsbehörden und der pharmazeutischen Unternehmen aus der Europäischen Union, Japan und den Vereinigten Staaten Qualitätsansprüche an Arzneimittelprüfung und -zulassung formulieren und international harmonisieren. Die ICH Leitlinie E 8 (CPMP/ICH291/95) „Note for guidance on general considerations for clinical trials" formuliert grundsätzliche Ziele und Sicherheitsmaßnahmen für klinische Studien der Phasen I-IV. Dem Primat der Sicherheit bei klinischen Studien wurde analog auch im europäischen und deutschen Arzneimittelrecht Rechnung getragen. So finden sich die Formulierungen der Helsinki-Deklaration sinngemäß in der europäischen Richtlinie 2001/20/EC zur guten klinischen Praxis von 2001 wieder. Auch hier sorgt eine Fülle der vom „Committee for Medicinal Products for Human Use" (CHMP) der Europäischen Arzneimittelagentur EMEA herausgegebenen Leitfäden für die praktische Umsetzung.

Die Richtlinie 2001/20/EC wurde im Rahmen der GCP- Verordnung (Anwendung der Guten Klinischen Praxis bei der Durchführung von klinischen Prüfungen mit Arzneimitteln zur Anwendung am Menschen) durch die 12. Novelle des Arzneimittelgesetzes gemäß § 12 Abs. 1b und § 42 Abs. 3 im Jahre 2004 in nationales Recht umgesetzt. § 40 des AMG konkretisiert unter „Allgemeine Voraussetzungen der klinischen Prüfung" die Ansprüche an die Sicherheit klinischer Prüfungen. In Abs. 1 heißt es dort: „Die klinische Prüfung eines Arzneimittels darf bei Menschen nur durchgeführt werden, wenn und solange die betroffene Person volljährig und in der Lage ist, Wesen, Bedeutung und Tragweite der klinischen Prüfung zu erkennen und ihren Willen hiernach auszurichten und wenn eine dem jeweiligen Stand der wissenschaftlichen Erkenntnisse entsprechende pharmakologisch-toxikologische Prüfung des Arzneimittels durchgeführt worden ist."

Sicherheitsbewertung im Vorfeld klinischer Studien

Die formalen Einzelheiten des Verfahrens finden sich für alle Studien der Phasen I bis IV in der GCP-Verordnung. Im Rahmen der 3. Bekanntmachung zur klinischen Prüfung von Arzneimitteln am Menschen des BfArM und des PEI ist daraus eine Verwaltungsvorschrift erarbeitet worden, die in Kürze in Kraft treten wird.

In diesem Dokument sind die mit Bezug auf die Sicherheit einer Studie zu fordernden Untersuchungen und Experimente aufgeführt. In Anlage V/1 heißt es dort: „Vor Beginn der erstmaligen Anwendung am Menschen müssen die im Prüfpräparat enthaltenen arzneilich wirksamen Bestandteile in präklinischen Untersuchungen hinsichtlich ihrer Pharmakodynamik, Pharmakokinetik und Toxizität soweit untersucht sein, daß der im Prüfplan vorgesehene Dosisbereich, die Art und Dauer der Anwendung am Menschen sowie die Ein- und Ausschlußkriterien für die Probanden/Patienten und ggf. erforderliche medizinische Sicherheitsmaßnahmen begründet werden können." Diese Weisungen entstammen aus der international gültigen ICH E6 „Note for Guidance on Good Clinical Practice" (CPMP/ICH/135/95) und der ICH E8 „Note for Guidance on general considerations for clinical trials" (CPMP/ICH291/95).

Vor Beginn einer klinischen Studie müssen der pharmazeutische Unternehmer und alle an der Genehmigung einer solchen Studie beteiligten Sachverständigen (Bundesoberbehörde, Ethikkommission, Prüfärzte) abwägen, ob das zu testende Arzneimittel schwere Nebenwirkungen hervorrufen könnte oder nicht. Die Abwägung geschieht aufgrund theoretischer pharmakodynamischer Überlegungen, vor allem aber aufgrund von toxikologischen Untersuchungen *in vitro* und im Tiermodell. Daneben können Veröffentlichungen aus anerkannten wissenschaftlichen Journalen und die Empfehlungen der nationalen Fachgesellschaften für die Bewertung der geplanten Studie berücksichtigt werden. Entsprechende aussagekräftige Unterlagen sind vom Initiator der klinischen Studie (dem Sponsor) bei der Ethikkommission und der zuständigen Bundesoberbehörde (BfArM oder PEI) vorzulegen. Diese Institutionen entscheiden dann nach Datenlage.

Die für die Beurteilung der Studiensicherheit maßgeblichen Dokumente sind die Prüferinformation (Investigator's Brochure, IB), das Dossier zum Prüfpräparat (Investigational Medicinal Product Dossier, IMPD) und der (klinische) Prüfplan. Der pharmazeutische Unternehmer ist gemäß GCP-V § 7 verpflichtet, die Unbedenklichkeit einer geplanten Studie durch Daten zur pharmazeutischen Qualität und Herstellung, zur pharmakologisch-toxikologischen Prüfung und gegebenenfalls zu bisher durchgeführten klinischen Prüfungen zu belegen. Schließlich muß eine zusammenfassende Nutzen-Risiko-Bewertung beigebracht werden, in der das Verhältnis zwischen dem therapeutischen Nutzen und dem Risiko der Teilnehmer dargelegt wird.

Die inhaltliche Bewertung der geplanten klinischen Prüfung von der zuständigen Ethikkommission und Bundesoberbehörde dient vorrangig der Sicherheit der Studienteilnehmer. Ihre Sicherheit soll zudem durch die mündliche und schriftliche Aufklärung (informed consent) in einer für einen medizinischen Laien allgemein verständlichen Sprache gewährleistet werden. Dabei ist besonders auf alle bekannten und erdenklichen Risiken und unerwünschten Wirkungen hinzuweisen. Weitere Sicherheitsmaßnahmen sind der Abschluß einer Versicherung für alle Studienteilnehmer und die Verpflichtung des Sponsors zur ordnungsgemäßen Durchführung der klinischen Prüfung.

Exploratorische Phase I-Studien – Erstanwendung eines Wirkstoffes am Menschen

Besondere Sicherheitsüberlegungen müssen für die ersten Anwendungen eines Wirkstoffes am Menschen in der klinischen Phase I angestellt werden. Sie basieren auf den Ergebnissen der präklinischen Forschung und bilden selbst Entscheidungsgrundlagen für weitere klinische Prüfungen der Phasen I bis III.

Eine Phase I-Studie dient per Definition in erster Linie dazu, die Verträglichkeit und Sicherheit, also die „Safety", eines neuen Therapeutikums zu erforschen. Dies gilt insbesondere für die ersten Erprobungen im Menschen in sogenannten „First in Man"-Studien.

Als weitere Studienziele, auch als „primäre Endpunkte" bezeichnet, werden häufig erste Testreihen zur Aufklärung der Pharmakokinetik in Phase I-Studien eingeplant. Dabei werden die Absorption der Substanz, ihre Bioverteilung im Körper, der Metabolismus und die Ausscheidung untersucht.

In der Regel werden alle Untersuchungen zunächst in Studien mit einmaliger Verabreichung, dann in solchen mit mehrmaliger Verabreichung aufsteigender Dosen durchgeführt. In der späteren Phase I werden auch die Einflüsse von Geschlecht, Alter, Rasse, Nahrungsaufnahme, gleichzeitig eingenommenen anderen Arzneimitteln, genetischen Polymorphismen und Organschäden auf die Pharmakokinetik untersucht.

Zentrales Anliegen der Phase I ist die Dosisfindung, das heißt die Bestimmung der Wirkstoffmenge, durch deren Applikation zwar ein therapeutischer Effekt zu erwarten ist, die aber keine unzumutbaren Nebenwirkungen verursacht.

Die Schwere der Erkrankung und die therapeutischen Alternativen bestimmen dabei im Rahmen einer Nutzen-Risiko-Analyse den Grad der Zumutbarkeit.

In klinischen Studien von palliativ angelegten Behandlungsverfahren werden schwere Nebenwirkungen mangels therapeutischer Alternativen oftmals akzeptiert. Solche Studien können natürlich nur in Patienten durchgeführt werden, die potentiell von der Behandlung auch profitieren können. In Studien für kurative Heilansätze oder für lebenslange Therapieformen chronischer Beschwerden werden in Phase I häufig gesunde Probanden eingeschlossen, für die im Rahmen der Studie die körperliche Unversehrtheit gewährleistet sein muß.

Präklinische Untersuchungen als Grundlage für Risikoabschätzungen

Vor der Erstanwendung am Menschen müssen die Eigenschaften neuer Substanzen im Rahmen präklinischer Untersuchungen genau charakterisiert werden. Die diesbezügliche Sicherheitstestung von biologischen Wirkstoffen wie Zytokinen, hämatopoetischen Wachstumsfaktoren, Gentherapeutika oder monoklonalen Antikörpern ist besonders anspruchsvoll. Exemplarisch sei dies am Beispiel monoklonaler Antikörper erläutert. Die Moleküle besitzen ein hohes Molekulargewicht und eine erhebliche Komplexität. Monoklonale Antikörper sind als Proteine durch ihre Primär-, Sekundär- und Tertiärstruktur ausgezeichnet und weisen in Abhängigkeit vom eingesetzten Expressionssystem post-translationale Modifikationen auf. Monoklonale Antikörper erkennen Spezies-spezifische Epitope und sind selber Spezies-spezifische Eiweiße. Antikörper können daher in Fremdspezies, aber auch, in bisher nicht endgültig aufgeklärter Weise, in der eigenen Spezies Immunogenität provozieren. Ihre Stabilität ist vergleichsweise gering. Geringfügige Schwankungen im Herstellungsprozeß können toxikologisch bedeutsame Veränderungen im Wirkstoff induzieren, so zum Beispiel durch Veränderungen im Glykosylierungs-Spektrum oder durch Aggregatbildung.

Bei monoklonalen Antikörpern muß für jedes neue Produkt eine vollständige und umfangreiche präklinische Testung gefordert werden. Dies wird in der europäischen „Guideline on Comparability of Medicinal Products containing Biotechnology-Derived Proteins as Active Substances – Preclinical Issues" (EMEA/CPMP/30/97/02) deutlich herausgestellt.

Das potentielle Risiko einer Übertragung von infektiösen Erkrankungen ist bei monoklonalen Antikörpern höher zu bewerten als bei chemisch-synthetischen Arzneimitteln, da sie in Zellkulturen oder sogar in komplexen Expressionssystemen wie zum Beispiel transgenen Kühen hergestellt werden. Entsprechende Sterilisierungs- und Kontrollverfahren müssen etabliert und validiert sein, um die pharmazeutische Qualität zu gewährleisten.

Die im Vorfeld einer Phase I notwendigen präklinischen Studien gliedern sich in Pharmakodynamik, Pharmakokinetik, sowie Toxikologie. Zusammengenommen bilden die Erkenntnisse aus diesen drei Disziplinen die Grundlage, auf denen die Sicherheitsabschätzung beruht.

Für die Testung von monoklonalen Antikörpern (und anderer Biologika) kommt der Relevanz des präklinischen Tiermodells zentrale Bedeutung zu. Die „Note for Guidance on preclinical safety evaluation of biotechnology derived pharmaceuticals" (CPMP/ICH/302/95; ICH S6) definiert den Begriff Relevanz folgendermaßen: „Eine relevante Spezies zeichnet sich dadurch aus, daß das Testmaterial pharmakologisch aktiv ist, weil das entsprechende (human-homologe) Epitop exprimiert wird."

Der Beleg der Relevanz ergibt sich aus Untersuchungen zur Bindung (Affinität) an das Zielepitop, aus DNA-beziehungsweise Protein-Sequenzvergleichen (menschliches Epitop vs. Tiermodell) und gegebenenfalls aus Zellkultur-Untersuchungen der Effekte, welche durch die Antikörperbindung an menschliche oder tierische Zellen ausgelöst werden. Für manches Zielmolekül gibt es kein natürliches Modell, da es nur im Menschen exprimiert wird. In diesem Fall können Untersuchungen in Epitop-transgenen Tieren eine akzeptable Alternative darstellen.

Pharmakodynamische Studien im relevanten Tiermodell geben Aufschluß über gewollte, aber auch ungewollte pharmakodynamische Wirkungen der Prüfsubstanz. Die ICH S7A „Note for Guidance on safety pharmacology studies for human pharmaceuticals" (CPMP/ICH/539/00) schreibt vor, daß insbesondere mögliche Effekte auf das zentrale Nervensystem, das kardiovaskuläre System und das respiratorische System begutachtet werden müssen. Dabei sollen Dosis-Wirkungskurven und Zeit-Wirkungskurven aufgenommen werden.

Falls vorhanden, werden Tiermodelle untersucht, welche die geplante humane Indikation analog abbilden. Solche Studien liefern einerseits erste Hinweise auf die Wirksamkeit der Prüfsubstanz, sind aber andererseits auch für die Sicherheitsbewertung von großer Bedeutung, da die Nebenwirkungen eines Wirkstoffes im kranken Lebewesen manchmal andersartig oder stärker ausgeprägt sind als im gesunden Individuum. Beispiele für solche Modelle sind Xenograft-Tumore in der Maus oder aber im Nager induzierte Autoimmunerkrankungen wie die Experimentelle Allergische Enzephalitis (EAE), welche ein Modell für die Multiple Sklerose des Menschen ist.

Kreuzreaktivität mit strukturähnlichen Epitopen kann bei monoklonalen Antikörpern zu unerwarteten Nebenwirkungen führen. Die so genannte Spezifität des Antikörpers wird daher im Vorfeld einer klinischen Studie mit aufwendigen Bindungsstudien untersucht. Im Falle von Kombinationstherapien wird schließlich gemäß der „Note for Guidance on the investigation of drug interactions" (CPMP/ EWP/560/95) nach pharmakodynamischen Wechselwirkungen gefahndet, welche die Wirkung der Einzelsubstanz vermindern oder verstärken könnten.

Die präklinische Pharmakokinetik liefert ebenfalls wichtige Indizien zur Erstellung eines Sicherheitsprofils. Durch Expressionsstudien an menschlichen Geweben wird das Verteilungsmuster molekularer Zielstrukturen ermittelt, um die von der Arzneimittelwirkung betroffenen Organe zu identifizieren. Die Durchtrittsfähigkeit des Wirkstoffes durch physiologische Barrieren wie der Plazenta-Schranke oder der Blut-Hoden-Schranke macht Einflüsse auf Fertilität und die Fötalentwicklung abschätzbar. Aus pharmakokinetischen Daten (Cmax, AUC) werden für die präklinische Toxikologie humananaloge Dosen abgeleitet.

Die Dosisabhängigkeit von akuter und chronischer Toxizität wird im relevanten Tiermodell nach Einfach- und zeitlich gestaffelter Mehrfachgabe aufgezeichnet. Von besonderer Bedeutung für die spätere Festsetzung der klinischen Erstdosis sind der NOAEL (No Observed Adverse Effect Level) – eine Dosisschwelle bis zu der keine toxischen Effekte beobachtet werden – und der LOAEL (Lowest Observed Adverse Effect Level), der die niedrigste toxische Dosis markiert.

Ein wichtiger Aspekt toxikologischer Betrachtung sind mögliche genotoxische und kanzerogene Effekte eines Wirkstoffes. Diese Untersuchungen müssen nicht vor einer Phase I-Studie abgeschlossen sein und erstrecken sich oft bis zur eigentlichen Zulassung. Bei monoklonalen Antikörpern sind solche Studien nur dann notwendig, wenn wie im Fall von Autoimmunerkrankungen eine klinische Daueranwendung geplant ist und gleichzeitig mechanistische Überlegungen Mutagenität oder Tumorinduktion möglich erscheinen lassen.

Monoklonale Antikörper können unter Umständen auf indirektem Wege Tumore auslösen, zum Beispiel über die Modulation des Immunsystems oder der DNA-Reparaturaktivität. So sind Fälle bekannt, in denen es nach Langzeittherapie mit Infliximab, einem anti-TNFα Antikörper, durch Reaktivierung von Epstein-Barr-Viren zu lymphoproliferativen Erkrankungen kam. Ähnliche Kausalzusammenhänge sind bei neuen Produkten schwer vorherzusehen und nicht mit den üblichen Genmutationsstudien in Bakterien (Ames-Test) oder dem Nachweis chromosomaler Schäden in hämatopoetischen Nagerzellen faßbar. Häufig müssen ganz neue adäquate Testverfahren etabliert werden.

Vor der Zulassung verlangt die ICH M3 „Note for Guidance on non-clinical safety studies for the conduct of human clinical trials for pharmaceuticals" (CPMP/ICH/286/95) die Durchführung von präklinischen Studien zur potentiellen Reproduktions- und Entwicklungstoxizität eines Wirkstoffes. Bei monoklonalen Antikörpern sind diese Untersuchungen besonders dann notwendig, wenn die Beteiligung des Zielepitopes an der Embryofetal-Entwicklung bekannt ist, wenn eine Wirkstoffbindung an reproduktionsrelevante Gewebe oder die Durchdringung von physiologischen Barrieren wie der Plazenta-Schranke nachgewiesen werden kann.

Rekombinante Protein-Therapeutika wie monoklonale Antikörper sind zumeist humanisiert oder sogar vollständig human, so daß die Messung ihrer Immunogenität im Tiermodell nur eingeschränkte Aussagekraft bezüglich möglicher, im schlimmsten Fall anaphylaktischer Immunreaktionen im Menschen hat. Da die Immunogenität dieser Wirkstoffe ihre Toxizität im Tiermodell aber maskieren kann, ist eine Titer-Bestimmung unverzichtbar, um die toxikologischen Ergebnisse aus der Präklinik nicht falsch zu interpretieren.

Viele monoklonale Antikörper greifen massiv in das Immunsystem ein und können stimulierende oder supprimierende Impulse vermitteln. Die Zielepitope sind zahlreich und umfassen immunologisch relevante Adhäsionsmoleküle (MAdCAM, VLA-4, LFA-1), Zytokine (TNFα, IL-1β) oder regulatorische Oberflächenmarker auf hämotopoetischen Zellen (CD3, CD20, CD22, CD25, CD28, CD30, CD52, CD126, CD152). Ähnlich vielfältig können sich auch mögliche immunologische Nebenwirkungen in Art und Schwere manifestieren. Sie reichen je nach Produkt von leichten Befindlichkeitsstörungen wie lokalen Hautreizungen, über ernste Effekte wie der Reaktivierung von Tuberkulose, EBV oder HBV [Van Delden, C. 2006 Rev Med Suisse. 2(57): 738-40, 743-5] bis zu lebensbedrohlichen Ereignissen wie dem Cytokine Release Syndrome [Winkler, U. et al. 1999 Blood 94(7): 2217–2224], den Autoimmune Breakthrough Events [Maker, A.V. et al. 2005 Ann Surg Oncol. 12(12): 1005-16], der Progressiven Multifokalen Leukoenzephalopathie [Ransohoff, R. M. 2005 Nat Neurosci. 8(10): 1275; Yousry. T. A. et al. 2006 N Engl J Med. 354 (9): 924-33] oder der Induktion von Lymphomen [Birkeland, S.A. & Hamilton-Dutoit, S. 2003 Transplantation. 76(6): 984-8; Caillard, S. et al. 2005 Transplantation. 80(9): 1233-43]. Der Untersuchung der Immuntoxizität im relevanten Tiermodell kommt daher große Bedeutung zu. Entsprechende Grundsätze sind in der Richtlinie ICH S8 „Immunotoxicology Studies for Human Pharmaceuticals" niedergelegt.

Die Betrachtung präklinischer Sicherheitsuntersuchungen im Vorfeld erster klinischer Studien macht die Problematik deutlich, der sich genehmigende Ethikkommissionen und Bundesoberbehörden gerade bei der Bewertung biologischer Wirkstoffe wie monoklonaler Antikörper stellen müssen. Einerseits verlangt das Gebot der Rechtssicherheit und Gleichbehandlung aller Sponsoren standardisierte Prüfverfahren. Andererseits macht die notwendige Würdigung der Produktkomplexität eine „Case by Case"-Entscheidung hinsichtlich der zu fordernden prä-klinischen Daten häufig unumgänglich.

Gesunde Probanden oder Patienten?

Ob neue Arzneistoffe im Rahmen einer „First in Man"-Studie zuerst in gesunden Probanden oder aber in Patienten getestet werden, hängt nicht von der zu prüfenden Substanzklasse oder der angestrebten Indikation ab, sondern von der Schwere der zu erwartenden Nebenwirkungen.

Für Derivate von Arzneiinhaltsstoffen mit bekannt guter Verträglichkeit stellt die Phase I-Testung an gesunden, in der Regel männlichen Freiwilligen den Regelfall dar. Für Substanzen mit potentiell hoher Toxizität schlägt man einen anderen Weg ein. Man testet sie zuerst an Patienten, häufig an austherapierten, moribunden Kranken. Natürlich ist auch in diesem Fall die Studienteilnahme freiwillig und muß in einer Einwilligungserklärung bestätigt werden.

Eine solche Vorgehensweise ist beispielsweise bei der Testung von zytotoxischen Antikörpern in der onkologischen Immuntherapie üblich, da diese Wirkstoffe erhebliche Nebenwirkungen haben können und auch nach ihrer Zulassung nur nach sorgfältiger Nutzen-Risiko-Analyse eingesetzt werden dürfen.

Die Testung von Wirkstoffen am Gesunden hat einige wesentliche Vorteile: Wenn das Therapeutikum in späteren Studien in mehreren unterschiedlichen Indikationen getestet werden soll, müssen Ergebnisse zur Verträglichkeit nicht zwangsläufig wiederholt werden und können von einer „indikationslosen" Phase I-Studie auf indikationsspezifische Phase II bis III-Folgestudien übertragen werden.

Gesunde Probanden sind eine relativ homogene Population. Pharmakodynamik und Pharmakokinetik eines Wirkstoffes werden nicht durch pathophysiologische Veränderungen oder Interaktion mit Begleitmedikation beeinflußt, so daß Wirkungen und Nebenwirkungen des Prüfpräparates eindeutiger erfaßt werden können. Sollten trotz aller Vorsichtsmaßnahmen unerwartete Nebenwirkungen auftreten, so sind die gesundheitlichen Konsequenzen für gesunde Probanden in der Regel weniger schwerwiegend als für kranke Studienteilnehmer.

Die Testung von Wirkstoffen an gesunden Probanden hat aber auch einige Nachteile: Es können keine ersten Daten zur Wirksamkeit, der „Efficacy", generiert werden. Außerdem gehen viele Erkrankungen mit einer Veränderung des Stoffwechsels des Patienten einher, wodurch sich die Pharmakodynamik des Arzneimittels verändert und sich von der Pharmakodynamik im gesunden Probanden deutlich unterscheiden kann. In diesem Fall sind Phase I-Sicherheitsstudien in Gesunden allein nicht ausreichend und müssen in einer geeigneten Patientenpopulation wiederholt werden.

Auch mögliche Arzneimittelwechselwirkungen können Sicherheitsrisiken begründen, welche im Gesunden nicht adäquat getestet werden können.

Wie bestimmt man eine möglichst sichere Dosis für die „First in Man"-Studie ?

Die Erstdosis einer Prüfsubstanz soll möglichst so gewählt sein, daß einerseits die Sicherheit der Probanden beziehungsweise Patienten gewährleistet ist, andererseits keine langwierigen Dosissteigerungen mehr nötig sind, um aussagekräftige Dosisbereiche zu erreichen. Generell erfolgt die Bestimmung der Erstdosis durch Extrapolation von Tierversuchen auf den Menschen. Für Phase I-Studien an gesunden Probanden wird die Ableitung erster klinischer Dosen in einer auch in Europa anerkannten Richtlinie der amerikanischen Food and Drug Administration (FDA) von 2002 beschrieben („Estimating the Safe Starting Dose in Clinical Trials for Therapeutics in Adult Healthy Volunteers"). Der im relevanten Tiermodell ermittelte „No Observed Adverse Effect Level" (NOAEL) wird durch einen Faktor dividiert, der die pharmakokinetische Unterschiedlichkeit von Testspezies und Mensch ausgleicht. Das Ergebnis wird als menschliche Äquivalentdosis („Human Equivalent Dose", HED) bezeichnet. Durch klinische Erfahrung begründet, wird ein Zehntel der HED als maximale empfohlene Startdosis („Maximum Recommended Starting Dose", MRSD) akzeptiert.

Die MRSD ist kein vorgeschriebener Fixwert und kann weit nach unten korrigiert werden, wenn Sicherheitsbedenken dies angemessen erscheinen lassen. Solche Bedenken können aus der Studienpopulation (z. B. Schwerkranke) oder aber aus besonderen toxikologischen Eigenschaften des Wirkstoffes (z. B. Immunsuppression) erwachsen.

Besonders problematisch ist die Festsetzung einer Startdosis für „First in Man"-Studien dann, wenn in der Präklinik kein relevantes Tiermodell zur Verfügung steht.

Die Entscheidung, ob eine anschließende Dosissteigerung eher schnell oder langsam erfolgen soll, hängt von den tierpharmakologischen Befunden ab: Weist die Prüfsubstanz eine steile Dosis-Wirkungs-Beziehung auf, wird eine langsamere Steigerung bevorzugt als bei einer flachen Dosis-Wirkungs-Beziehung.

Die Dosissteigerung wird aus Sicherheitsgründen beendet, wenn die maximal tolerierte Dosis (MTD) erreicht ist. Sie ist definiert als die höchste Dosis, die gerade noch ein akzeptables Profil an unerwünschten Ereignissen aufweist. Die MTD bildet die obere Grenze des zu prüfenden Dosisbereichs für spätere Phase II bis III-Studien zum Wirksamkeitsnachweis.

Nicht nur sicher, sondern auch wirksam? Phase II-Studien

In dieser Phase werden systematisch die Effekte des Prüfpräparates im geplanten Indikationsgebiet an einer begrenzten Patientenzahl (100-500) untersucht. Phase II-Studien haben zum Ziel, die Sicherheit und Wirksamkeit des Medikamentes in der therapeutischen Indikation zu erforschen. Ein weiteres wichtiges Ziel der Phase II-Studien ist die Festlegung der Dosis für die folgende Phase III-Studie. In Phase II-Studien werden typischerweise enge Ein- und Ausschlußkriterien für Studienteilnehmer und sorgfältige Überwachungsuntersuchungen definiert, um die Untersuchungen bei einer homogenen, engmaschig kontrollierten Patientenpopulation durchführen zu können.

Bestätigung von Sicherheit und Wirksamkeit mit großen Zahlen – Phase III-Studien

In Phase III-Studien werden Wirksamkeit und Sicherheit des Arzneimittels an einer größeren Anzahl von Patienten untersucht (250 bis mehrere 1.000 Patienten). Folgende Ziele sind typisch für Phase III-Studien:
– Absicherung der Wirksamkeit und Verträglichkeit,
– Langzeitbetrachtung der Wirksamkeit und Sicherheit,
– Untersuchung der Art und Häufigkeit von Nebenwirkungen,
– Prüfung an speziellen Patientengruppen (z. B. mit Begleiterkrankungen),
– Vergleiche mit der Standardtherapie.
Das Studiendesign und die Ziele der Phase III-Studien werden so gewählt, daß die Ergebnisse für einen Antrag auf Zulassung des Arzneimittels ausreichen.

Sicherheit und Wirksamkeit im klinischen Alltag – Phase IV-Studien

Phase IV-Studien sind Studien, die nach der Zulassung des Arzneimittels in den zugelassenen Indikationen durchgeführt werden. Ziel der Studien ist unter anderem die Erfassung von seltenen Nebenwirkungen, die Untersuchung der Wirksamkeit und Verträglichkeit in bestimmten Patientenpopulationen sowie die Evaluation von Morbidität und Mortalität in der Langzeitanwendung.

Unerwartete Nebenwirkungen – Die Sicherheit der Studienteilnehmer wird engmaschig kontrolliert

Während der Durchführung klinischer Prüfungen wird die Sicherheit der Studienteilnehmer durch im Prüfplan vorgeschriebene Untersuchungen, Blutentnahmen usw. überprüft. Dabei richten sich die Sicherheitsmaßnahmen nach den zu erwartenden typischen Nebenwirkungen und möglichen Komplikationen durch Behandlung mit der Prüfmedikation.

Ein wichtiges Instrument, die Sicherheit der Studienteilnehmer während der Studienteilnahme zu gewährleisten, ist die GCP-konforme, im Prüfplan festgelegte Art und Weise, wie unerwünschte Ereignisse und Nebenwirkungen erfaßt und gemeldet werden müssen.

Welche Verfahrensweise mit welchen Fristen in einer klinischen Prüfung im konkreten Fall Anwendung findet, wird mit Hilfe von Begriffsbestimmungen in §3 der GCP-V geregelt. Folgende Begriffe sind zu unterscheiden (§3 GCP-V, Absätze 6-9):

– „Unerwünschtes Ereignis ist jedes nachteilige Vorkommnis, das einer betroffenen Person widerfährt, der ein Prüfpräparat verabreicht wurde, und das nicht notwendigerweise in ursächlichem Zusammenhang mit dieser Behandlung steht."
– „Nebenwirkung ist jede nachteilige und unbeabsichtigte Reaktion auf ein Prüfpräparat, unabhängig von dessen Dosierung."
– „Schwerwiegendes unerwünschtes Ereignis oder schwerwiegende Nebenwirkung ist jedes unerwünschte Ereignis oder jede Nebenwirkung, das oder die tödlich oder lebensbedrohlich ist, eine stationäre Behandlung oder deren Verlängerung erforderlich macht oder zu bleibender oder schwerwiegender Behinderung oder Invalidität führt oder eine kongenitale Anomalie oder einen Geburtsfehler zur Folge hat."
– „Unerwartete Nebenwirkung ist eine Nebenwirkung, die nach Art oder Schweregrad nicht mit der vorliegenden Information über das Prüfpräparat übereinstimmt."

Zudem hat der Gesetzgeber noch den Begriff „Verdachtsfall einer unerwarteten schwerwiegenden Nebenwirkung (Suspected unexpected serious adverse reaction;

SUSAR)" festgelegt. Nach der Leitlinie ICH E2A (CPMP/ICH/377/95) handelt es sich dann um einen Verdachtsfall einer Nebenwirkung (suspected adverse reaction), wenn entweder der Prüfer oder der Sponsor einen begründeten kausalen Zusammenhang zwischen dem Ereignis und der Verabreichung des Prüfpräparates vermuten.

Die Pflichten von Prüfarzt, Sponsor und verantwortlicher Zulassungsbehörde bezüglich Dokumentation und Mitteilung von unerwünschten Ereignissen und Nebenwirkungen sind in den Paragraphen 12-14 der GCP-V wie folgt festgelegt:

Prüfarzt (§12 Abs. 4-7)

Der Prüfer hat den Sponsor unverzüglich über schwerwiegende unerwünschte Ereignisse zu unterrichten und anschließend einen ausführlichen Bericht zu übermitteln. Weiterhin hat der Prüfer den Sponsor über unerwünschte Ereignisse und unerwartete klinisch-diagnostische Befunde, die im Prüfplan für die Bewertung der klinischen Prüfung als entscheidend bezeichnet sind, innerhalb der im Prüfplan angegebenen Frist zu unterrichten und im Fall des Todes einer betroffenen Person alle zur Erfüllung seiner Aufgaben erforderlichen zusätzlichen Auskünfte zu übermitteln. Bei klinischen Prüfungen mit gentechnisch veränderten Organismen hat der Prüfer den Sponsor unverzüglich über Beobachtungen von etwaigen Schäden auf die Gesundheit von nicht betroffenen Personen und die Umwelt zu unterrichten.

Dem Prüfarzt zur Seite steht das „Data and Safety Monitoring Board" (DSMB), welches ein unabhängiges Gremium zur Überwachung der Studie darstellt. Die Beteiligung eines DSMB an klinischen Prüfungen wird in der ICH E6 „Guideline for Good Clinical Practice" (CPMP/ICH/135/95) empfohlen. Studiengremien wie ein DSMB erhöhen die Transparenz der Studiendurchführung, sie ermöglichen im Rahmen einer begrenzten Öffentlichkeit, Zweitmeinungen einzuholen und können so die Qualität der Studie fördern. Nicht für alle Studientypen ist die Einrichtung eines DSMB sinnvoll. Da sich keine exakte Regel aufstellen läßt, muß über die Notwendigkeit einer Einrichtung im Einzelfall je nach Studiendesign, geprüfte Substanzen etc. entschieden werden.

Sponsor (§13 Abs. 1-4, 6)

Der Sponsor hat die gesetzliche Verpflichtung zur Dokumentation aller von den Prüfern mitgeteilten unerwünschten Ereignisse. Der Sponsor hat Mitteilungspflichten an die zuständige Ethikkommission, die zuständige Bundesoberbehörde, die zuständigen Behörden anderer Mitgliedstaaten, in denen die Studie durchgeführt wird, und an die an der klinischen Prüfung beteiligten Prüfer.

Die Mitteilungspflichten unterteilen sich in solche, die unverzüglich und in solche, die auf Verlangen oder jährlich zu erfolgen haben. Unverzügliche Mitteilungspflicht gilt für Suspected unexpected serious adverse reactions (SUSARs), die unverzüglich, spätestens aber innerhalb von 15 Tagen beziehungsweise spätestens innerhalb von 7 Tagen, wenn sie lebensbedrohlich sind oder zum Tode führen, gemeldet werden müssen. Zudem müssen Ereignisse, welche die Nutzen-Risiko-Bewertung beeinflussen, zum Beispiel erhöhte Häufigkeit erwarteter schwerwiegender Nebenwirkungen oder SUSARs, nachdem die betroffene Person die klinische Prüfung bereits beendet hat, innerhalb von 15 Tagen mitgeteilt werden. Bei klinischen Prüfungen mit gentechnisch veränderten Organismen hat der Sponsor unverzüglich Beobachtungen von etwaigen Schäden auf die Gesundheit von nicht betroffenen Personen und die Umwelt mitzuteilen. Jährlich oder auf Verlangen hat der Sponsor eine Liste aller während der Prüfung(en) aufgetretenen Verdachtsfälle schwerwiegender Nebenwirkungen vorzulegen (annual safety report, ASR).

Zuständige Zulassungsbehörde (§14 Abs. 5)

Die zuständige Bundesoberbehörde übermittelt Angaben zu allen Verdachtsfällen unerwarteter schwerwiegender Nebenwirkungen eines Prüfpräparates unverzüglich an die bei der Europäischen Arzneimittel-Agentur (EMEA) eingerichtete Eudravigilanz-Datenbank.

Sicherheit klinischer Studien als europäische Aufgabe

Die Einrichtung einer europäischen Datenbank zur Registrierung unerwarteter und schwerwiegender Nebenwirkungen aus klinischen Prüfungen (Eudravigilanz-Datenbank – Modul Klinische Prüfung) bei der EMEA in London ist ein wesentlicher Bestandteil der Maßnahmen zur Gewährleistung der Sicherheit von Teilnehmern an klinischen Prüfungen.

Die Eudravigilanz-Datenbank soll den Austausch von sicherheitsrelevanten Informationen zwischen den zuständigen Behörden der Mitgliedstaaten, der EMEA und der Europäischen Kommission gewährleisten.

Konsequenzen der TGN1412-Ereignisse für künftige Arzneimittelstudien

Aufgrund der umfangreichen vorausschauenden Sicherheits- und Kontrollmaßnahmen ist die Teilnahme an einer Arzneimittelstudie in der Regel mit einem sehr geringen Risiko verbunden. Einer britischen Studie zufolge zeigten von 8.163 gesunden Probanden, die innerhalb eines Jahres an Arzneimittelprüfungen teilnahmen 6,9% leichte und 0,55% mäßige unerwünschte Arzneimittelwirkungen [Orme, M. et al. 1989 Br J Clin Pharmacol 27:125-133]. Nur vereinzelt wird von bleibenden Schäden [1 Fall unter 149.985 gesunden Probanden, Williams, R. L. J 1990 Clin Pharmacol 30: 210-212] und von lebensbedrohlichen Reaktionen [Lipsker, D. et al. 1998 Eur J Pharmacol 54:815] oder Todesfällen [Day, R. O. et al. 1998 Med J Aust 168:449-451] unter gesunden Probanden in klinischen Arzneimittelprüfungen berichtet. Als Gründe für Zwischenfälle kommen meist Wechselwirkungen durch die Einnahme nicht erlaubter Medikamente oder durch Genußmittel sowie durch eine unzulässige gleichzeitige oder kurzfristig wiederholte Teilnahme an mehreren klinischen Prüfungen in Frage. Auch unerwähnte oder verschwiegene Vorerkrankungen können ein Risiko darstellen [Tishler, C. L. & Bartholomae, S. 2003 Perspect Biol Med 46:508-520]. Insgesamt kommen in Arzneimittelprüfungen schwerwiegende unerwünschte Ereignisse bei gesunden Probanden mit einer Wahrscheinlichkeit von 0,04% bis 0,07% vor (Orme, M. et al. 1989 Br J Clin Pharmacol 27:125-133; Williams, R. L. J 1990 Clin Pharmacol 30: 210-212).

Auch bei Studien an Patienten genießt die Sicherheit höchste Priorität. Trotzdem kommt es manchmal, oftmals im Zusammenhang mit der Grunderkrankung, zu mehr oder weniger schweren unerwarteten Nebenwirkungen. In der Öffentlichkeit bekannt wurden in diesem Zusammenhang drei Todesfälle bei der klinischen Prüfung des Antikörpers Natalizumab [Ransohoff, R. M. 2005 Nat Neurosci. 8(10): 1275; Yousry. T. A. et al. 2006 N Engl J Med. 354 (9): 924-33].

Diese Vorfälle und insbesondere das Unglück bei der Phase I-Testung von TGN1412 haben dazu geführt, daß Ärzte und Wissenschaftler in der pharmazeutischen Industrie und in den verantwortlichen Zulassungsbehörden darüber nachdenken, wie klinische Studien noch sicherer gemacht werden können. Ihr Augenmerk richtet sich dabei insbesondere auf die „First in Man"-Studien.

Von Seiten des Paul-Ehrlich-Institutes, welches in Deutschland für die Genehmigung von klinischen Studien mit Biologika wie therapeutischen Antikörpern zuständig ist, wurde vorgeschlagen, die Produkte vor ihrer Prüfung am Menschen nochmals einer Risiko-Klassifizierung zu unterwerfen [Schneider, C. K. et al. 2006 Nature Biotechnology 24 (5): 493-495]. Als hochrisikoreich sollten monoklonale Antikörper gelten, die neue Wirkungsmechanismen vermitteln, insbesondere solche, die das Immunsystem stimulierend oder supprimierend beeinflussen (Kriterium 1). Eine ebenso große Aufmerksamkeit benötigen Antikörper, für die es kein relevantes Tiermodell gibt (Kriterium 2) oder Antikörper, die chemisch oder gentechnisch verändert sind, wie Antikörperfragmente, Antikörper mit verändertem Fc-Teil oder bi- bzw. trivalente Antikörper (Kriterium 3). Für diese Produkte sollten zusätzliche präklinische Testverfahren verbindlich werden, welche „Case by Case" in Abhängigkeit von den zu erwartenden Risiken konzipiert und etabliert werden müßten. Außerdem sollte die Erstanwendung am Menschen für diese Wirkstoffe nicht mehr in Kohorten, sondern sequentiell durchgeführt werden.

Im Sinne der Probandensicherheit wird sowohl in den USA als auch in Europa diskutiert, ob die Verabreichung einer Prüfsubstanz zu Anfang der klinischen Testung auf einzelne Mikrodosen beschränkt werden sollte. Solche Mikrodosen sollten nur rund 1% der üblicherweise applizierten Initialdosis beinhalten. Das entsprechende Konzept wird als „Phase 0"-Studie bezeichnet und ist auf europäischer Ebene in dem Positionspapier „Non-clinical safety studies to support clinical trials with a single microdose" (CPMP/SWP/2599/02) niedergelegt.

Zusammenfassung

Die gesetzlichen Grundlagen für die Durchführung von klinischen Prüfungen gewährleisten generell die Sicherheit der Studienteilnehmer. Bei der Entwicklung von Arzneistoffen mit neuartigem Wirkprinzip kann es jedoch in Ausnahmefällen zu unvorhersehbaren Wirkungen und Nebenwirkungen kommen, wodurch die Sicherheit der Studienteilnehmer gefährdet sein kann. Nach Analyse der möglichen Ursachen für die unvorhergesehenen Wirkungen eines neuartigen Arzneimittels müssen die Voraussetzungen für die Genehmigung beziehungsweise Durchführung von klinischen Prüfungen neu diskutiert und gegebenenfalls modifiziert werden. Die Überarbeitung der aktuellen Richtlinien als unmittelbare Folge von unvorhersehbaren Komplikationen in klinischen Prüfungen gewährleistet, daß die Sicherheitsanforderungen dem neuesten Stand der wissenschaftlichen Erkenntnis entsprechen. Wir hoffen, daß durch eine kontinuierliche und konsequente Verbesserung von Prüfkriterien eine noch höhere Sicherheit auch bei der Erprobung sehr wirksamer Therapeutika erzielt werden kann.

Die Geister, die Campina rief

Wie es Gentechnikgegner immer wieder schaffen,
für haltlose Kampagnen ihre Gegenspieler weich zu kochen

von Thomas Deichmann

Knapp zwei Jahre lang stand der Milchgigant Theo Müller im Zentrum einer inhaltlich mehr als fragwürdigen Kampagne von Greenpeace. Reizthema waren und sind gentechnisch veränderte Futtermittel, die dem Hamburger Verein nicht schmecken, die auf den internationalen Agrarmärkten jedoch längst Standardware sind. Theo Müller ließ sich von Greenpeace nicht ins Bockshorn jagen. Statt auf Konsensfindung zu ökologistischen Weltanschauungsfragen setzte er auf Wissenschaft und Markteffizienz – und auf seine Anwälte, die den Verein mit einstweiligen Verfügungen überzogen. Greenpeace mußte reichlich Federn lassen, riskierte gar die Abererkennung der Gemeinnützigkeit und verlor erst Mitte 2006 das gerichtliche Klageverfahren der Müller-Gruppe. Deren Molkereiprodukte dürfen nun nicht mehr als „Gen-Milch" verunglimpft werden.

Greenpeace ist in Berufung gegangen. Doch die Widerspenstigkeit des Familienunternehmens aus Aretsried war den Hamburger Kampagnenprofis alsbald ein Dorn im Auge. So machte man sich schon im vergangenen Jahr auf die Suche nach einem besser geeigneten „Sparringpartner". Mit dem niederländischen Unternehmen Campina, dessen Landliebe-Produkte sich hierzulande großer Beliebtheit erfreuen, hat man nun offenbar einen kampagnentauglicheren Ersatz gefunden.

Im Sommer 2005 kam dieser Rollenwechsel langsam in Gang. Bei einer Protestaktion am 23.8.05 stellten Greenpeace-Aktivisten erstmals eine „Kuh-Attrappe" auf das Feld eines Campina beliefernden Landwirts im brandenburgischen Seelow. Er hatte im Rahmen eines wissenschaftlich begleiteten Versuchanbaus Mais mit einer gentechnisch erzeugten Schädlingsresistenz kultiviert (Bt-Mais). Greenpeace beklagte, „Müllermilch und Landliebe/Campina" würden den Anbau „genmanipulierter Pflanzen" fördern, da sie Milch von „Gen-Milchbauern" bezögen. „Auch Landliebe/Campina wollen Gen-Pflanzen bei der Milchherstellung nicht ausschließen", hieß es.

Wenige Tage später, am 5.9.05, folgte die nächste Aktion: Greenpeace protestierte dieses Mal direkt vor der Campina-Firmenzentrale in Heilbronn und forderte eine öffentliche Distanzierung vom „Gen-Mais-Anbau" sowie ein GVO-Anbauverbot für Campina-Vertragslandwirte. Es schlossen sich am 12.11.05 neue Proteste mit ähnlichem Inhalt in Supermärkten an.

Campina ließ sich von Greenpeace offenbar weit mehr gefallen als der Müller-Konzern und übernahm zusehends die Rolle des vermeintlichen Übeltäters. Im Rahmen der Aktion im November 2005 wurde von Greenpeace nun auch die Nutzung von handelsüblichem und weitverbreitetem GV-Sojafutter in der Milchproduktionskette kritisiert. Campina wurde vorgeworfen, für „die rasante Umweltzerstörung und den erhöhten Einsatz von giftigen Spritzmitteln" in Südamerika mitverantwortlich zu sein.

Reaktionen des Unternehmens gegen derlei Anschuldigungen waren in der Öffentlichkeit nicht zu vernehmen. Eine undatierte Pressemeldung zu den Greenpeace-Vorwürfen wurde an Journalisten nur nach expliziter Nachfrage verteilt, und vereinzelte Verbraucher, die um Aufklärung baten, wurden mit persönlichen Schreiben beruhigt. Der von den Vertragslandwirten angebaute GV-Mais diene nur Versuchszwecken und würde nicht an Milchkühe verfüttert, wurde erklärt. Aber Greenpeace ließ nicht locker – auch dann nicht, als der Bt-Mais Ende 2005 schließlich seine vollständige Sortenzulassung für den unbegrenzten Vertrieb und Anbau in Deutschland erhielt. Seither gibt es keinerlei Auflagen mehr für seine Nutzung als Futtermittel. Die schon vor der Sortenzulassung grundlos suggerierte Unterstellung, Campina-Landwirte in Brandenburg hätten gegen geltende Regeln verstoßen, verlor damit endgültig jegliche Basis.

Offenbar verspürte Greenpeace trotzdem immer mehr Gefallen an der Intensivierung der Kampagne gegen Campina. Denn der Konzern zeigte Nerven und war offenbar außerstande oder nicht willens, dagegenzuhalten. So wurden im Frühjahr 2006 die Zügel noch straffer gezogen. Im Februar verschickte eine Greenpeace-Ortsgruppe zunächst Briefe an Schulen und Kindergärten in Nordrhein-Westfalen mit altbekannt haltlosen Angstmeldungen über vermeintliche Risiken der Biotechnologien und der Aufforderung, den Schutzbefohlenen im Hause nicht mehr länger „Milch- bzw. Milchprodukte von Campina" anzubieten. Bundeslandwirtschaftsminister Horst Seehofer (CSU), der von dieser Aktion Wind bekam, beklagte in einem Schreiben, „daß mit der genannten Kampagne Tatsachen verzerrt und Ängste geschürt" würden. Aber Greenpeace ließ sich nicht beirren. Die Kampagne gegen den Molkereiproduzenten, der immer noch stillhielt, kam jetzt stattdessen erst richtig in Fahrt.

Am 3.3.2006 protestierten zahlreiche Aktivisten in 41 Städten und in „über 130 Supermärkten gegen Gen-Futter bei Landliebe". Begleitend wurden Analyseergebnisse eines Labors, das bei Campina-Milchlieferanten GV-Futter festgestellt hatte, als Skandalmeldung publiziert. Am 4.4.2006 drangen Greenpeace-Aktivisten schließlich (offenbar zum zweiten Mal) bei einem Campina-Milchlieferanten bei Neutrebbin im brandenburgischen Oderbruch ein. Ziel war erneut die Entnahme einer Futterprobe in den Milchviehstallungen des Bauern. Ein Schnelltest in den Stallungen ergab wie erwartet einen positiven Befund für die Existenz zugelassener GV-Futtermittel. Greenpeace bauschte dies in typischer Manier zu einer Sensation auf. Durchgeführt wurde der Schnelltest von Martin Hofstetter, der erst seit kurzem als Greenpeace-Mitarbeiter fungierte. Zuvor war er an der Universität Kassel am Fachbereich Ökologische Agrarwissenschaften tätig gewesen, der gemeinhin als Nachwuchsschmiede für die deutsche Ökologisten-Szene bekannt ist. Das Testergebnis wurde als Bestätigung der Futterprobe vom Frühjahr präsentiert, und das Ergebnis samt Prüfbericht der Firma GeneScan Analytics GmbH in Freiburg im Internet publiziert.

Mit dieser Aktion am 4.4.06 zeigten die Hamburger Kampagnenprofis nicht nur, daß sie ihr Geschäft mit der Verunsicherung und Angst der Verbraucher verstehen. Sie machten sich auch ihren Einfluß in den Medien zu nutze. So wurde die Aktion gut vorbereitet, um Campina möglichst hart zu treffen. Greenpeace nahm hierfür sogar Strafanzeigen wegen Hausfriedensbruch und Diebstahl in Kauf. Die Stallbegehung in den frühen Morgenstunden wurde nämlich für die Öffentlichkeitsarbeit des Vereins gefilmt – mit von der Partie war auch ein Team der Monitor-Redaktion des WDR. In der von Greenpeace zirkulierten Meldung mit Bildern der Probeentnahme wurde Campina vorgeworfen, „Verbraucher zu täuschen". Das Unternehmen sei unglaubwürdig, bis die „Milchlieferungen von Gen-Bauern eingestellt" würden, hieß es weiter.

Zwei Tage später wurde zu den besten ARD-Sendezeiten der Beitrag der Monitor-Redaktion ausgestrahlt. Die Greenpeace-Kampagne erreichte damit erstmals ein Massenpublikum. Von der Heilbronner Campina-Zentrale gab es jedoch wieder keine Stellungnahme. So folgte am 28.6.06 die nächste Attacke: Greenpeace bemängelte nun auf einmal die Fettsäurezusammensetzungen diverser Milchprodukte und plazierte Campina „auf den hinteren Rängen".

Es scheint, daß diese Aktionen im Frühjahr 2006 die Verantwortlichen bei Campina zum Einlenken bewegt haben. Die jüngsten Unternehmensmeldungen deuten jedenfalls darauf hin, daß sich die Geschäftsführung in den Niederlanden entschlossen hat, vor der PR-Maschine von Greenpeace zu kapitulieren und weitreichende Forderungen von NROs zu akzeptieren, um aus deren Fadenkreuz zu kommen. In zwei Pressemeldungen des niederländischen Unternehmens vom 12.7.06 ist angekündigt worden, daß Campina seine Milchproduktion in den kommenden Monaten umzustellen gedenkt. [1] Einerseits geht es dem Unternehmen darum, die Fettsäurezusammensetzung der hauseigenen Premiumprodukte, die Greenpeace bemängelt hatte, zu verbessern und, laut Justinus Sanders, Vorsitzender der Campina-Hauptgeschäftsführung in der Agrarzeitung *Agra-Europe* vom 17.7.06, eine „Revolution" im „Milchglas der Verbraucher" auszulösen. Zu diesem Zweck soll ab Frühjahr 2007 ein neues Viehfutter eingesetzt und der Weidegang der Milchkühe erhöht werden.

Die Revolutionsankündigung wirkt allerdings vorgeschoben. Zeitgleich ist von Campina nämlich angekündigt worden, schrittweise ein neues Qualitätssiegel „Grüne Soja" einzuführen. Hierfür hat Campina eine Vereinbarung mit dem WWF und zwei weiteren niederländischen Nichtregierungsorganisationen (Solidarität und Stiftung Natur & Umwelt) getroffen. Um einen Beitrag zum Schutz des tropischen Regenwaldes zu leisten, soll mit sofortigem Implementierungsbeginn schrittweise bis 2011 für die Molkereiproduktion in Deutschland, Belgien und in den Niederlanden vollständig auf den Einsatz von Sojafutter aus „kontrolliertem Anbau" in Südamerika umgestellt werden.

Aus dem Hause Campina heißt es zwar ausdrücklich, der Einsatz von GV-Futtermitteln solle auch zukünftig nicht ausgeschlossen werden. Bei näherem Hinschauen wird man jedoch eines besseren belehrt – was das Gesamtbild wieder abrundet, denn es erscheint illusorisch, daß sich die Organisationen, mit denen Campina wegen des Grüne-Soja-Siegels kooperiert oder „im Dialog" steht (zu letzterem zählt laut *Agra-Europe* vom 17.7.06 auch Greenpeace) auf etwas anderes als einen GV-Futterverzicht einlassen werden.

Daß der Zug nun in Richtung „Gentechnikfreiheit" fährt, zeigt sich nicht zuletzt daran, daß in der Vereinbarung mit den niederländischen NROs bereits weitgehend die einseitig alarmistische Risiko-Rhetorik der globalen Gentechnikgegner übernommen wurde. So heißt es, man sei sich mit den Partnerorganisationen nicht nur darin einig, den tropischen Regenwald zu schützen. Darüber hinaus sei explizit auch der GV-Sojaanbau abzulehnen, wenn sich negative Nebeneffekte wie die Gefährdung der Biodiversität, ein erhöhter Pestizideinsatz oder eine Abhängigkeit der Kleinbauern von großen GV-Saatgutherstellern zeige.

Kleinbauern in Entwicklungsländern können allerdings von den modernen Biotechnologien besonders stark profitieren, weshalb sie (wie auch in Brasilien) GV-Sorten, die der Markt bietet und niemandem aufgezwungen werden, mitunter sehr stark nachfragen. Weltweit handelte es sich 2005 bei 54,4% aller angebauten Sojapflanzen um GV-Sorten. Allein in Brasilien ist ihr Anbau im Vergleich zu 2004 von 4,4 auf 9 Millionen Hektar explodiert, nachdem die GVO-Kultivierung legalisiert worden war. Zuvor schmuggelten Landwirte das vorteilhafte Saatgut in großem Umgang illegal über die Grenzen. Wollen Campina und der WWF brasilianischen Kleinbauern in Zukunft verbieten, auf GV-Sorten zurückzugreifen?

Mehrere unabhängige Studien des Anbaus von Soja mit gentechnisch erzeugten Herbizidresistenzen haben außerdem ergeben, daß bei ihrer Kultivierung die Biodiversität auf dem Ackerland in der Tendenz eher ansteigt, weil als Folge der neuen Technologien die Ausbringung ökologisch bedenklicher selektiver Pflanzenschutzmittel zum Teil erheblich reduziert werden kann. Von Gentechnikgegnern wird dies notorisch bestritten und fundiertes Wissen dazu ignoriert. Es bleibt abzuwarten, welche Sicht sich in der neuen Campina-NRO-Allianz durchsetzen wird.

Hanebüchen erscheint die präsentierte Anti-GVO-Stoßrichtung auch deshalb, weil sich der Schutz des Amazonas wohl besser dadurch erreichen läßt, wenn die globalen Ackerflächen zur Versorgung mit Futter- und Lebensmitteln intensiver und effektiver genutzt werden als bisher. Die Förderung und Anwendung neuer Technologien im Landbau sind deshalb auch unter dem Gesichtspunkt des Umweltschutzes wichtig.

Anders formuliert: Wer eine Verknappung des Angebots eiweißreicher Futterstoffe auf dem Weltmarkt und dadurch auch den Rodungsdruck auf den tropischen Regenwald vermeiden möchte, sollte nicht gegen moderne Biotechnologien Position ergreifen, sondern gegen den Beibehalt konventioneller, ertragsärmerer

Agrarsysteme oder gar die Umstellung auf „Ökolandbau", der keine besseren Produkte hervorbringt, aber einen deutlich höheren Flächenverbrauch hat und daher Abholzung im großen Stil verlangen würde.

Mit derlei schwammigen Formulierungen im Handgepäck dürfte es Campina zukünftig kaum mehr gelingen, eine balancierte Position zur Grünen Gentechnik aufrechtzuhalten. Doch es ist zu fragen, ob dies überhaupt gewünscht ist oder ob man derzeit nicht viel eher erwägt, sich mit einer Positionierung gegen die Gentechnik im Schlepptau von Greenpeace und anderen NROs kurzzeitige Vorteile im hart umkämpften Markt für Molkereiprodukte zu sichern. Für letztere Option spricht, daß in den so genannten „Basel-Kriterien", auf dessen Einhaltung sich Campina in der Vereinbarung mit den niederländischen NROs ausdrücklich verpflichtete, im Abschnitt über „Technical Management" nachzulesen ist, daß „gentechnisch veränderte Materialien" nicht den „Basel-Kriterien" und damit folglich auch nicht dem Siegel „grüne Soja" genügen [2].

Weitere Zweifel ob der neuen Zielrichtung der Campina-Unternehmenspolitik zerstreute ein Telefonat mit der Pressestelle im niederländischen Zaltbommel. Mit befremdlich wirkendem missionarischem Eifer wurde verkündet, die Regenwälder vor der Abholzung, die Kleinbauern vor der Unterdrückung und offenbar die ganze Welt vor den „Exzessen von gentechnisch veränderten Organismen" retten zu wollen. Durch die folgende Ankündigung, Campina wolle eine „Bewegung" in Gang setzen und andere Unternehmen „unter Druck setzen", sich ihr anzuschließen, fühlte man sich an alte Klassenkampfparolen und die oben zitierte Revolutionsverheißung von Justinus Sanders erinnert. Man darf gespannt sein, wie die anderen „global players" der Molkereibranche auf derlei Aussagen reagieren.

Campina versucht nun allem Anschein nach im Schwitzkasten gentechnikfeindlicher NROs die Flucht nach vorne. Realistischer erscheint jedoch, daß das Unternehmen nicht aus ihrem Visier genommen wird, sondern daß Kampagnen wie die von Greenpeace weitergehen und daß als logische Fortsetzung des angekündigten Verzichts auf GV-Soja bald auch wieder der Bt-Mais auf die Tagesordnung gesetzt wird. Campina hat sich unterm Strich eindeutig gegen die Gentechnik positioniert. Mit der neuen Dialogbereitschaft gegenüber WWF und Greenpeace, vor der die deutschen Molkereiverbände Deutscher Raiffeisenverband (DRV) und Milchindustrieverband (MIV) seit Jahr und Tag mit gutem Grund warnen, wurden zudem die zumeist rein spekulativen Kritikerpositionen weiter aufgewertet. Campina steht jetzt folglich unter noch höherem Zugzwang, NRO-Forderungen nach dem Verzicht moderner Technologien zu erfüllen. Es bleibt abzuwarten, wie die hierdurch zwangsläufig entstehenden Mehrkosten bei der Herstellung hauseigener Molkereiprodukte kompensiert werden und ob, oder wie lange, die Verbraucher bereit sind, hierfür tiefer in die Tasche zu greifen. Erfahrungsgemäß ist der Preis für Massenmilchwaren ein ganz entscheidendes Kriterium für ihren Markterfolg.

Greenpeace hingegen kann dieses Spiel nur zum eigenen Vorteil gereichen: Tanzt Campina nach der Pfeife der Hamburger Kampagnenchefs, läßt sich dies gut als Erfolgsstory verkaufen, die Menschheit, oder zumindest die Landliebe-Konsumenten, wieder einmal vor der Apokalypse gerettet zu haben. Besteht Campina hingegen doch auf autonome Unternehmensentscheidungen ohne Gentechnik-Verbote, kann Hamburg um so wirksamer das altbackene „David-gegen-Goliath-Spiel" aufleben lassen und Campina wahlweise als Verbrauchertäuscher, Umweltzerstörer oder Agent der GV-Saatgutmultis an den Pranger stellen. Wer einmal die vermeintliche moralische Autorität solcher NROs anerkannt und ihre Vertreter an den runden Tisch gebeten hat, wird diese Geister nämlich nur schwer wieder los – auch wenn es um ganz andere Themen geht. So ist ein weiterer Dorn im Auge einiger NROs die hohe Milchleistung, die auf Höchstertrag gezüchtete Kühe (auch bei Campina-Landwirten) heutzutage bringen müssen, um nicht frühzeitig auf der Schlachtbank zu landen. Diese enormen Ertragssteigerungen sind ein weiterer großer Fortschritt für die Landwirtschaft und die Lebensmittelproduktion. Doch auch hieraus kann ein leicht neues Kampagnenthema kreiert werden, um angezählte Unternehmen unter Druck zu setzen.

Daß die Anpassung an fortschrittsfeindliche NRO-Weltanschauungen, die weder wissenschaftlich noch wirtschaftlich fundiert sind, gewaltig nach hinten losgehen kann, zeigte sich schon früher. So geriet 2001 ein deutscher Geflügelspezialist in ganz ähnliche Mühlen wie jetzt Campina, nachdem er sich im naiven Glauben, eine vernünftige Einigung erzielen zu können, auf einen „Dialog" mit Kampagnenprofis eingelassen hatte. Mit nahezu erpresserischen Verhandlungsmethoden und breiter Meinungsmache wurde dem Unternehmen, obwohl es seinerzeit führend im Bereich der Bioputenherstellung war, Druck gemacht, einen Teil der Produktion auf „extensive" Bodenhaltung umzustellen und auf GVO-Futter zu verzichten. Parallel zu einer hitzigen Kampagnenschlacht kam es zu an die zwanzig Einbrüchen in den Ställen der Geflügelbauern. Zudem wurden Ergebnisse von Probeentnahmen, die keiner wissenschaftlichen Prüfung Stand gehalten hätten, in Umlauf gebracht, und die beklagten Produkte wurden in Supermärkten mit Warnhinweisen beklebt. Das Unternehmen ging in die Knie, ließ sich auf die Umstellung der Geflügelhaltung ein und verpulverte im wahrsten Sinne des Wortes rund eine Million Euro. Die Widersacher konnten dies als Erfolg feiern, und ihre Positionen wurden im öffentlichen Bewußtsein gestärkt. Das betriebswirtschaftliche Ergebnis war allerdings, daß die verteuerten Puten kaum mehr Absatz fanden. So mußte die Produktionsumstellung nach einem Jahr wieder rückgängig gemacht werden. Kein NRO-Hahn krähte mehr danach, weil längst neue Angriffsziele gefunden worden waren und der Spendenrubel weiter rollte. Man darf gespannt sein, welche Erfahrungen Campina in den nächsten Monaten ins Haus stehen.

T. DEICHMANN.

Fußnoten

[1]   Campina-Pressemeldung, 12.7.06: Offensive Campina, world Wildlife Fund, Solidaridad and Natuur en Milieu for sustainable dairy chain and preservation primeval forests:http://www.campina. com/default.asp?selected=camcom.engels.newspress&l=en&selectedItem=camcom.engels.newspress. pressrelea.offensivecampinaworldwildlifefundforsustainabledairychainandpreservationprimevalforests; s.a. Campina-Pressemeldung, 12.7.06: Campina sets new standard in dairy. http://www.campina. com/default.asp?selected=camcom.engels.newspress.pressrelea&l=en&selectedItem=camcom.engels. newspress.pressrelea.campinasetsnewstandardindairy

[2]   The Basel Criteria for Responsible Soy Production. Prepared by ProForest for Coop Switzerland in cooperation with WWF Switzerland. 25.8.2004: http://www.proforest.net/publications/resolveuid/ 94250d16d83c1cc6456940cfaa1c7ef5

Die deutsche Biotech- Branche – Status quo nach OECD-Richtlinien

von Renata C. Feldmann

Beginn, Geschwindigkeit und Verlauf der Entwicklung der Biotechnologie-Branche verliefen weltweit sehr unterschiedlich. Was genau ist Biotechnologie, und kann man tatsächlich von einer Biotech-Branche sprechen?

Daß die modernen Biowissenschaften weltweit in Wissenschaft und Wirtschaft immer mehr an Bedeutung gewinnen, ist gerade in den vergangenen Jahren immer deutlicher geworden. So waren nach Angaben der US-amerikanischen Biotechnology Industry Organisation (BIO) zum Ende des Jahres 2005 allein in den USA 253 Biopharmaka für 384 verschiedene Indikationen zugelassen. Rund 1.500 Biotech-Unternehmen beschäftigten in den USA ca. 200.000 Mitarbeiter. Nach neuesten Angaben der Investmentbank Burrill & Company beläuft sich die Zahl der Biotech-Unternehmen weltweit auf rund 5.000, von denen ca. 600 an der Börse gelistet sind.

Die moderne Biotechnologie ist ein vergleichsweise junges Technologiefeld, sie konnte sich jedoch in den vergangenen drei Jahrzehnten zu einer stark diversifizierten Branche mit vielfältigen Produkten, Technologien und Dienstleistungen entwickeln.

Deutschland als Biotechnologie-Standort

Auch in Deutschland nimmt die Bedeutung der Biotechnologie in Wissenschaft und Wirtschaft kontinuierlich zu. Die Biotech-Branche in Deutschland ist im internationalen Vergleich noch relativ jung – ihre eigentliche Entwicklung begann in den frühen neunziger Jahren nach der Novellierung des Gentechnikgesetzes 1993 und dem BioRegio-Wettbewerb des Bundesministeriums für Bildung und Forschung (BMBF) 1995. In den USA war die Biotech-Industrie in den 90er Jahren bereits etabliert und konnte mit Unternehmen wie Genentech (gegründet 1976) oder Amgen (gegründet 1980) beachtliche Erfolgsgeschichten vorweisen. Aus der anfänglich verhaltenen Entwicklung der Biotech-Branche in Deutschland wurde in den späten 90er Jahren ein regelrechter Biotech-„Gründerboom". Es gelang, verlorenes Terrain auf dem Gebiet dieser Hochtechnologie wiedergutzumachen. Besondere Biotech-Cluster und „Kristallisationspunkte" für spezialisierte Technologien konnten sich ausbilden. Nach der anfänglichen Aufbruchstimmung setzte dann im Jahr 2001 im Sog der weltweiten negativen wirtschaftlichen Entwicklung eine Konsolidierungsphase ein.

Nach zwei Jahrzehnten kommerzieller Biotechnologie stellt sich nun die Frage, in welchem Maße die Biotechnologie das Potential hat, in den nächsten Jahren den wirtschaftlichen Durchbruch zu schaffen und einen nennenswerten Beitrag zur ökonomischen Entwicklung des Landes zu leisten.

Wie sehen die wirtschaftlichen Kennzahlen der Biotech-Branche für den Standort Deutschland aus? Wie viele Unternehmen beschäftigen sich in Deutschland mit der Biotechnologie? Konnte eine relevante Zahl an Arbeitsplätzen geschaffen werden, und wieviel Umsatz wurde in der Biotechnologie erzielt? Die Beantwortung dieser Fragen setzt verläßliche, international gültige Definitionen voraus.

OECD Statistical Framework

Im Dezember 2004 hat die Organisation für wirtschaftliche Zusammenarbeit und Entwicklung (OECD) ein statistisches Rahmenprogramm erarbeitet, um die Vielzahl der existierenden Definitionen für die Biotechnologie zu vereinheitlichen (*www.oecd.org*). Die in den verschiedenen OECD-Ländern durchgeführten Erhebungen zur Biotech-Branche sollen sich zukünftig an diesem „Framework for Biotechnology Statistics" orientieren.

Biotechnologie-Firmenumfrage 2006

Für die deutsche Biotech-Branche wurden diese Leitlinien in der Vergangenheit bisher nicht angewandt. Aus diesem Grund hat das Bundesministerium für Bildung und Forschung (BMBF) das von ihm initiierte Informationsportal *biotechnologie.de* beauftragt, eine Biotechnologie-Firmenumfrage, die auf den OECD-Richtlinien beruht, für den Standort Deutschland durchzuführen. Damit sollen erstmals international vergleichbare Kennzahlen der deutschen Biotech-Branche erhoben werden, die einen validen Vergleich des Status quo der deutschen Biotech-Branche international ermöglichen. Mit Hilfe der Erhebung soll die Anzahl der Unternehmen, die sich wesentlich oder ausschließlich mit Biotechnologie beschäftigen, die inhaltlichen Aktivitäten und die Mitarbeiterzahlen sowie der von diesen Firmen generierte Umsatz ermittelt werden. Zukünftig sollen diese Daten jährlich erhoben werden, um eine Beschreibung der Branche anhand verläßlicher, international vergleichbarer und standardisierter Kennzahlen zu gewährleisten.

biotechnologie.de

Anfang des Jahres 2006 hat das Bundesministeriums für Bildung und Forschung das Internetportal *biotechnologie.de* initiiert. Die Biotechnologie als eines der innovativsten Felder in Wissenschaft und Wirtschaft wird hier gebündelt dargestellt. Eine der zentralen Aufgaben des Informationsportals ist die jährliche Biotechnologie-Firmenumfrage in Deutschland. In einer Unternehmensdatenbank werden die Ergebnisse der Erhebungen veröffentlicht und kontinuierlich auf dem aktuellsten Stand gehalten.

Darüber hinaus werden Informationen zu Förderung, Wirtschaft, rechtlichen Grundlagen, Forschung, Forschern und Studium in einer Vielzahl von Meldungen, Daten und Fakten auf *biotechnologie.de* dargestellt.

Biotechnologie-Definitionen

Die OECD schlägt für die Biotechnologie eine zweiteilige Begriffsbestimmung vor, die aus einer sogenannten einzelnen Definition und einer listenbasierten Definition besteht. Die einzelne Definition der Biotechnologie ist zunächst eine allgemeine Begriffsbestimmung dessen, was unter Biotechnologie zu verstehen ist.

Die „einzelne Definition Biotechnologie" lautet: „Biotechnologie ist die Anwendung von Wissenschaft und Technik auf lebende Organismen, Teile von ihnen, ihre Produkte oder Modelle von ihnen zwecks Veränderung von lebender oder nichtlebender Materie zur Erweiterung des Wissensstandes, zur Herstellung von Gütern und zur Bereitstellung von Dienstleistungen."

Um diese Erklärung zu konkretisieren und besonders den Ansatz der modernen Biotechnologie hervorzuheben, verwendet die OECD eine sogenannte listenbasierte Definition. Sie enthält eine Aufzählung biotechnologischer Verfahren und Methoden, die dabei helfen soll, die allgemeine Definition der Biotechnologie inhaltlich zu ergänzen. Methoden der Genomik, Proteomik und Proteinbiochemie oder Bioverfahrenstechnik stehen ebenso in der OECD-Liste wie die Arbeit mit Zell- und Gewebekulturen, Vektoren und subzellulären Organismen, Bioinformatik oder Nanobiotechnologie. Diese Liste ist beispielhaft und erhebt keinen Anspruch auf Vollständigkeit und wird sich gerade im Hinblick auf zukünftige Datenerhebungen sowie technologische Entwicklungen im Bereich der Biotechnologie auch weiter ändern (vgl. Tab. 1)

Die OECD unterscheidet innerhalb der Biotech-Branche zwei unterschiedliche Kategorien von Unternehmen: die „dedizierten Biotechnologie-Unternehmen" und

R. C. FELDMANN

Tab. 1: Begriffserklärungen nach dem OECD Statistical Framework

Biotechnologie – Listenbasierte Definition	
DNA	DNA: Genomik, Pharmakogenetik, Gensonden, DNA-Sequenzierung/-Synthese/-Amplifikation, Gentechnik, RNA
Proteine und andere Moleküle	Sequenzierung, Synthese und Veränderung von Proteinen und Peptiden (einschließlich hochmolekularer Hormone); Identifikation von Zellrezeptoren; verbesserte Darreichungsformen für hochmolekulare Wirkstoffe (beispielsweise mit Glycol oder bestimmten Lipiden); Proteomik
Zell- und Gewebekultur sowie Tissue-Engineering	Zell- und Gewebekultur, Tissue-Engineering, Hybridisierung, Zellfusion, Vakzine und Immunstimulanzen, Embryo-Kultivierung
Methoden der Bioverfahrenstechnik	Fermentationen in Bioreaktoren, Bioverfahren, biologisches Bleichen, biologische Zellstoffgewinnung, biologische Laugung, biologische Entschwefelung, biologische Umweltsanierung und biologische Filtration
Subzelluläre Organismen	Gentherapie, virale Vektoren
Bioinformatik	Erstellung von Datenbanken mit Genomen oder Proteinsequenzen; Modellierung komplexer biologischer Vorgänge
Nanobiotechnologie	Anwendung von Werkzeugen und Verfahren der Nano- und Mikrosystemtechnik zur Herstellung von Hilfsmitteln für die Erforschung biologischer Systeme sowie Anwendungen in der Wirkstoffdarreichung und in der Diagnostik

die „innovativ biotechnologisch-aktiven Unternehmen". Ein dediziertes Biotechnologie-Unternehmen ist definiert als ein biotechnologisch aktives Unternehmen, dessen wesentliche(s) Unternehmensziel(e) die Anwendung biotechnologischer Verfahren zur Herstellung von Produkten oder der Bereitstellung von Dienstleistungen oder der Durchführung biotechnologischer Forschung und Entwicklung ist/sind.

Im Gegensatz zu den dedizierten Biotech-Unternehmen muß das wesentliche Unternehmensziel eines „innovativ biotechnologisch-aktiven Unternehmens" nicht ausschließlich in der Anwendung biotechnologischer Verfahren zur Herstellung von Produkten oder der Bereitstellung von Dienstleistungen oder der Durchführung biotechnologischer Forschung und Entwicklung bestehen (z. B. Pharma- und Chemieunternehmen, Saatguthersteller u. ä.). Die OECD beschreibt damit Unternehmen, bei denen die Biotechnologie nur einen Teil des Geschäfts- und Tätigkeitsfeldes ausmacht.

Neben diesen wesentlichen Unternehmensdefinitionen hat die OECD für weitere relevante Begriffe verbindliche Beschreibungen festgelegt:

Ein biotechnologisches Produkt ist definiert als Ware oder Dienstleistung, deren Entwicklung oder Herstellung die Anwendung eines oder mehrerer biotechnologischer Verfahren gemäß der einzelnen oder listenbasierten Definition für die Biotechnologie voraussetzt.

Ein biotechnologischer Prozeß ist definiert als Herstellungs- oder anderer Prozeß (beispielsweise ein Umweltvorgang), bei dem ein oder mehrere biotechnologische Verfahren oder Produkte zur Anwendung kommen.

Biotechnologische Forschung und experimentelle Entwicklung (F&E) sind definiert als F&E biotechnologischer Verfahren, biotechnologischer Produkte und Herstellungsprozesse unter Anwendung oben genannter biotechnologischer Methoden sowie in Übereinstimmung mit dem Frascati Manual der OECD von 2002 als Maß von F&E.

Beschäftigung in der Biotechnologie ist definiert als solche Arbeitskräfte, die direkt oder indirekt an der Herstellung oder Entwicklung biotechnologischer Produkte beteiligt sind.

Datenbasis der Erhebung

Für die Zwecke dieser Umfrage hat *biotechnologie.de* im Auftrag des BMBF einen Fragebogen erarbeitet, der der Biotechnologie-Firmenumfrage 2006 zugrundeliegt. Er beruht auf den zuvor erläuterten OECD-Definitionen. Firmen, deren Tätigkeitsfelder außerhalb dieser Definitionen liegen, wurden nicht berücksichtigt.

Zwischen Januar und März 2006 wurden ingesamt 657 Unternehmen angeschrieben. 506 der befragten Unternehmen antworteten per ausgefülltem Fragebogen, nach telefonischer Rückfrage gaben weitere 93 Unternehmen Auskunft. Die Rücklauf- bzw. Verifizierungsquote beträgt damit 91% bei insgesamt 599 teilnehmenden Unternehmen. Stichtag der Befragung war der 31.12.2005.

Die Auswahl der für die Erhebung angeschriebenen Unternehmen erfolgte unter Berücksichtigung der OECD-Definition in Abgleich mit den bereits bestehenden Unternehmensdatenbanken der BIOCOM AG und des Informationssekretariates Biotechnologie (ISB), das von der Gesellschaft für Chemische Technik und Biotechnologie e.V. (DECHEMA) bis 2005 im Auftrag des BMBF betreut wurde.

Entsprechend den OECD-Richtlinien wurde bei der Auswahl der Firmen darauf geachtet, alle Unternehmen zu erfassen, die sich in Deutschland mit Biotechnologie beschäftigen und hierzulande ansässig sind. Deshalb wurden auch solche Firmen berücksichtigt, die sich im Mehrheitsbesitz eines nicht-deutschen Mutterkonzerns befinden, aber in Deutschland ihren Firmensitz haben. Bei der Erfassung der Arbeitsplätze, Geschäftszahlen und Geschäftsfelder wurde die Befragung nur für die deutschen Standorte eines Unternehmens durchgeführt. Hat ein Unternehmen mehr als einen Standort in Deutschland, wird es nur einmal mit entsprechend kumulierten Werten berücksichtigt.

Alle in der Firmenumfrage berücksichtigten Biotech-Unternehmen sind in der Unternehmensdatenbank des Informationsportals *biotechnologie.de* einsehbar. Die Einträge sind in die zwei OECD-Kategorien für Unternehmen unterteilt. Die veröffentlichten Angaben beruhen auf den Ergebnissen der Umfrage.

Zahlen und Fakten

Anzahl der Unternehmen der Biotech-Branche

Die statistische Auswertung der Firmenerhebung nach OECD-Richtlinien ergab folgende Zahlen und Fakten: Im Jahr 2005 existierten in Deutschland 480 dedizierte Biotech-Unternehmen. Die Zahl der Unternehmen, die sich in Teilen ihrer Geschäftstätigkeit mit Biotechnologie beschäftigen, das heißt innovative Biotechnologie-Unternehmen (Pharma- und Chemieunternehmen, Saatguthersteller u. a.), betrug 59.

Wirtschaftliche Kennzahlen dedizierter deutscher Biotech-Unternehmen für das Jahr 2005

Der Umsatz der 480 dedizierten Biotech-Unternehmen betrug 2005 in Deutschland 1,538 Milliarden Euro. Dem stehen Ausgaben für Forschung und Entwicklung von rund 700 Millionen Euro gegenüber. Die Daten wurden anhand der von den Unternehmen selbst getätigten Angaben innerhalb der Erhebung ermittelt.

Der Zufluß an investiertem Venture Capital (VC) in der deutschen Biotech-Branche im Jahr 2005 betrug 262 Millionen Euro und stellt damit eine wichtige Finanzierungsquelle dar. Es wurden nur die VC-Mittel abgefragt, die im Jahr 2005 ins Unternehmen geflossen sind – dies entspricht nicht immer den vereinbarten Finanzierungsrunden, die unter Umständen über mehrere Jahre laufen. Andere Finanzierungsquellen, wie zum Beispiel die öffentlichen Kapitalmärkte, wurden nicht betrachtet.

Insgesamt waren 44% der dedizierten Biotech-Unternehmen (211) im Jahr 2005 VC-finanziert. Im gleichen Zeitraum haben 35% der dedizierten Biotech-Unternehmen (168) Fördermittel von Bund, Ländern oder Kommunen erhalten. Die Gesamtsumme für das Jahr 2005 beträgt nach Angaben der Unternehmen rund 50 Millionen Euro (49.700.000 Euro). Im Jahr 2005 waren 14 dedizierte deutsche Biotech-Unternehmen börsennotiert, dies entspricht einem Anteil von 2,7%.

Die Neugründungen und Insolvenzen in der Biotech-Branche hielten sich im Jahr 2005 in etwa die Waage. Im Jahr 2005 wurden 15 Gründungen identifiziert, ihnen stehen 19 Insolvenzen gegenüber.

Mitarbeiterzahlen der deutschen Biotech-Unternehmen

In der kommerziellen deutschen Biotechnologie waren im Jahr 2005 insgesamt fast 24.000 Mitarbeiter beschäftigt. In den 480 dedizierten Biotech-Unternehmen waren 12.973 Mitarbeiter tätig. Von diesen Mitarbeitern hatten 45% einen Hochschulabschluß. Die Zahl der Beschäftigten, die in innovativ biotechnologisch-aktiven Unternehmen (Pharma- und Chemieunternehmen, Saatguthersteller u. a.) direkt in der Biotechnologie tätig waren, betrug 10.856.

Größenstruktur der deutschen Biotech-Unternehmen

In der deutschen Biotech-Branche überwiegen kleine Unternehmen. So beschäftigten 88% der Firmen weniger als 50 Mitarbeiter. Knapp 48% haben zwischen 10 und 49 Angestellte, ein großer Anteil von 40% nur 1 bis 9 Mitarbeiter. 7% aller Unternehmen haben sogar nur ein bis zwei Mitarbeiter. Ebenso hoch ist der Anteil derjenigen Unternehmen, die zwischen 50 und 99 Mitarbeiter beschäftigen. Nur 4,5% der 480 dedizierten Biotech-Unternehmen beschäftigen mehr als 100 Mitarbeiter. Lediglich 1% erreicht mehr als 249 Angestellte (vgl. Abb. 1).

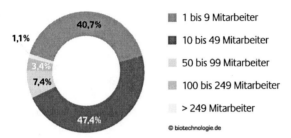

Abb. 1: Anzahl der dedizierten Biotech-Unternehmen nach Mitarbeiterzahl (in Prozent)

Altersstruktur der deutschen Biotech-Unternehmen

Abbildung 2 macht deutlich, daß die deutsche Biotech-Branche ein sehr junger Industriezweig ist. Das durchschnittliche Alter der dedizierten Biotechnologie-

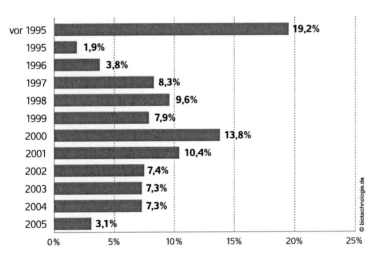

Abb. 2: Anteil dedizierter Biotech-Unternehmen nach Gründungsjahr (in Prozent)

R. C. FELDMANN

Unternehmen betrug zum Ende des Jahres 2005 nur 6,9 Jahre. Gut ein Fünftel der Unternehmen (19,2%) wurde vor 1995 gegründet. Dies deutet auf eine signifikante Zahl an Unternehmen hin, die bereits eine gewisse Reife erreicht haben. Deutlich wird ebenso der deutsche „Gründungsboom" in den Jahren, die dem Start des vom BMBF initiierten BioRegio-Wettbewerbes folgten (vgl. Abb.2). Die Hälfte aller aktuell existierenden dedizierten Biotech-Unternehmen wurde in den Jahren 1997 bis 2001 gegründet. Der Höhepunkt der Gründungsaktivitäten in den Jahren 2000 bis 2001 lag parallel zum Höhenflug der Aktienkurse an den deutschen Börsen (Neuer Markt).

Tätigkeitsfelder der Biotech-Unternehmen

Nach den OECD-Richtlinien wurden verschiedene Biotechnologie-Bereiche unterschieden. Die deutschen Biotechnologie-Unternehmen konzentrieren sich hauptsächlich auf die Bereiche Gesundheit und Medizin. Von den 480 dedizierten Biotechnologie-Unternehmen gaben 83,3% dieses Segment als Tätigkeitsfeld an. Mit Tiergesundheit beschäftigten sich 19,2%, mit Industrieller Biotechnologie 13,2%, biotechnologische Methoden in der Landwirtschaft wendeten 9,6% an. Ein großer Teil der Unternehmen (35%) verwendet unspezifische Forschungsmethoden, was auf die Interdisziplinarität und die vielfältigen Anwendungsmöglichkeiten der biotechnologischen Forschung hinweist (Mehrfachnennungen).

Methoden der Genomik und Proteomik stellen die Mehrheit der in der deutschen Biotechnologie verwendeten Verfahren dar: 58,2% der Unternehmen verwenden DNA/RNA-Methoden, 68,9% waren auf dem Gebiet der Proteinbiochemie/Proteomik tätig. Fast die Hälfte der 480 dedizierten Unternehmen arbeitet zudem mit Zell- und Gewebekulturen (46%). Bioverfahrenstechnik wandten 29,3% der Unternehmen an, subzelluläre Organismen und Vektoren wurden von 11,5% der Firmen benutzt. Systembiologische Verfahren verwendeten 24,2% der Unternehmen, und 18,3% der Unternehmen bewegen sich im Grenzbereich zwischen Biotechnologie und Nanotechnologie (Mehrfachnennungen).

Die Geschäftsmodelle deutscher Biotech-Unternehmen tragen unter anderem der Mitarbeiterstruktur Rechnung: Der Schwerpunkt liegt in der Forschung, die 76,5% der befragten Unternehmen als Tätigkeitsbereich angeben, gefolgt von Dienstleistung 65,8%, Produkt- und Prozeßentwicklung mit 61,9% und Produktion mit 45,4%. Es wird deutlich, daß die meisten Firmen offenbar in ihrer Geschäftstätigkeit mehrere Strategien parallel verfolgen.

Regionale Verteilung der Biotechnologie in Deutschland

Besondere Biotech-Cluster und „Kristallisationspunkte" für spezialisierte Technologien konnten sich in Deutschland in vielen Regionen, die sich am BioRegio-Wettbewerb des BMBF 1995 beteiligt hatten, ausbilden. Auch andere Regionen, Städte und Gemeinden konnten durch gezielte Förderpolitik Anreize zur Ansiedlung von Biotech-Unternehmen schaffen. Die größte Anzahl an Biotech-Unternehmen ist im Bundesland Bayern zu finden, gefolgt von Baden-Württemberg und Nordrhein-

Westfalen. Würde man Berlin und Brandenburg als Cluster zusammenfassen, läge dieser mit einer Biotech-Firmenanzahl von 84 Unternehmen bundesweit an zweiter Stelle (vgl. Tab. 1). In Abbildung 3 ist die Verteilung der 480 dedizierten Biotech-Unternehmen in der Bundesrepublik Deutschland dargestellt. Zahlreiche Cluster konnten in verschiedenen deutschen Regionen entstehen. Die größte Zahl an Biotech-Unternehmen sind in der Region um München und im Großraum Berlin-Brandenburg zu finden.

Tab. 1: Firmenverteilung der dedizierten Biotech-Unternehmen in Deutschland nach Bundesländern (alphabetisch)

Bundesland	dedizierte Biotech-Unternehmen	sonstige innovativ biotechnologisch aktive Unternehmen
Baden-Württemberg	77	3
Bayern	94	8
Berlin	54	1
Brandenburg	30	2
Bremen	7	-
Hamburg	17	2
Hessen	25	10
Mecklenburg-Vorpommern	14	2
Niedersachsen	37	9
Nordrhein-Westfalen	55	11
Rheinland-Pfalz	10	2
Saarland	3	-
Sachsen	19	1
Sachsen-Anhalt	19	1
Schleswig-Holstein	12	6
Thüringen	7	1
Gesamt	480	59

Zusammenfassung

Die Biotechnologie gewinnt für unser tägliches Leben immer mehr an Bedeutung und ihr Potential in Wissenschaft und Wirtschaft ist unabsehbar. Um so wichtiger ist es, den Status quo der Branche mit international gültigen Standards verläßlich zu erfassen.

R. C. FELDMANN

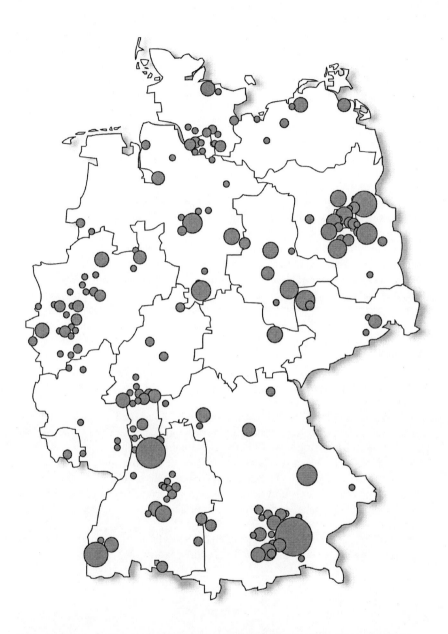

Abb. 3: Räumliche Verteilung der 480 dedizierten Biotechnologie-Unternehmen in Deutschland. Die Symbolgröße nimmt entsprechend der Anzahl an Unternehmen an einem Ort (PLZ-Basis) zu. Besonders die Cluster um München und um Berlin sind deutlich zu erkennen.

Mit der Biotechnologie-Firmenumfrage 2006 wurden erstmals Daten zur Biotech-Branche in Deutschland erhoben, die auf den statistischen Leitlinien der OECD basieren. Damit wird ein weltweiter Vergleich zu Stand und Entwicklung der Biotechnologie realisierbar, der zuvor aufgrund uneinheitlicher Begriffsdefinitionen nur bedingt möglich war. Da die Firmenerhebung in dieser Form erstmalig stattfand, sind die Ergebnisse vor allem zur Beschreibung des Status quo der deutschen Biotech-Branche geeignet.

In Deutschland existieren 480 dedizierte Biotechnologie-Unternehmen. Sie verteilen sich auf alle Bundesländer und bilden größere Cluster vor allem in Bayern und Berlin/Brandenburg. Ingesamt arbeiten rund 24.000 Menschen in Deutschland in der kommerziellen Biotechnologie, davon sind rund 13.000 Mitarbeiter in dedizierten Biotech-Unternehmen beschäftigt. Dies sind Werte, die aufgrund der hohen Rücklaufquote (91%) der Befragung erstmals als verläßlich gelten können. Die Mehrheit der deutschen Biotech-Unternehmen ist relativ klein, 88% der Firmen beschäftigen weniger als 50 Mitarbeiter.

Historisch betrachtet ist die deutsche Biotechnologie ein junger Wirtschaftszweig. Das Durchschnittsalter der Unternehmen beträgt 6,9 Jahre. Ein Fünftel aller dedizierten Biotechnologie-Unternehmen besteht jedoch schon mehr als zehn Jahre, was auf eine fortschreitende Reife deutscher Biotechnologie-Unternehmen hindeutet.

Der Umsatz der dedizierten deutschen Biotechnologie-Unternehmen liegt nach der vorliegenden Erhebung bei ca. 1,5 Milliarden Euro. Der Zufluß von Venture Capital belief sich im Jahr 2005 auf 262 Millionen Euro. Von Fördermitteln sind deutsche Biotech-Unternehmen weniger abhängig: Bund, Länder und Kommunen haben nach Angaben der Unternehmen rund 50 Millionen Euro in dedizierte Biotech-Unternehmen investiert.

Die meisten der Unternehmen sind im Bereich Gesundheit und Medizin tätig, aber auch der Anteil an Industrieller Biotechnologie und Landwirtschaft ist beachtlich. Die Geschäftsmodelle scheinen dabei keiner festen Strategie zu folgen, Diversifizierung und Flexibilität stehen offenbar im Vordergrund.

Die erstmals für Deutschland nach OECD-Standards erhobenen Daten ermöglichen künftig einen klaren und statistisch abgesicherten Vergleich der Entwicklung der Biotech-Branche in der Bundesrepublik mit der Situation in anderen Ländern.

Die erhobenen Daten und Fakten lassen die Schlußfolgerung zu, daß Deutschland inzwischen als etablierter Biotech-Standort gelten kann.

Autorenübersicht

Rainer Beckmann

Rainer Beckmann ist Richter am Amtsgericht Würzburg und im Vorstand der Juristen-Vereinigung Lebensrecht e.V., Köln. Er war Mitglied der Bundestags-Enquêtekommission „Recht und Ethik der modernen Medizin" von Mai 2000 bis Juni 2002.

◀ Rainer Beckmann
Juristen-Vereinigung Lebensrecht e.V., Köln
Tel.: +49-221-134-478, Fax: +49-221-2225-957
eMail: beckmann@juristen-vereinigung-lebensrecht.de
www.juristen-vereinigung-lebensrecht.de

Franz-Josef Bormann

Prof. Dr. theol. Franz-Josef Bormann studierte Philosophie und katholische Theologie an der Philosophisch-Theologischen Hochschule Sankt Georgen (Frankfurt), der Ludwig-Maximilians-Universität München und an der Pontificia Universitas Gregoriana in Rom. Nach seiner Habilitation an der Albert-Ludwigs-Universität Freiburg wurde er an die Theologische Fakultät Paderborn auf den Lehrstuhl für Moraltheologie und Ethik berufen.

◀ Tel./Fax: +49-5251-121/-736
www.theofak-pb.de

Roger J. Busch

Dr. Roger J. Busch ist Geschäftsführer des Instituts Technik-Theologie-Naturwissenschaften (TTN) an der Ludwig-Maximilians-Universität München, das sich seit über zehn Jahren schwerpunktmäßig mit bioethischen Problemstellungen befaßt.

◀ Institut Technik-Theologie-Naturwissenschaften
Marsstraße 19, 80335 München
Tel./Fax: +49-89-5595-600/-608
eMail: ttn.institut@lrz.uni-muenchen.de
www.ttn-institut.de, www.gentechnik-und-ethik.de

Thomas Deichmann

Thomas Deichmann ist freier Wissenschaftsjournalist und Chefredakteur von Novo (www.novo-magazin.de). Mit Detlev Ganten und Thilo Spahl ist von ihm zuletzt erschienen: Naturwissenschaft. Alles, was man wissen muss (München 2005). Im Herbst 2006 erscheinen bei dtv zwei neue Wissenschaftsbücher vom Autorengespann Deichmann / Spahl.

◀ Tel.: +49-69-722271
eMail: Thomas.Deichmann@t-online.de

Wolf R. Dombrowsky

Prof. Dr. Wolf R. Dombrowsky studierte Volkswirtschaftslehre, Geschichte und Soziologie an den Universitäten Kiel und Bielefeld. Er ist Leiter der Katastrophenforschungsstelle des Instituts für Soziologie der Christian-Albrechts-Universität Kiel und seit 2005 Professor für Soziologie mit dem Schwerpunkt Katastrophemanagement an der Fachhochschule im DRK Göttingen.

◀ Tel./Fax: +49-431-880-34-65/-67
eMail: dombrowsky@kfs.uni-kiel.de
www.kfs.uni-kiel.de/

Renata Ch. Feldmann

Dr. rer. nat. Renata Ch. Feldmann ist Projektleiterin der Informationsplattform biotechnologie.de – eine Initiative des BMBF. Zuvor arbeitete die Molekularbiologin in der Medizinischen Mikrobiologie, der gentechnologischen Sicherheitsforschung und als wissenschaftliche Beraterin beim Deutschen Investment Trust.

◀ Tel./Fax: +49-30-264-921-61/-66
eMail: r.feldmann@biotechnologie.de
www.biotechnologie.de

Volker Gerhardt

Prof. Dr. Volker Gerhardt hat den Lehrstuhl für Praktische Philosophie, Rechts- und Sozialphilosophie an der Humboldt-Universität zu Berlin inne. Er ist unter anderem Mitglied des Nationalen Ethikrates.

◀ Prof. Dr. Volker Gerhardt
Institut für Philosophie, Humboldt-Universität zu Berlin
Tel./Fax: +49-30-2093-283/-2819
eMail: GerhardtV@philosophie.hu-berlin
www.hu-berlin.de

Susanne Glasmacher

Susanne Glasmacher leitet die Abteilung Presse, Öffentlichkeitsarbeit und Bibliotheken des Robert Koch-Instituts.

◀ Robert Koch-Institut
Nordufer 20, 13353 Berlin
Tel.: +49-1888-754-2286/-2239
Fax: +49-1888-754-2265
eMail: GlasmacherS@rki.de
www.rki.de

Wolfram Henn

Prof. Dr. med. Wolfram Henn ist Facharzt für Humangenetik. Nach seiner Habilitation für Humangenetik 1996 und für Ethik in der Medizin 2002 ist er als Leiter der Genetischen Beratungsstelle am Institut für Humangenetik der Universität des Saarlandes tätig. Er ist Vorsitzender der Kommission für Grundpositionen und ethische Fragen der Deutschen Gesellschaft für Humangenetik.

◀ Tel.: +49-6841-162-6614
eMail: wolfram.henn@uniklinikum-saarland.de
www.uniklinik-saarland.de/med_fak/humangenetik/

Aloys Hüttermann

Dr. Aloys Hüttermann ist Diplom-Chemiker und arbeitet als Patentanwalt in Düsseldorf. Zusammen mit Dr. Jan Bülle ist er Autor des Chemie-Lehrbuches „Das Basiswissen der organischen Chemie" (Thieme, jetzt Wiley-VCH).

◄ Maiwald Patentanwalts GmbH
Neuer Zollhof 2, 40221 Düsseldorf
Tel.: +49-211-669-698-40
eMail: Huettermann@maiwald.de

Regine Kollek

Prof. Dr. rer. nat. Regine Kollek ist Professorin für Technologiefolgenabschätzung der modernen Biotechnologie in der Medizin im Forschungsschwerpunkt Biotechnik, Gesellschaft und Umwelt der Universität Hamburg. Sie ist Mitglied im Nationalen Ethikrat und im International Bioethics Committee (IBC) der UNESCO. Von 1999 bis 2001 war sie Vorsitzende des Beirats für ethische Fragen im Gesundheitswesen beim Bundesministerium für Gesundheit.

◄ Tel./Fax: +49-40-42803-6309/-6215)
eMail: kollek@uni-hamburg.de

Tanja Krones

Dr. med. Tanja Krones, Ärztin und Soziologin, arbeitet als wissenschaftliche Assistentin der AG Bioethik-Klinische Ethik des Zentrums für Methodenwissenschaften der Philipps-Universität Marburg, lehrt Medizinethik und habilitiert zur Zeit über Grundlagen kontextsensitiver Bioethik.

◄ eMail: krones@med.uni-marburg.de

Reinhard Kurth

Prod. Dr. med. Reinhard Kurth leitet seit 1996 das Robert Koch-Institut in Berlin. Seit September 2004 ist er zusätzlich kommissarischer Leiter des Bundesinstituts für Arzneimittel und Medizinprodukte in Bonn.

◀ Robert Koch-Institut
Nordufer 20, 13353 Berlin
Tel.: +49-1888-754-2286/-2239
Fax: +49-1888-754-2265
eMail: @rki.de
Internet: www.rki.de

Johannes Löwer

Prof. Dr. Johannes Löwer, Arzt, Diplom-Biochemiker und außerplanmäßiger Professor für Medizinische Virologie an der Universität Frankfurt, ist der Präsident des Paul-Ehrlich-Instituts.

◀ Paul-Ehrlich-Institut
(Federal Agency for Sera and Vaccines)
Paul-Ehrlich-Straße 57-59
63225 Langen
Tel./Fax: +49-6103771030/-1262
eMail: presse@pei.de, www.pei.de

Koautoren

Dr. Bernd Liedert, Wissenschaftlicher Gutachter im Fachgebiet Mono- und polyklonale Antikörper,

Dr. Steffen Bassus, Wissenschaftlicher Gutachter im Fachgebiet Mono- und polyklonale Antikörper,

Dr. Christian Schneider, Leiter des Fachgebiets Mono- und polyklonale Antikörper

Dr. Ulrich Kalinke, Leiter der Abteilung Immunologie

Herbert Mertin

Staatsminister a. D. Herbert Mertin war von 1999 bis 2006 rheinland-pfälzischer Justizminister. Er studierte Rechtswissenschaften an den Universitäten Mainz und Bonn und war als Rechtsanwalt in Neuwied und Koblenz tätig. Seit 1996 ist er Mitglied des rheinland-pfälzischen Landtags, seit 2006 Vorsitzender der FDP-Landtagsfraktion.

◄ FDP-Fraktion im Landtag Rheinland-Pfalz
Tel./Fax: +49-6131-208-3022/-4022)
eMail: fdp@landtag.rlp.de

Gerd Richter

Prof. Dr. med. Gerd Richter studierte Medizin, evangelische Theologie und Philosophie an der Georg-August-Universität Göttingen. Er ist Professor für Innere Medizin an der Philipps-Universität Marburg und Lehrbeauftragter für Biomedizinische Ethik und Klinische Ethik sowie Gründungs- und Direktoriumsmitglied im Zentrum für Konfliktforschung der Philipps-Universität Marburg.

◄ Tel.: +49-6421-286-648-7/-8
eMail:richterg@staff.uni-marburg.de
www.med.uni-marburg.de/d-einrichtungen/ethikkomm/

René Röspel

René Röspel, MdB seit 1998, studierte Biologie an der Ruhr-Universität Bochum und am Max-Planck-Institut für molekulare Physiologie, Dortmund. Der Diplombiologe trat 1983 in die SPD ein. Seit 2000 war er Mitglied und von 2003 bis 2005 Vorsitzender der Enquêtekommission „Ethik und Recht der modernen Medizin".

◄ Tel./Fax: -49-302277-332-0/-6322
eMail: rene.roespel@bundestag.de
www.roespel.de

Jürgen Rüttgers

Dr. iur. Jürgen Rüttgers studierte Rechtswissenschaften und Geschichte. Seit 1999 ist er Landesvorsitzender der CDU in Nordrhein-Westfalen, von 2000 bis 2005 war er Vorsitzender der CDU-Fraktion im Landtag NRW, seit 2000 stellvertretender Vorsitzender der CDU Deutschlands. Er war von 1994 bis 1998 Bundesminister für Bildung, Wissenschaft, Forschung und Technologie und ist seit Juni 2005 nordrhein-westfälischer Ministerpräsident.

◀ Tel./Fax: +49-211-837-01/-837-1150
poststelle@stk.nrw.de
www.nrw.de, www.juergen-ruettgers.de

Karl-Friedrich Sewing

Prof. em. Dr. med. Karl-Friedrich Sewing war von 1989 bis 1999 Direktor des Institutes für Allgemeine Pharmakologie der Medizinischen Hochschule Hannover und von 1999 bis Mitte 2002 Vorsitzender des Wissenschaftlichen Beirats der Bundesärztekammer.

◀ Medizinische Hochschule Hannover
Tel./Fax: +49-511-532-27-45/-94
eMail: karl-friedrich@familie-sewing.de

Ulrich Storz

Dr. Ulrich Storz ist Diplom-Biologe und arbeitet als Patentanwalt in Münster. Dr. Storz ist auf Schutzrechte aus dem Life Sciences-Bereich (Biotechnologie, Biochemie) spezialisiert.

◀ Patentanwalt Dr. Ulrich Storz
Liboristraße 11c, 48155 Münster
eMail: storz@muenster.de